APRENDA GUITARRA CON CANCIONES LATINOAMERICANAS

Raúl Passos

APRENDA GUITARRA CON CANCIONES LATINOAMERICANAS

EDITORES MEXICANOS UNIDOS, S. A.
L. GONZALEZ OBREGON No. 5-B
MEXICO 1, D. F.

Miembro de la Cámara Nacional
de la Industria Editorial. Reg. No. 115

ISBN:968-15-0375-9

Con autorización de EMMAC

3a. edición, septiembre de 1982
10a. Reimpresión Julio 1998

Impreso en México
Printed in Mexico

Posición del hombre al tocar la guitarra.

AMIGO LECTOR:

El presente trabajo es una sencilla introducción, diríamos primaria, a dos interesantes campos como son: la guitarra y el cancionero popular de América Latina. Lógicamente no se puede profundizar ni abarcar tan vasto material en un método elemental para gente que desea iniciarse, pero sí creemos que se pueden ofrecer los elementos básicos no sólo para aquellas personas que quieren acompañar con guitarra una canción, sino también para quien desea seguir profundizando el estudio del instrumento y conocer más a fondo el sabio fruto del arte popular que es la canción. La guitarra es un mundo de infinitas posibilidades armónicas, melódicas y de sonido. Claro que se necesita abrir la primera puerta que nos introduzca a ese idioma aparentemente complejo, para que se transforme luego en un sencillo diálogo en el cual hallemos una bella gratificación de carácter emotivo y expresivo. Abrir esa puerta es lo que se proponen los ejercicios que aquí encontrarás: los principales acordes, cómo tocarlos y su combinación. Se deberá tener en este estudio, no tanto una intensa dedicación como una gran constancia. Compensará más estudiar una hora diariamente, que cinco horas seguidas una vez por semana. La práctica diaria aunque modesta, rinde muchísimo más que cualquier otra; la continuidad fija en nuestra mente una serie de reflejos que responderán inmediatamente cuando la necesidad lo reclama. Y la guitarra requiere eso: que nuestras manos nos respondan, casi mecánicamente, cuando se trate de acompañarnos en una canción o bien acompañar a un amigo. Para ello prestarás mucha atención, a medida que estudias, con el fin de ir fijando mentalmente las figuras de los acordes con sus respectivos nombres. De este modo no adquirirás el vicio de reproducir un acorde en la guitarra y no saber su carácter ni su relación con los demás. Cada acorde tiene en la guitarra por lo menos tres posiciones, o sea que el mismo acorde se toca colocando la mano izquierda en tres lugares distintos —esto es lo que se llama **inversión—,** pero eso no lo hemos respetado en el presente método para que se te haga más fácil el acceso a la guitarra. Nos interesa más que trates de comprender el diálogo entre un acorde y otro. Toda canción, además de lo interesante que pueda resultar su letra tiene en su acompañamiento un mundo propio que debemos aprender a descubrir. Cualquier melodía se apoya siempre en acordes para irse desarrollando. Lo canción popular es de una estructura armónica muy sencilla y por lo tanto resulta fácil comprender ese lenguaje musical que sostiene la letra y la melodía que conforman una canción. En cuanto al material de canciones diremos que tratamos de exponer aquí algunos de los muchísimos y variados ritmos que se bailan y cantan a lo largo de todo el continente americano.

El autor

Posición de la mujer al tocar la guitarra.

TEORIA DE GUITARRA

Aquí podemos observar las distintas partes que componen el cuerpo de la guitarra.

Es útil saber nombrar cada una de ellas al reconocer el instrumento, pues ello significa una familiarización con éste.

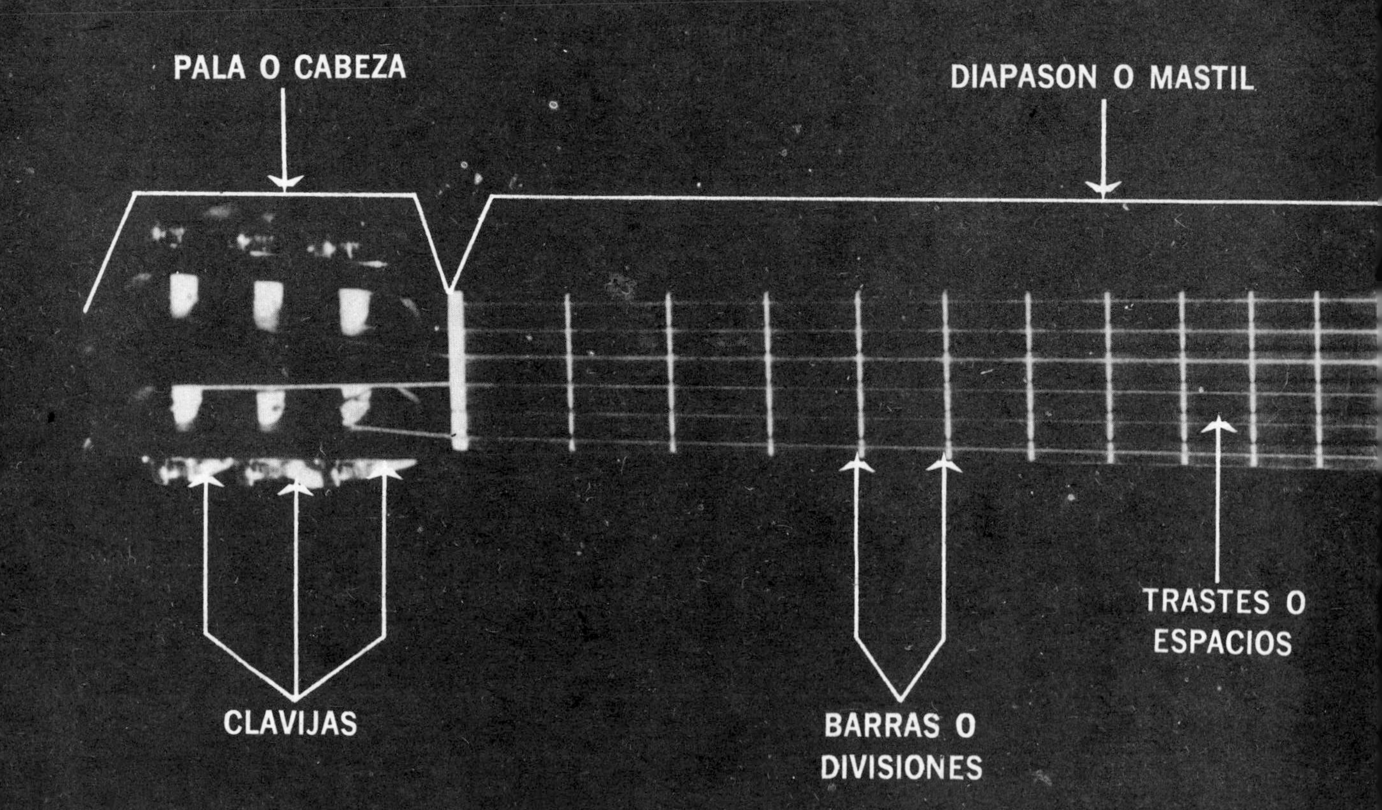

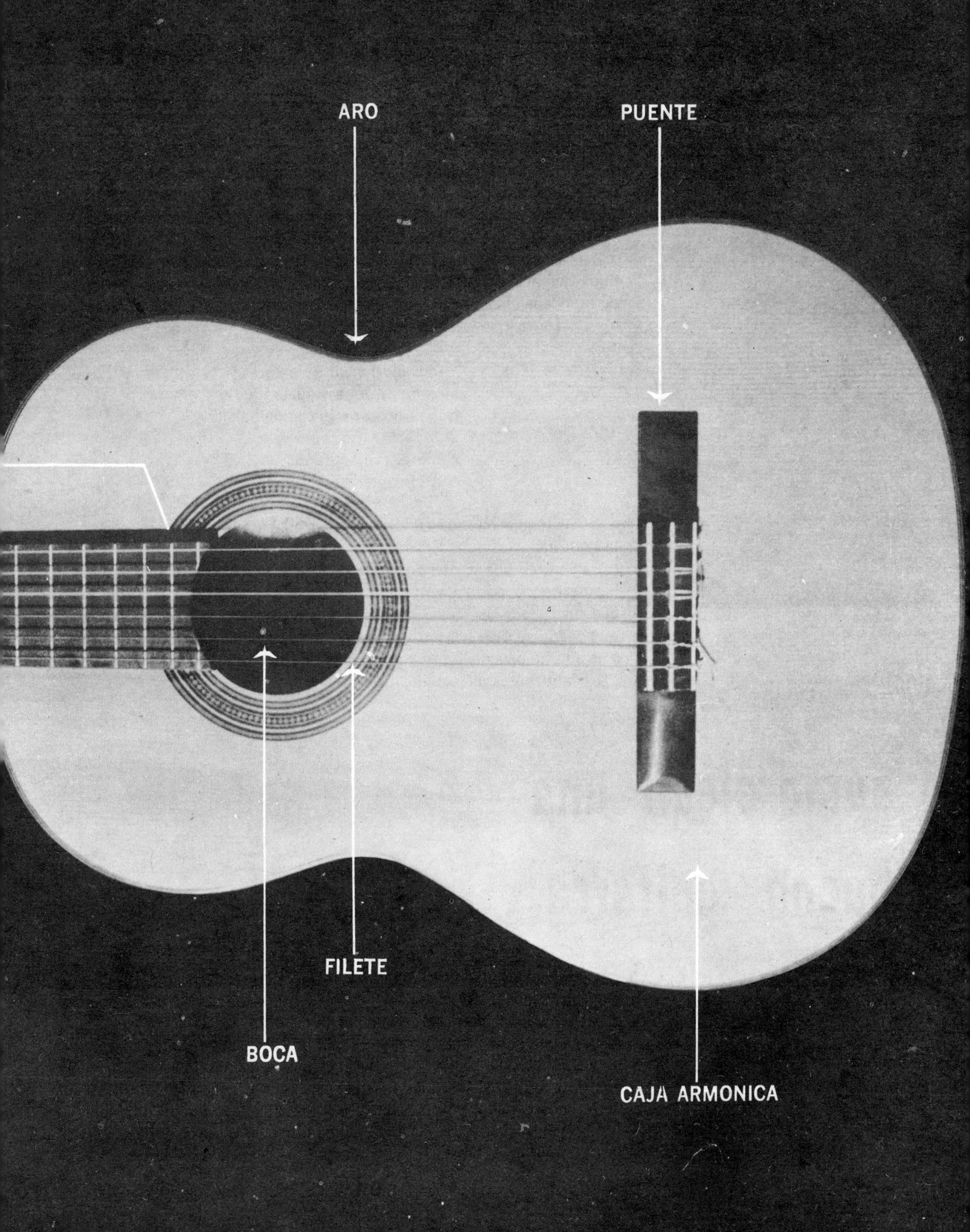
ARO
PUENTE
FILETE
BOCA
CAJA ARMONICA

algo de historia

Según los estudiosos, su origen se remonta a tres mil años antes de Cristo y en el correr de los siglos fue perfeccionando su forma para desembocar en su actual figura. A la par de su forma, su nombre también surgió nuevo después de varias transformaciones. En la Edad Media se la conoció como **pendura, cítara, laúd** o **vigüela.** Nombre, este último, que aún era utilizado por los criollos en América, durante la época de la independencia. Un buen ejemplo de esto son los famosos versos de Martín Fierro que comienzan:

> "Aquí me pongo a cantar
> al compás de la **vigüela**
> que al hombre que lo desvela
> una pena extraordinaria,
> como el ave solitaria
> con el cantar se consuela . . ."

Así como muchas canciones de la época que daban ese nombre a la guitarra.

Se cree que el nombre **guitarra** surgió en España, o tal vez en Italia, derivando posiblemente de **cítara,** allá por el siglo XII. Lo cierto es que en España es donde se desarrolló y perfeccionó este instrumento, que según se dice fue introducido en la Península Ibérica por los árabes, y es en este país donde se han desarrollado los más virtuosos cultivadores y los fabricantes más sutiles de este hermoso instrumento.

como elegir una buena guitarra

Para elegir una buena guitarra conviene asesorarse con alguien que tenga conocimientos de música o del instrumento. Si el que comienza el aprendizaje tiene desarrollado un buen oído, puede tener en cuenta los siguientes detalles: 1) observar que tenga un buen sonido —armónico y equilibrado— entre los bajos y agudos; 2) comprobar que sus cuerdas no cerdeen. Esto suele suceder cuando no hay suficiente distancia entre las cuerdas y el mástil de la guitarra o cuando las barritas metálicas no tienen todas la misma altura; 3) el mástil no debe ser demasiado grueso, para que la mano izquierda lo pueda manejar con soltura.

GUITARRA

Tendida en la madrugada,
la firme guitarra espera:
voz de profunda madera
desesperada.

Su clamorosa cintura,
en la que el pueblo suspira,
preñada de son, estira
la carne dura.

Arde la guitarra sola
mientras la luna se acaba;
arde libre de su esclava
bata de cola.

Dejó al borracho en su coche,
dejó el cabaret sombrío,
donde se muere de frío
noche tras noche,

y alzó la cabeza fina,
universal y cubana,
sin opio, ni mariguana,
ni cocaína.

¡Venga la guitarra vieja,
nueva otra vez al castigo
con que la espera el amigo
que no la deja!

Alta siempre, no caída,
traiga su risa y su llanto,
clave las uñas de amianto
sobre la vida.

Cógela tú, guitarrero,
límpiale de alcol la boca,
y en esa guitarra toca
tu son entero.

El son del querer maduro,
tu son entero;
el del abierto futuro,
tu son entero;
el del pie por sobre el muro,
tu son entero. . .
Cógela tú, guitarrero,
límpiale de alcol la boca,
y en esa guitarra toca
tu son entero.

NICOLAS GUILLEN

vocabulario

He aquí una relación de los términos más utilizados en el estudio de la guitarra:

ACORDE.—Es el conjunto de sonidos combinados con armonía, que se toca en un solo tiempo.

AFINAR.—Colocar en relación exacta el sonido de las cuerdas en concordancia con las notas que corresponden.

ARPEGIO.—Es la sucesión de los sonidos de un acorde. Tocar las notas de un acorde en forma sucesiva.

BOCA.—Es la abertura circular de la guitarra. Esa abertura es la que permite una mayor amplitud de los sonidos.

BAJOS.—Son los sonidos graves que dan las cuerdas 4a., 5a. y 6a.

CABEZA.—Parte superior del mástil, donde están las clavijas.

CEJILLA.—Se hace con el dedo índice de la mano izquierda sobre las cuerdas a modo de barra.

CERDEAR.—Se dice cuando las cuerdas vibran al no ser bien pulsadas y no permiten que el sonido salga limpio.

CLAVIJAS.—Piezas colocadas en la parte superior del mástil que sirven para tensar las diferentes cuerdas.

DIAPASON.—Parte del mástil de la guitarra donde están los trastes. Es también un instrumento que sirve para afinar.

DIGITACION.—Utilización de los dedos de la mano izquierda en las diferentes posturas.

ENTORCHADO.—Hilo metálico que envuelve las fibras de las cuerdas 4a., 5a. y 6a.

MASTIL.—Es el brazo de la guitarra (ver ilustración).

NOTEAR.—Tocar las cuerdas en forma separada.

PUENTE.—Barra donde se sujetan las cuerdas.

PUNTEO.—Melodía tocada por una sola guitarra. Generalmente la introducción a una canción es un punteo.

PULSAR.—Es presionar con los dedos de la mano izquierda sobre el diapasón para conseguir el sonido de los diferentes acordes.

POSTURA.—La colocación de los dedos de la mano izquierda sobre las cuerdas.

PRIMA.—Nombre de la 1a. cuerda.

RASGUEAR.—Tocar las cuerdas con todos los dedos de la mano derecha.

RITMO.—Proporción simétrica de los tiempos fuertes y débiles en una frase musical. Sinónimos: cadencia, compás. Es lo que se hace con la mano derecha.

TRASTES.—Son los espacios entre una y otra barrita metálica que hay en el diapasón.

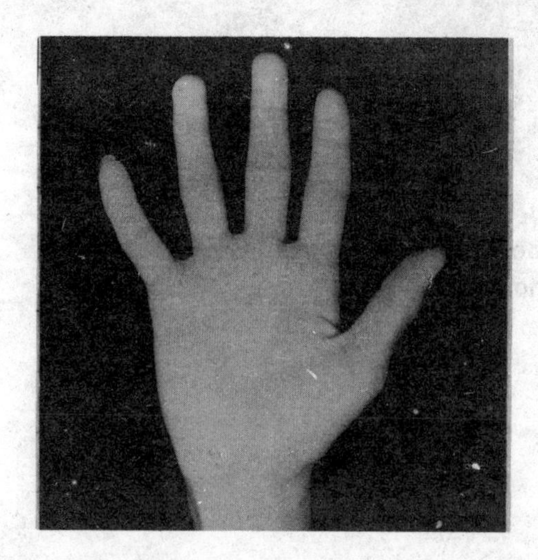

mano derecha

Muchos aficionados al comenzar su práctica en la guitarra adquieren serios vicios en la mano derecha. De esta mano dependerá la claridad en el acompañamiento, el sonido y pulsación en algún pasaje cantado en las cuerdas, y por último, es esta mano la que expresa fielmente el carácter y personalidad del intérprete. Por todo ello es necesario que realices ejercicios de arpegios para que adquieras ductibilidad. Mantener una buena posición ayudará notablemente a ello.

Posición de la mano derecha.

nombre musical de las cuerdas

Se llama AL AIRE cuando tocamos cada una de las cuerdas de la guitarra sin que la mano izquierda altere su sonido natural. Las seis cuerdas tocadas de este modo tienen el siguiente nombre musical partiendo desde la 6a. cuerda.

6a. Cuerda	**MI**
5a. Cuerda	**LA**
4a. Cuerda	**RE**
3a. Cuerda	**SOL**
2a. Cuerda	**SI**
1a. Cuerda	**MI**

para hacer el ritmo

Para llevar el pulgar hacia abajo, primero apoyarlo en la 6a. cuerda, como lo muestra la foto.

Segundo: bajar el pulgar tocando todas las cuerdas.

Para llevar el pulgar hacia arriba, apoyarlo en la 1a. cuerda en esta forma.

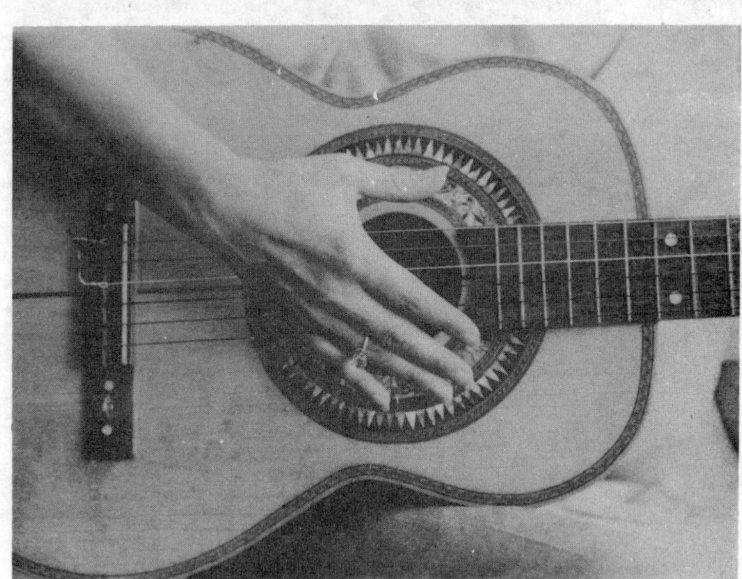

Deslizarlo luego hacia arriba, tocando todas las cuerdas.

Para llevar la mano hacia abajo, apoyar la punta de los dedos sobre las dos cuerdas de arriba, en la forma indicada.

Deslizar los dedos por todas las cuerdas estirando la mano.

Ligado. Esto significa que se debe tocar simultáneamente con el pulgar la 5a. o 6a. mientras se llevan hacia arriba los dedos que hacen sonar las 3 primeras cuerdas.

Compás noteado o punteado. Para ello, coloca el índice debajo de la 3a. cuerda, el dedo medio debajo de la 2a. y el anular debajo de la 1a.

Acorde. Quiere decir que se deben tocar todas las cuerdas en un movimiento rápido. El acorde puede hacerse con la mano o con el pulgar.

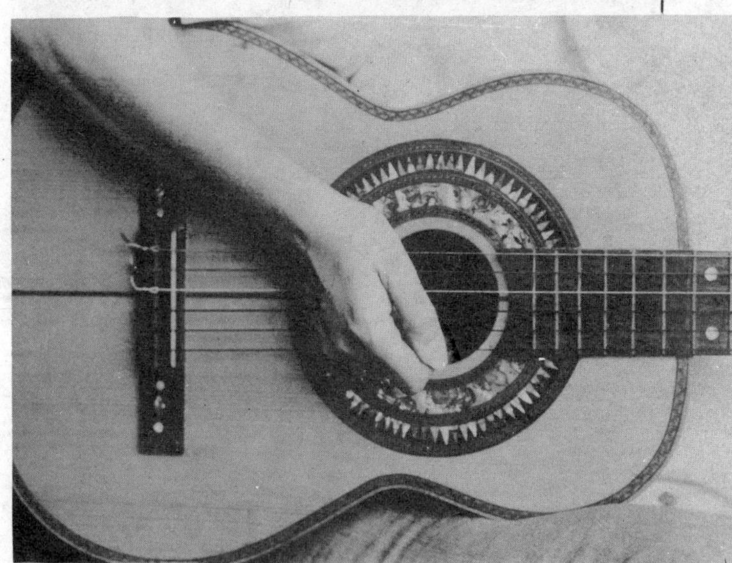

Golpe. Se da sobre las cuerdas con la mano cerrada, frente a la boca de la guitarra. Se empuña la mano en la siguiente forma:

Se golpea con la mano cerrada.

Para llevar el índice hacia arriba, apoyar dicho dedo en la 1a. cuerda.

Llevarlo luego hacia arriba tocando las tres primeras cuerdas en un movimiento rápido y corto.

Sordina o atajada. Se desliza la mano por todas las cuerdas y se corta el sonido apoyando rápidamente la palma de la mano.

Forma de colocar los dedos para puntear.

El dedo índice pulsa la 3a. cuerda.

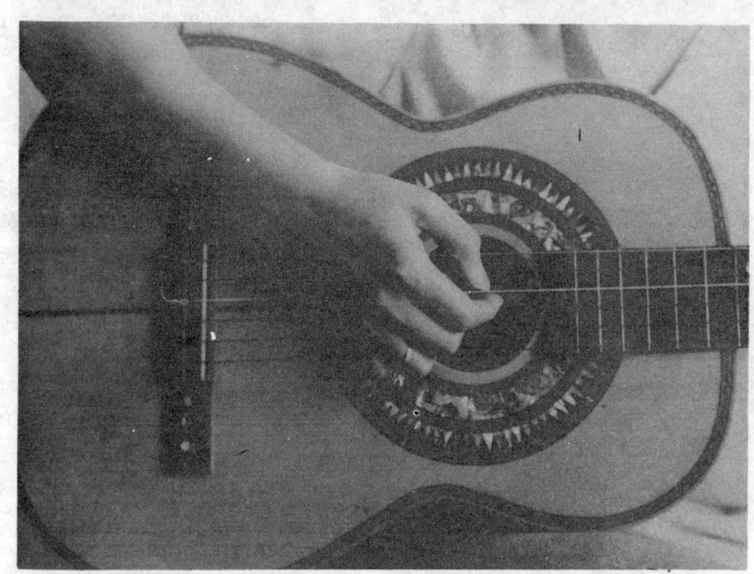

Mientras el medio y el anular pulsan la 2a. y la 1a., respectivamente.

diferentes ritmos

RITMO DE VALS

Se toca la 5a. o 6a. cuerda sola una vez. Pausa y luego se tocan las tres primeras cuerdas juntas en acorde dos veces seguidas.

RITMO DE CORRIDO

Se toca la 6a. 5a., o 4a. cuerda con el pulgar una vez y en acorde las tres primeras cuerdas también una vez.

RITMO DE JOROPO

Se rasguea dos veces hacia abajo, una hacia arriba con el pulgar, otro rasgueo hacia abajo, otro arriba con el pulgar y otro hacia abajo.

RITMO DE HUAPANGO

Se golpea sobre las cuerdas en sordina o atajada, se rasguea hacia abajo con el pulgar y luego con la mano extendiéndola y nuevamente rasgueo del pulgar hacia abajo.

RITMO DE GUARANIA

Se rasguea con la mano abajo, pausa y nuevo rasgueo mano abajo. Rasgueo pulgar abajo, rasgueo mano abajo, rasgueo pulgar abajo.

RITMO DE MILONGA

Se toca la 6a. cuerda y luego las tres primeras de a una, como punteado, dos veces. Luego se toca la 5a. cuerda y nuevamente dos veces las tres primeras.

RITMO DE HABANERA

Se toca la 6a. cuerda sola. Pausa y la quinta sola, pausa y la primera, segunda y tercera juntas en acorde dos veces.

RITMO DE CANCION RANCHERA

Se toca la 6a., 5a. o 4a. y dos acordes. A veces se toca una y una.

RITMO DE ZAMBA ARGENTINA

Se tocan las cuerdas hacia abajo con el pulgar, luego con la mano también hacia abajo las tres primeras. Nuevamente con el pulgar y otra vez con la mano las tres primeras siempre hacia abajo y otra vez con el pulgar. Pausa. Se tocan las cuerdas con el pulgar hacia abajo, etcétera.

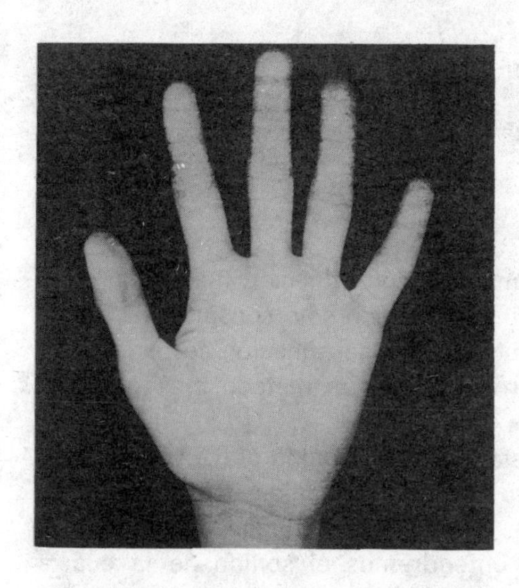

mano izquierda

Uno de los cuidados que hay que prestar en esta mano es que el pulgar, al apoyarse en el diapasón de la guitarra debe hacerlo en el centro del mismo, en su parte posterior. Nunca debe asomarse hacia las cuerdas dado que ello no significa, como muchos creen, un error desde el punto de vista estético; sino que se convierte automáticamente en una pinza que cierra al diapasón, por lo tanto se limita totalmente la velocidad de desplazamiento de la mano como así también su capacidad de espacio sobre las cuerdas.

Los dedos de esta mano son los que nos darán las notas o acordes deseados. Los llamaremos por números de la siguiente manera: 1) índice; 2) mayor; 3) anular y 4) meñique. Como así también en la PRIMERA POSICION obedecerán a los trastes Nos. 1, 2, 3 y 4 respectivamente, en cada una de las cuerdas.

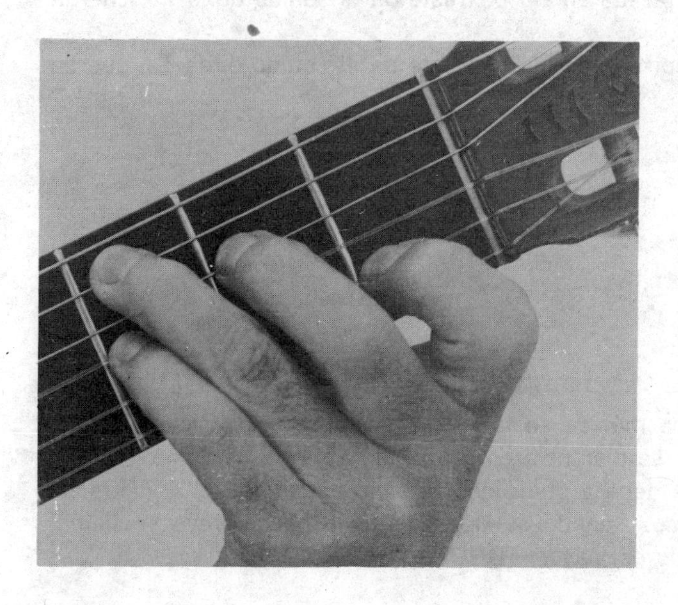

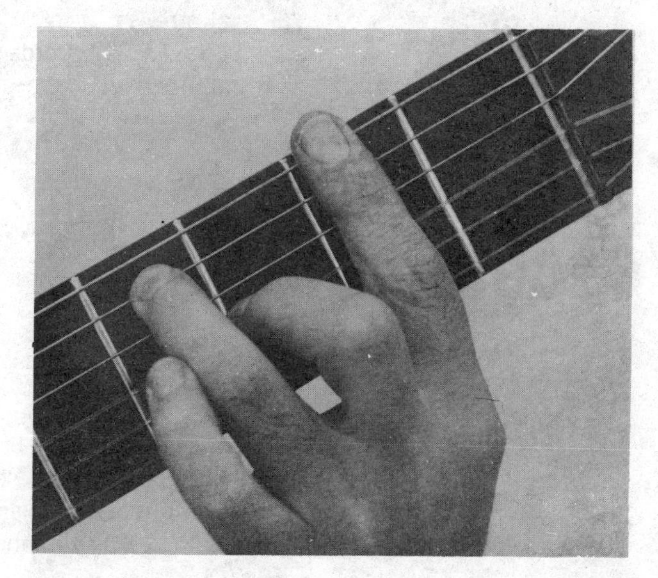

modo de afinar la guitarra

Cuando disponemos de instrumentos con afinación fija, como es el caso del piano, nos resulta fácil afinar pues con sólo consultar las notas de acuerdo al esquema anterior, obtenemos una afinación correcta. Pero cuando sólo disponemos de nuestro oído hay un método muy práctico, que el siguiente:

Estiramos la sexta cuerda hasta lograr un sonido grave y claro, luego pisamos en el quinto traste esta cuerda y el sonido que nos dará es el que corresponde al de la quinta cuerda al aire; luego pisamos en el quinto traste, la quinta cuerda y obtendremos el sonido de la cuarta cuerda al aire; pisada ésta en el quinto traste tendremos el sonido de la tercera cuerda al aire; pisada ésta en el cuarto traste nos dará el sonido de la segunda cuerda al aire; y por último pisando en el quinto traste la segunda cuerda, obtendremos el sonido de la primera cuerda al aire. Así, ya tenemos la guitarra con sus seis cuerdas afinadas correctamente.

tabla demostrativa

La 6a. cuerda pisada en el 5o. traste da el sonido de la 5a. cuerda al aire.

La 5a. cuerda pisada en el 5o. traste da el sonido de la 4a. cuerda al aire.

La 4a. cuerda pisada en el 5o. traste da el sonido de la 3a. cuerda al aire.

La 3a. cuerda pisada en el 4o. traste da el sonido de la 2a. cuerda al aire.

La 2a. cuerda pisada en el 5o. traste da el sonido de la 1a. cuerda al aire.

escala musical

Las notas de la música en la escala occidental son siete: Do, Re, Mi, Fa, Sol, La y Si. La distancia entre una nota y otra se llama TONO y SEMITONO. Esto se debe a que dicho espacio entre una nota y otra no siempre es el mismo. Cuando se trata de un espacio breve se llama: SEMITONO, y cuando es mayor: TONO.

Ejemplo:

DO RE MI FA SOL LA SI DO
tono tono semitono tono tono tono semitono

En la guitarra es muy fácil distinguir esto, pues la distancia entre un traste y otro tocando en una misma cuerda es de un SEMITONO. Y el salto de un traste a otro dejando uno en el medio se llama TONO.

Ejemplo:

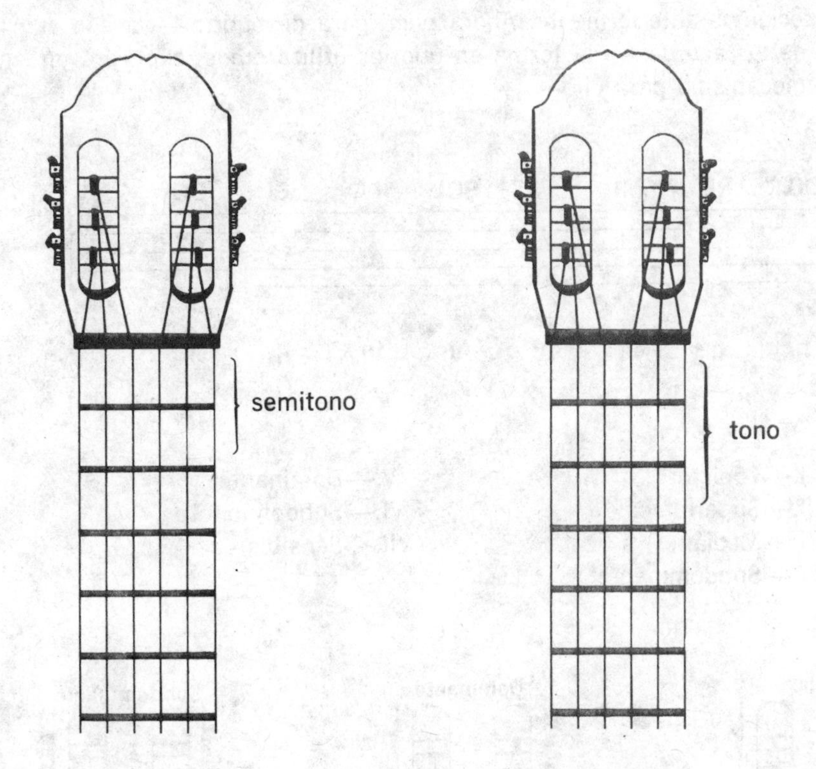

En la canción popular necesitaremos siempre mínimamente tres acordes para acompañarla cuando la cantamos. Pero estos tres acordes no son elegidos porque sí, sino que obedecen a una relación lógica entre ellos. Los tres acordes que generalmente necesitaremos son: TONO, DOMINANTE y SUBDOMINANTE.

El Tono es el lugar al que siempre regresaremos durante la canción, pues es el carácter armónico en el cual estamos cantando; por eso es muy común cuando algún músico nos va a acompañar que nos pregunte en qué tono cantaremos la canción, y aunque en el transcurso de la misma pasemos por otros acordes siempre regresaremos al Tono y con toda seguridad que el fin de la canción termina en él.

El Dominante y el Subdominante son dos acordes muy familiares del Tono, diríamos que son los auxiliares más cercanos de una canción.

Ejemplo:

Estas son las mañanitas
Tono Dominante

que cantaba el rey David
Tono Subdominante

y hoy por ser tu cumpleaños
Dominante Tono

te las cantamos a ti.
Dominante Tono

En esta antigua canción popular observamos un claro ejemplo de lo que decíamos anteriormente. Ahora bien, para descubrir —ya con el nombre de los acordes— la forma en que los utilizaremos, explicaré un sencillo mecanismo para ello.

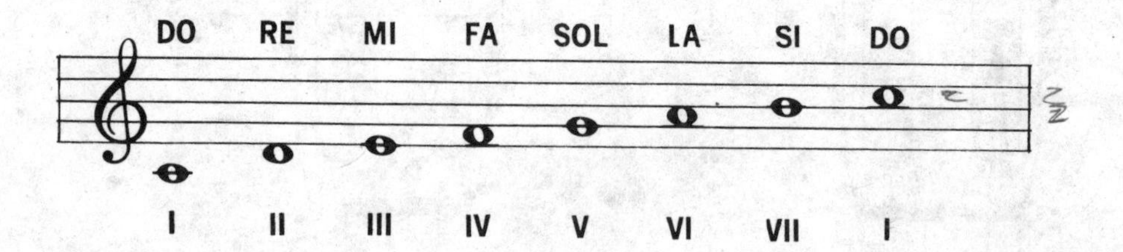

I.—Tónica
II.—Supertónica
III.—Mediante
IV.—Subdominante
V.—Dominante
VI.—Subdominante
VII.—Sensible

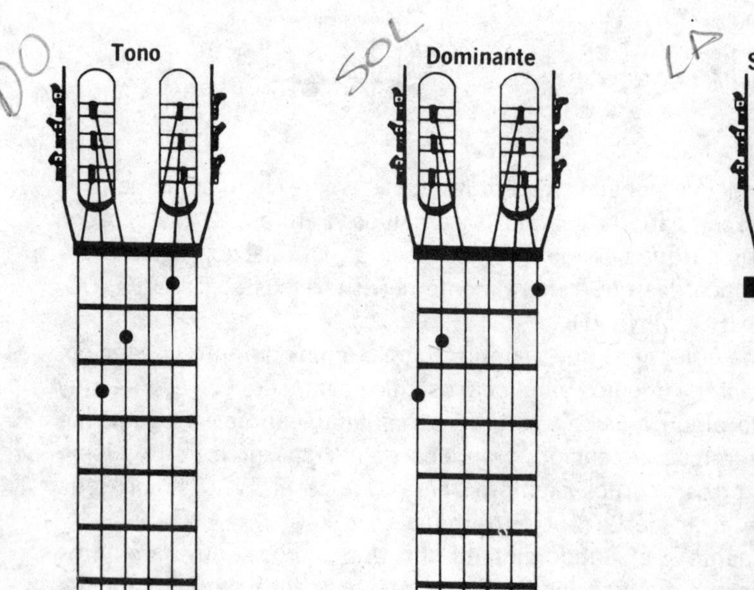

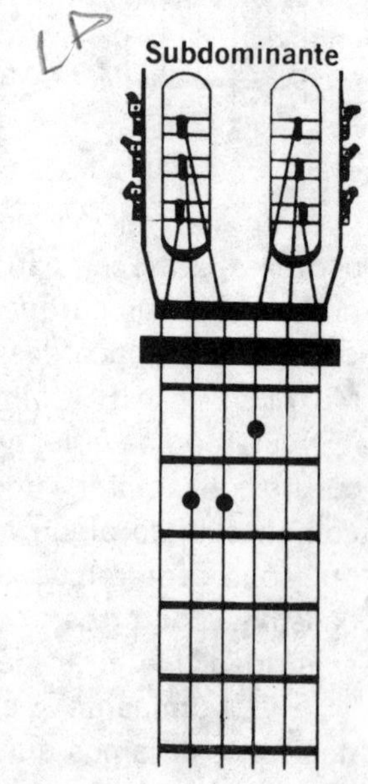

Desde ahora llamaremos así al orden consecutivo de las notas (que no precisamente debe empezar siempre en DO). En este ejemplo el tono se llama DO, o sea que cantaremos en el Tono de DO, el Subdominante será FA y el Dominante será SOL, si de pronto necesitamos el acorde de Mi diremos que pasamos a un tercer grado, si es al de La será un sexto grado. Entonces diremos que si estamos cantando en tono de Do y debemos pasar al Dominante, éste será SOL y en caso que debamos pasar al Subdominante lo haremos el acorde de FA. Pero bien puede suceder que tenemos que cantar en el tono de MI, entonces hacemos la escala anterior pero a partir de Mi que en este caso pasa a ocupar el lugar de TONO

alteraciones de los tonos

El tono sufre **alteraciones** que se denominan de diferente manera:

Sostenido: es una alteración que **sube el sonido** de la nota medio tono. Se señala así: #

Bemol: es una alteración que **baja el sonido** de la nota medio tono. Se escribe así: **b**

Si la nota medio tono la hallamos subiendo por la escala, es decir en **sostenido** (#), recibe el nombre de la nota inmediata anterior.

Ejemplo:

DO, **DO#,** RE, MI, etc.

En el caso de **bemol** sucede de igual manera, sólo que tomará el nombre de la nota inmediata descendiente.

Ejemplo:

MI, RE, **REb,** DO, etc.

Con ello se deduce que encontraremos una misma nota con dos nombre diferentes. Tomemos como ejemplo la nota LA, que se encuentra entre LA y SI.

Ascendiendo por la escala se llamará:

LA, **LA#**, SI

Descendiendo por la escala se llamará:

SI, **SIb**, LA

Veamos ahora la escala completa en sus dos condiciones:

Ascendiendo: DO, DO #, RE, RE #, MI, FA, FA #, SOL, SOL #, LA, LA#, SI.

Descendiendo: DO, REb, RE, MIb, MI, FA, SOLb, SOL, LAb, LA, SIb, SI.

acordes

El acorde es el grupo familiar de cada nota. Podemos hallar cada nota tocada sucesivamente con otras, conformando una melodía o bien tocada junto con sus notas parientes en forma de acorde. Los dos tipos de acordes que veremos en este tratado serán: Acorde perfecto mayor y Acorde perfecto menor (Tono Mayor y Tono Menor). Cada nota puede hallarse en cualquiera de los dos estados.

Ejemplo:

LA MAYOR o la menor

Para reconocer a cuál de los dos estados nos referimos escribiremos con letra mayúscula el tono Mayor y con letra minúscula el tono menor.

Como el presente trabajo no consiste en un tratado de armonía, no podemos detenernos a explicar el modo de conformación de los acordes; entonces nos remitiremos solamente a reconocer cada acorde con sus respectivos relativos.

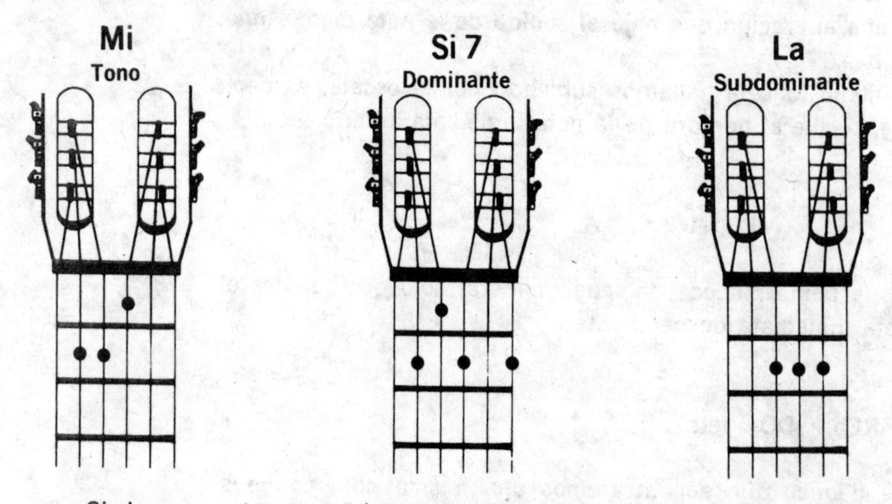

Si deseamos tocar en el tono de SOL la relación será la siguiente:

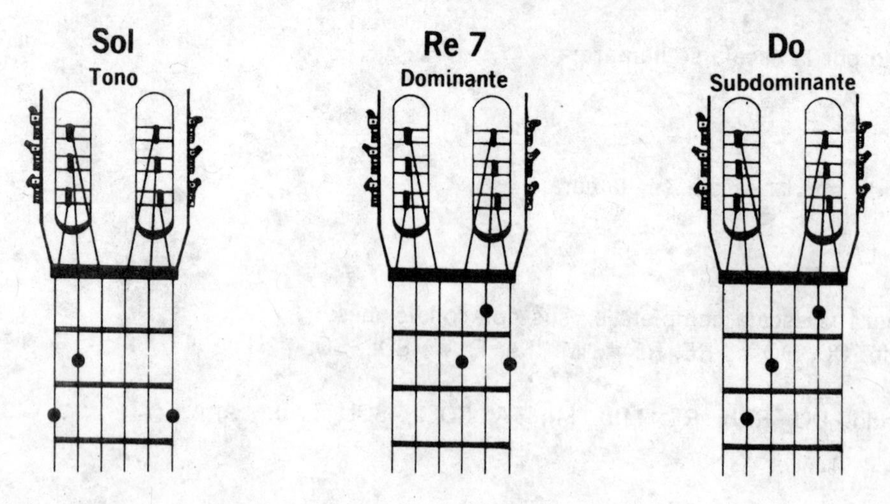

Los ejemplos anteriores han sido para los Tonos Mayores, en los tonos menores la relación es exactamente la misma. Tomemos por ejemplo el tono de la.

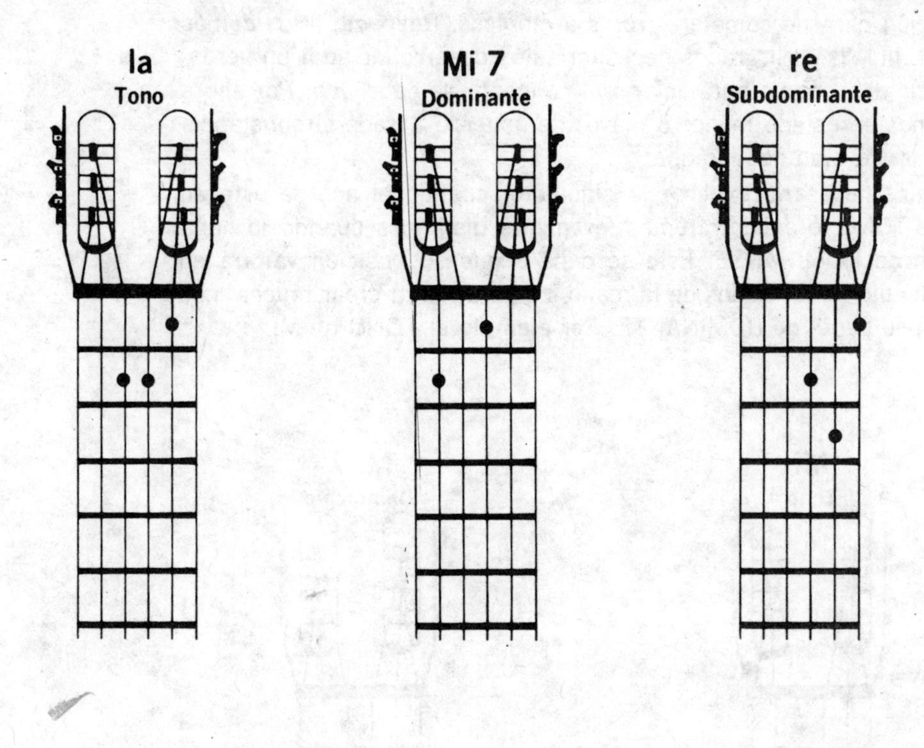

Veamos ahora el tono de mi:

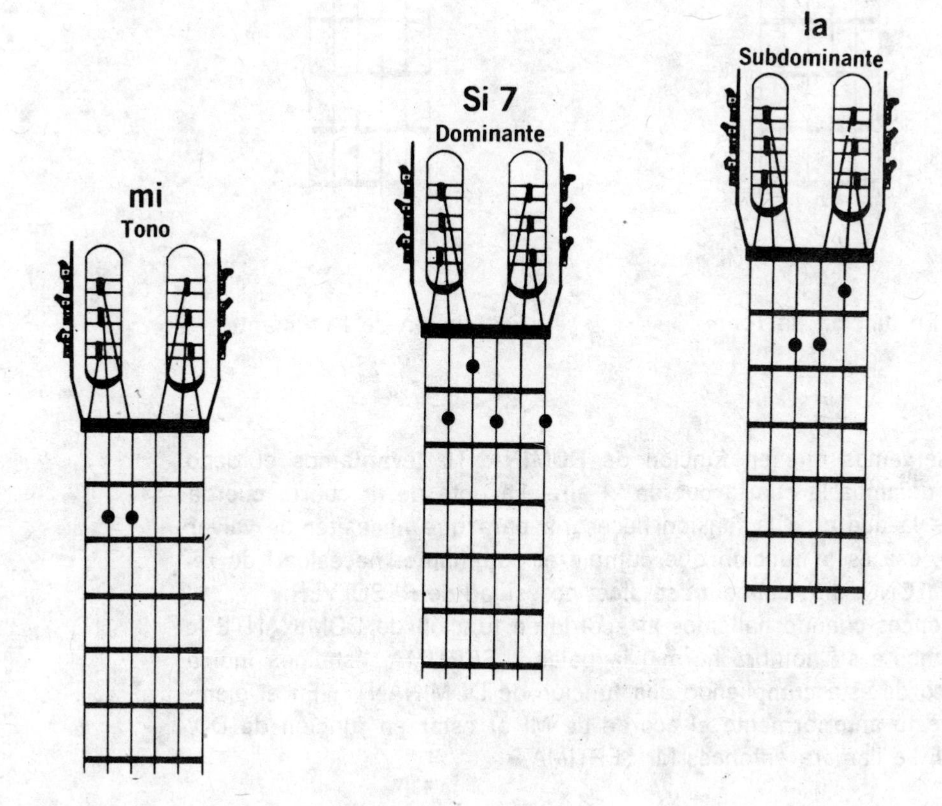

Es necesario aclarar que en los Tonos Mayores el dominante y el subdominante siempre, en todos los casos, serán acordes mayores. Y que en los tonos menores el dominante será siempre un acorde mayor y el subdominante un acorde menor, esto es muy importante de tener en consideración para no cometer errores armónicos. Respecto a los demás acordes: II, III, VI, y VII grados necesitaríamos desarrollar aquí un verdadero tratado de armonía para aclarar el concepto de cada uno. Por ahora los usaremos en estado menor o mayor de acuerdo a cada circunstancia y según nuestro oído nos indique.

Se hace necesario explicar lo siguiente: cuando el acorde esté en función de TONO lo encontraremos levemente distinto a cuando lo haga en función de DOMINANTE. Esto se debe a que su posición variará en el apoyo de uno de los dedos de la mano izquierda para crear mucha más tensión en su papel de DOMINANTE. Por ejemplo el TONO de MI:

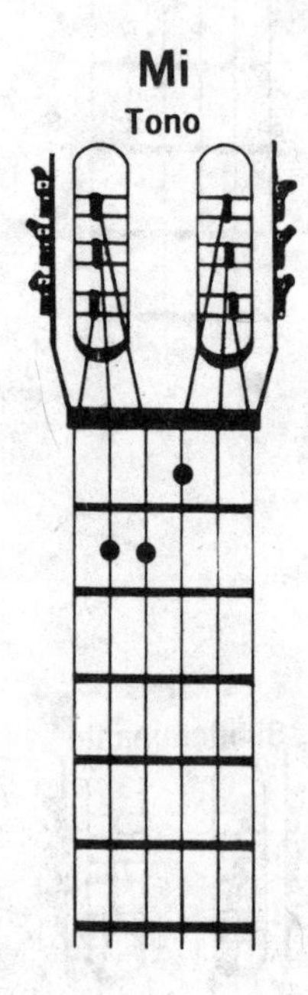

En función de Tono

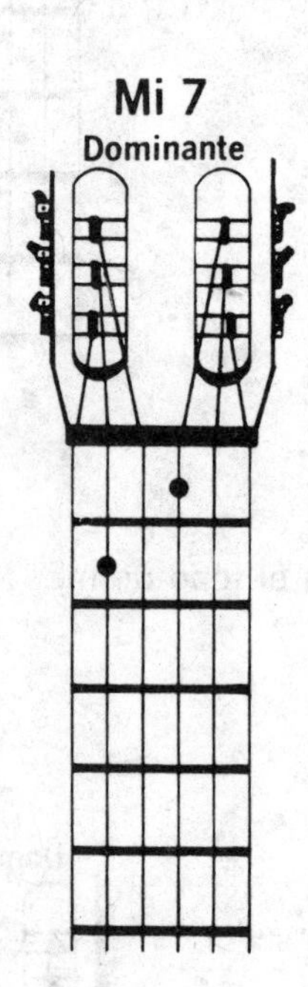

En función de Dominante

Observamos que en función de DOMINANTE levantamos el dedo anular y dejamos la cuarta cuerda al aire. La nota de la cuarta cuerda al aire es la que crea la tensión necesaria para que necesitemos volver al TONO, ésa es la función que cumple el dominante: necesidad de regresar al TONO, musicalmente se dice: necesidad de RESOLVER.

Entonces cuando hallemos al acorde en función de DOMINANTE le agregaremos a su nombre normal la palabra SEPTIMA, ésta nos indica que el acorde está cumpliendo una función de DOMINANTE. En el ejemplo expuesto anteriormente el acorde de MI al estar en función de DOMINANTE se llamará entonces MI SEPTIMA.

Veamos otro ejemplo:

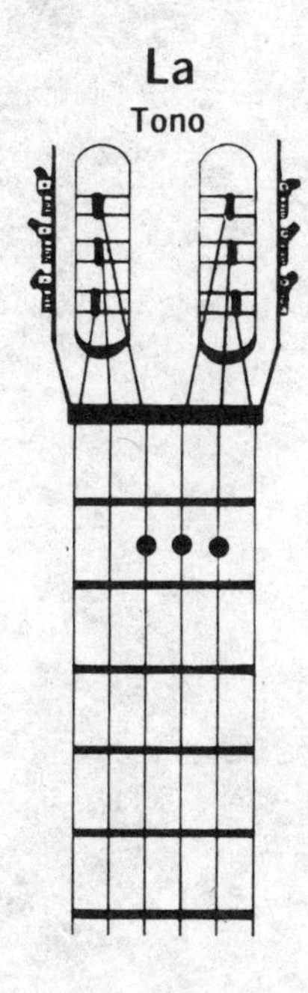

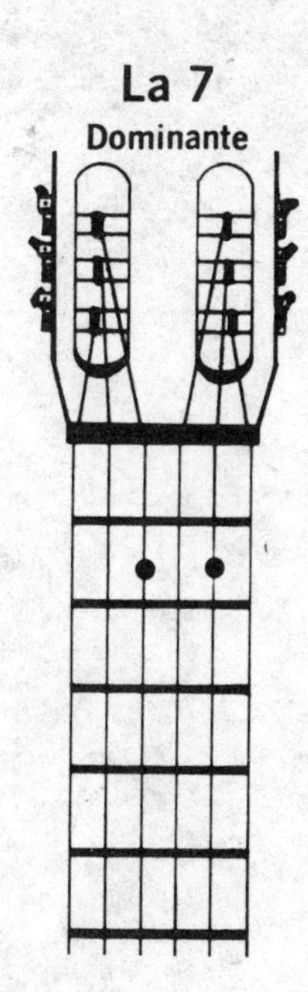

En función de Tono

En función de Dominante

El número 7 nos indica que la calidad del acorde es de SEPTIMA, por lo tanto también de DOMINANTE.

Un buen ejercicio, para desarrollar el manejo de los acordes, consistirá en tomar como referencia todos los ejemplos expuestos y aplicarlos a los demás tonos menores y mayores que restan. Descubrir nosotros mismos los subdominantes y dominantes y luego verificar nuestro acierto o nuestro error en las páginas con ejemplos y fotos de los acordes. Ello nos ayudará a manejarnos con rapidez, en cualquier circunstancia que se nos presente, y a resolver todo tipo de enigma armónico en el acompañamiento de una canción.

TIENE LA GUITARRA MIA . . .

Tiene la guitarra mía
tres triples y tres bordones.
Con unos canto alegrías,
con otro lloro pasiones.

Es un cofre milagroso
la caja de la guitarra.
En él la pena y la dicha
se juntan de madrugada.

La guitarra fue a los pobres
y le hablaron tanto, tanto,
que llena de pena y susto
vino a mis brazos llorando.

Si hay pena en tu corazón
no se la cuentes a nadie.
Abrázate a la guitarra,
ella entiende tus pesares.

ATAHUALPA YUPANQUI

acordes

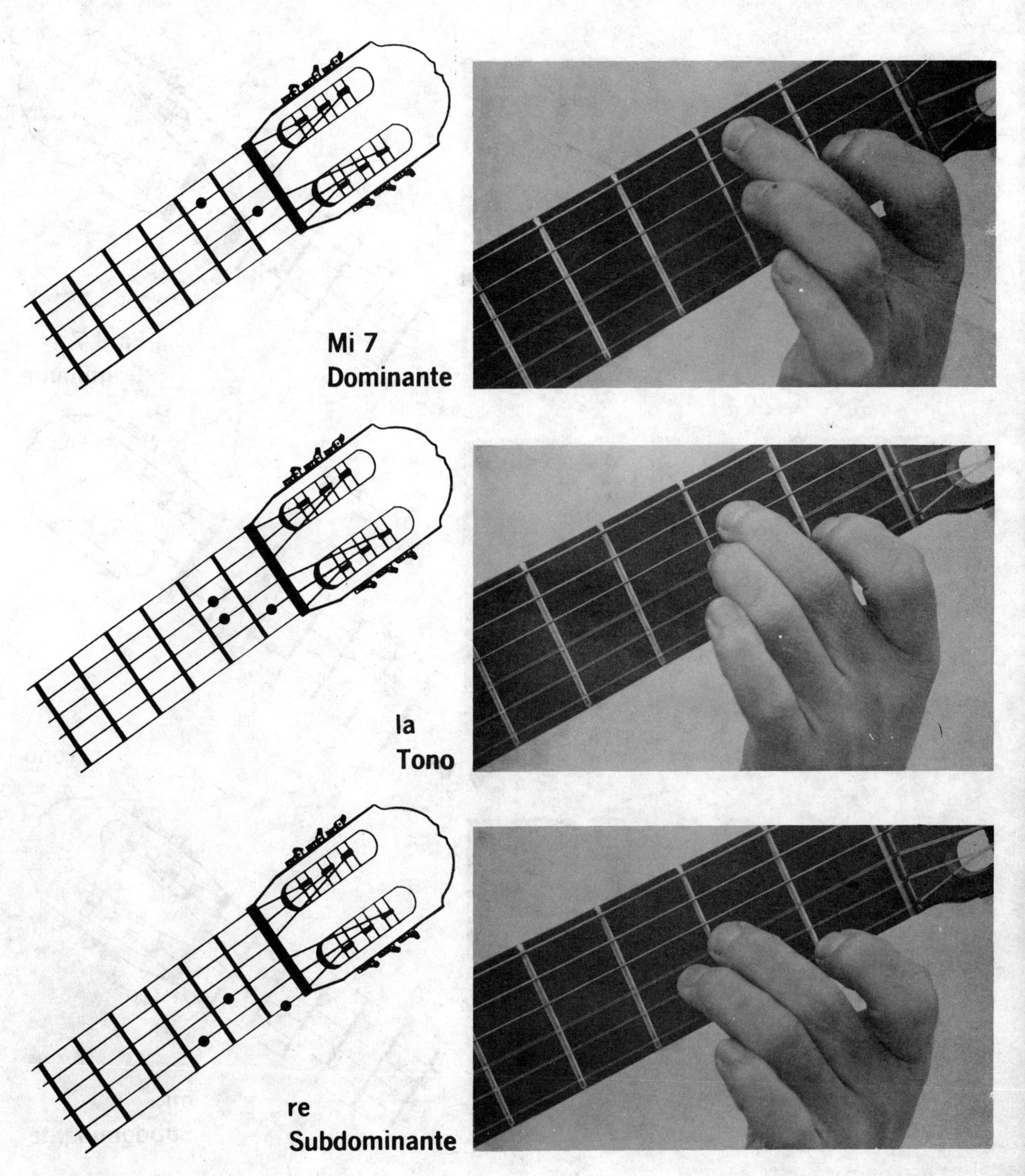

Mi 7
Dominante

la
Tono

re
Subdominante

acordes

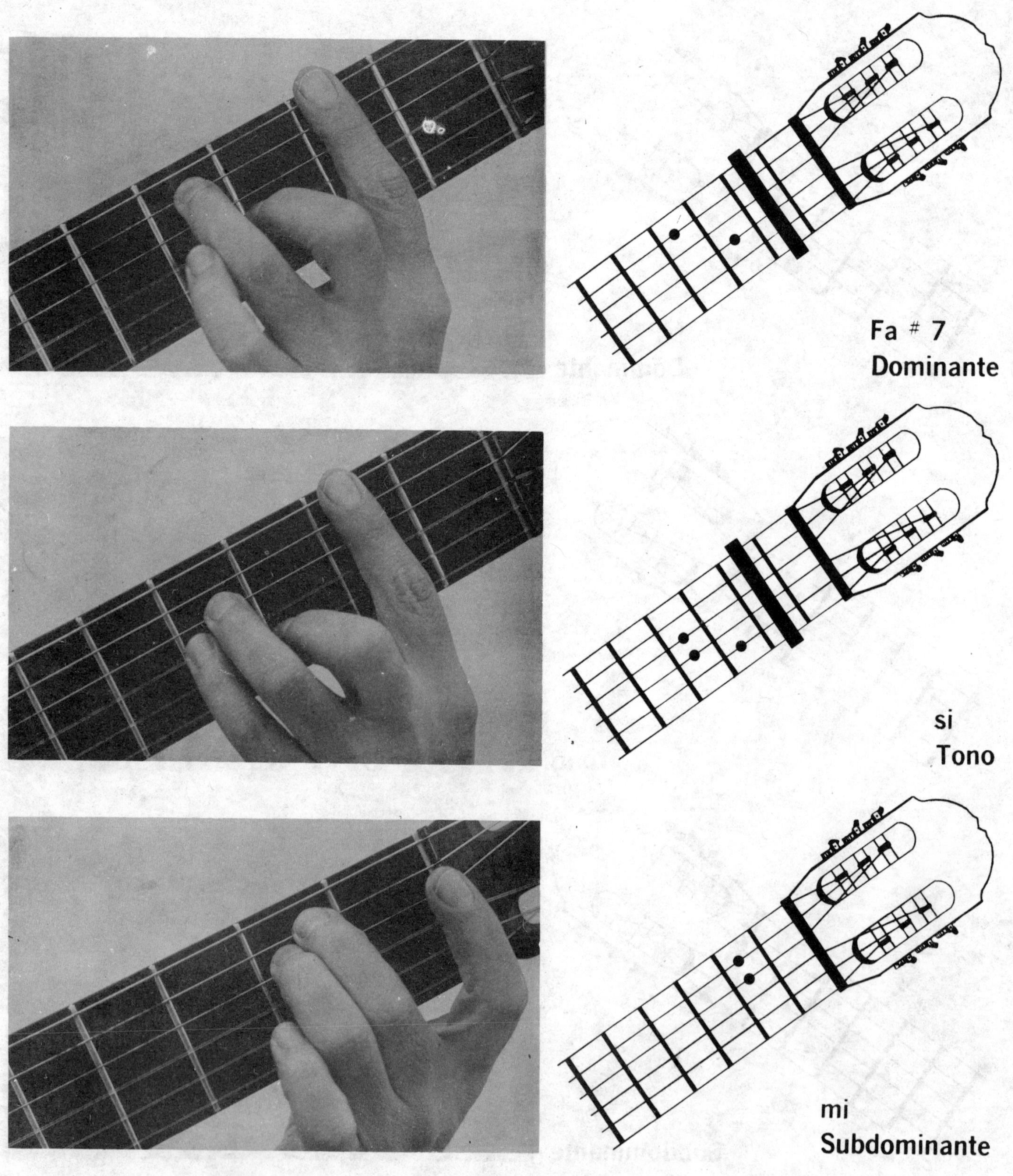

acordes

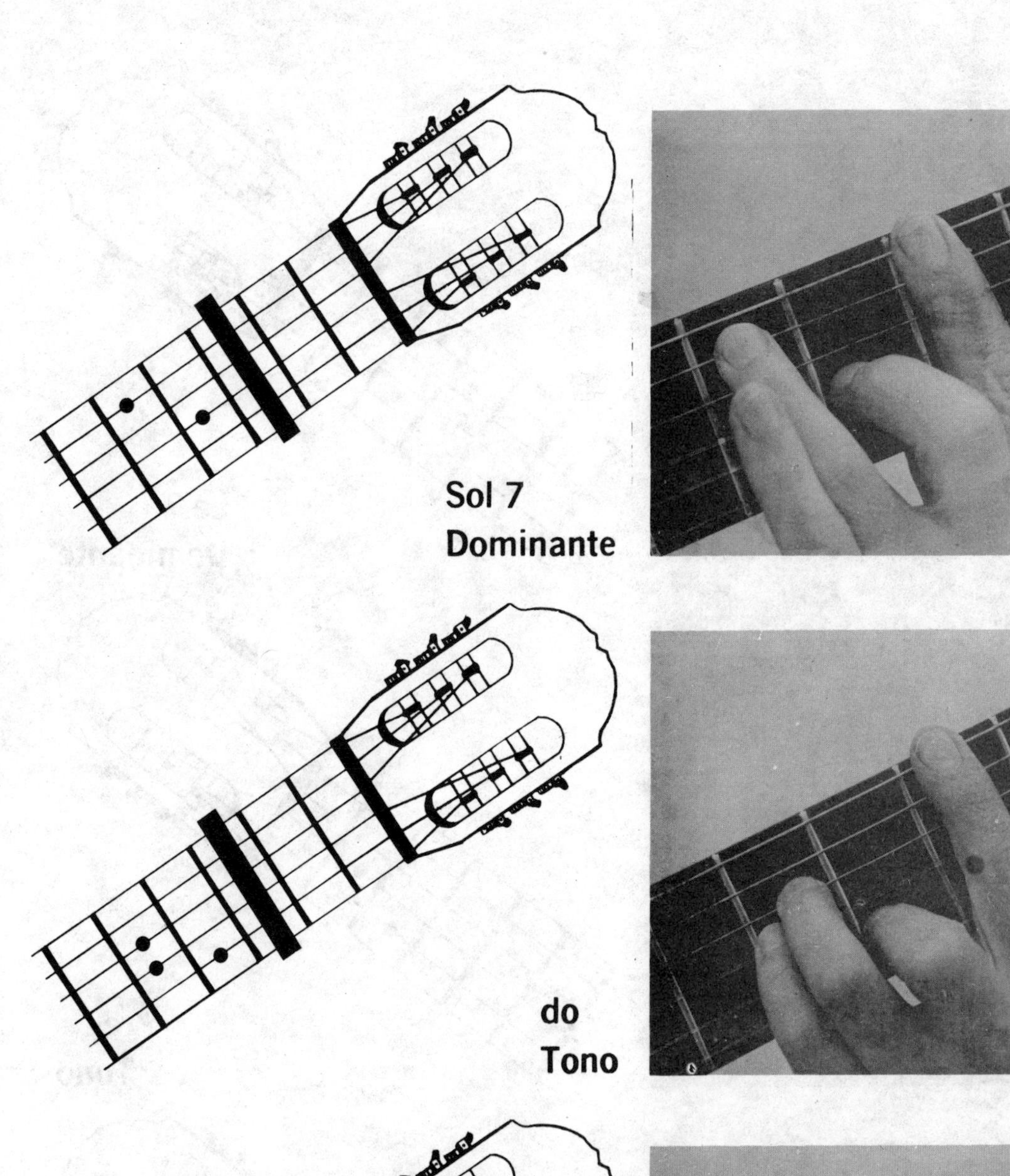

Sol 7
Dominante

do
Tono

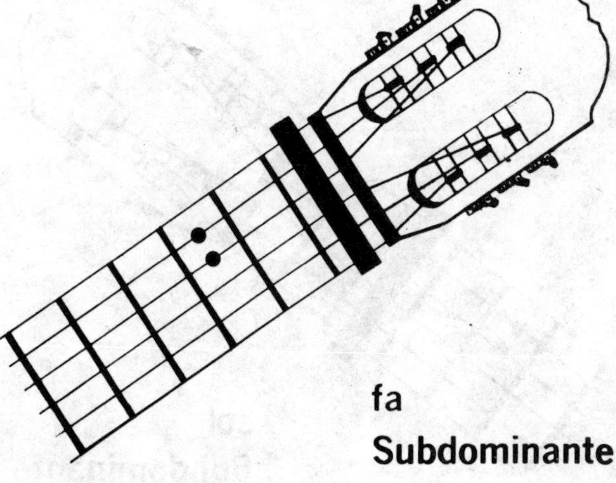

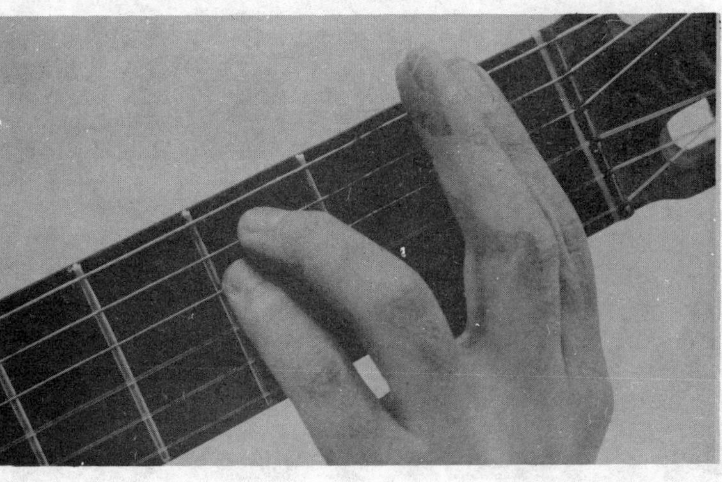

fa
Subdominante

acordes

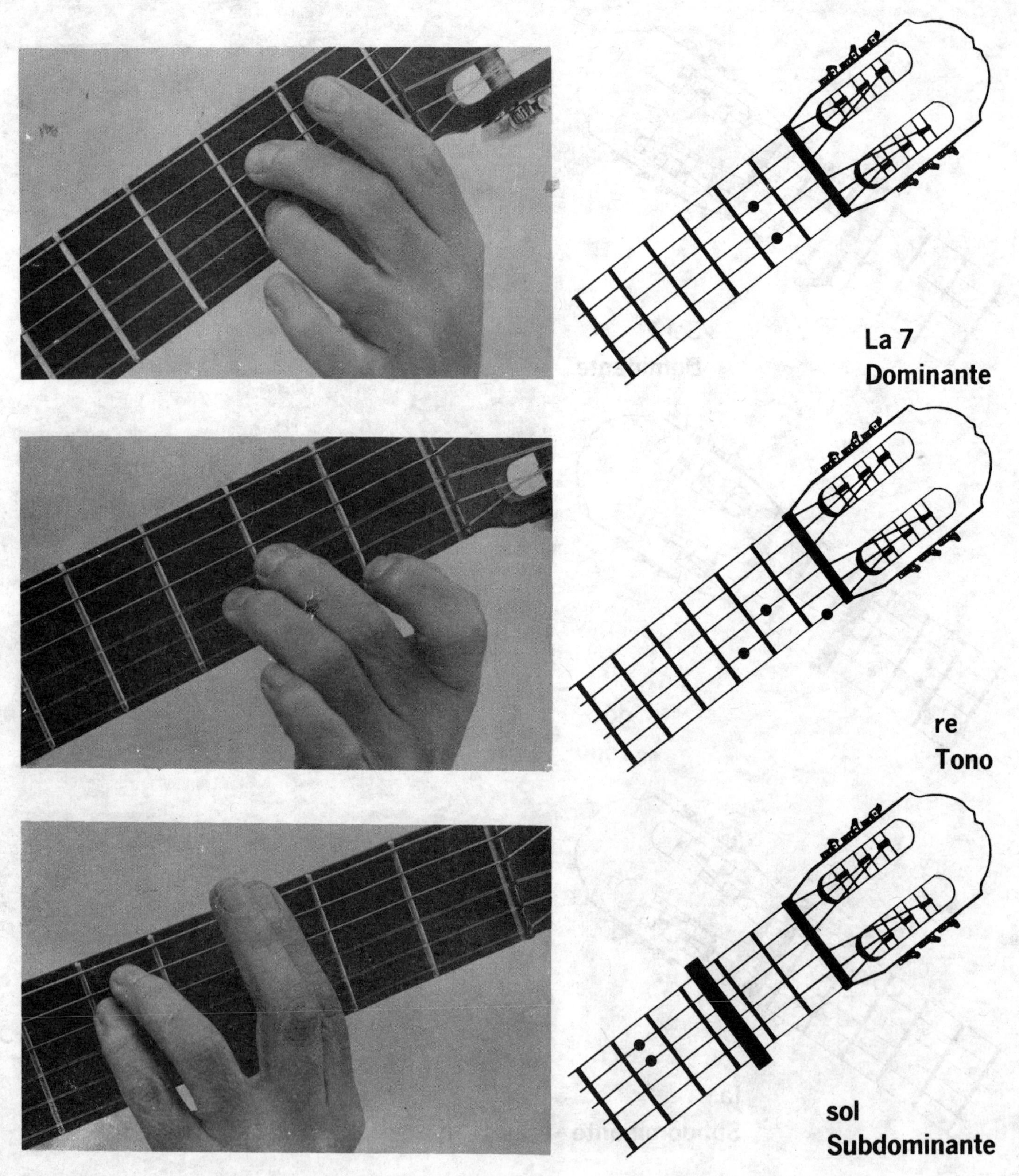

La 7
Dominante

re
Tono

sol
Subdominante

acordes

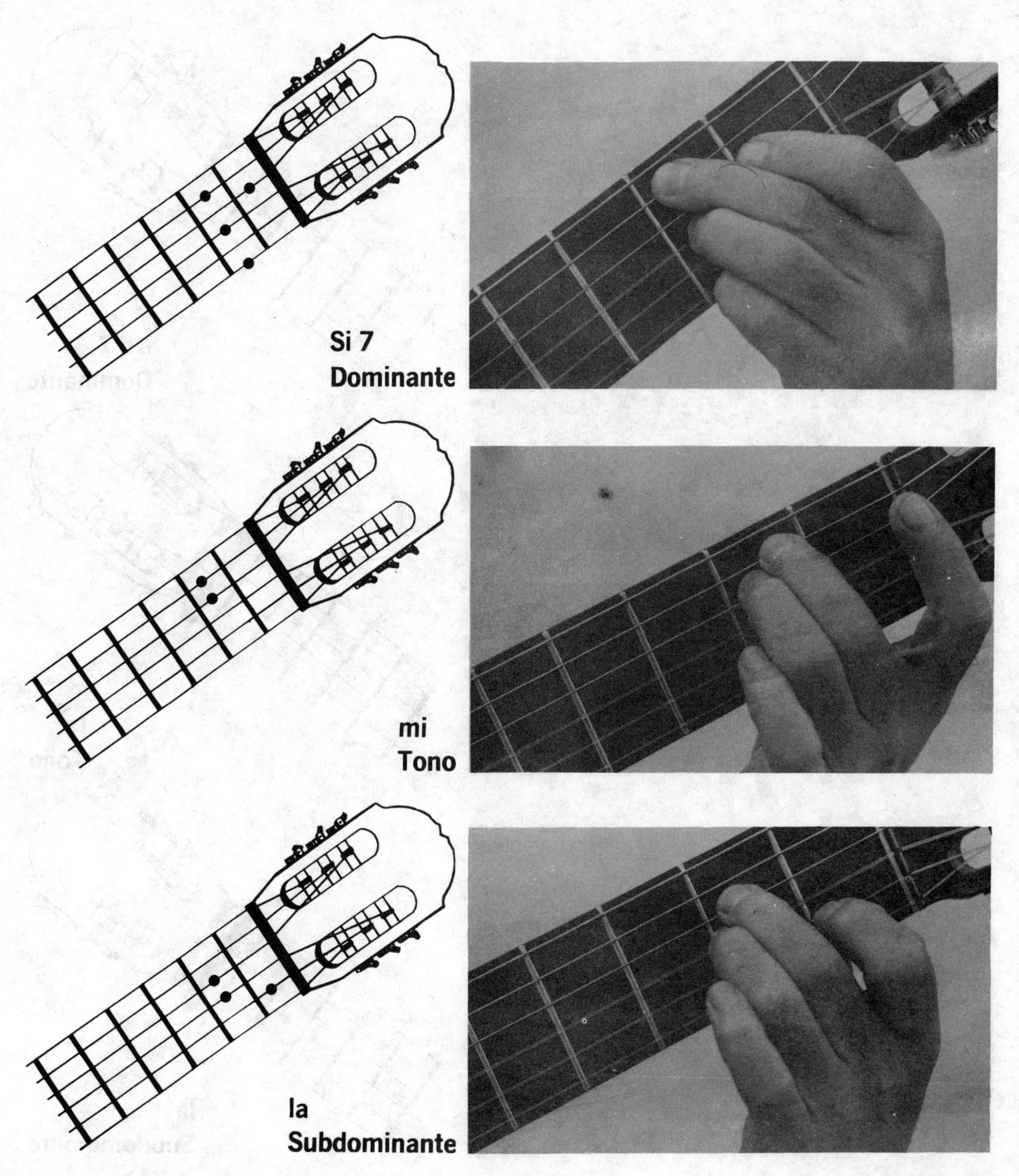

Si 7
Dominante

mi
Tono

la
Subdominante

acordes

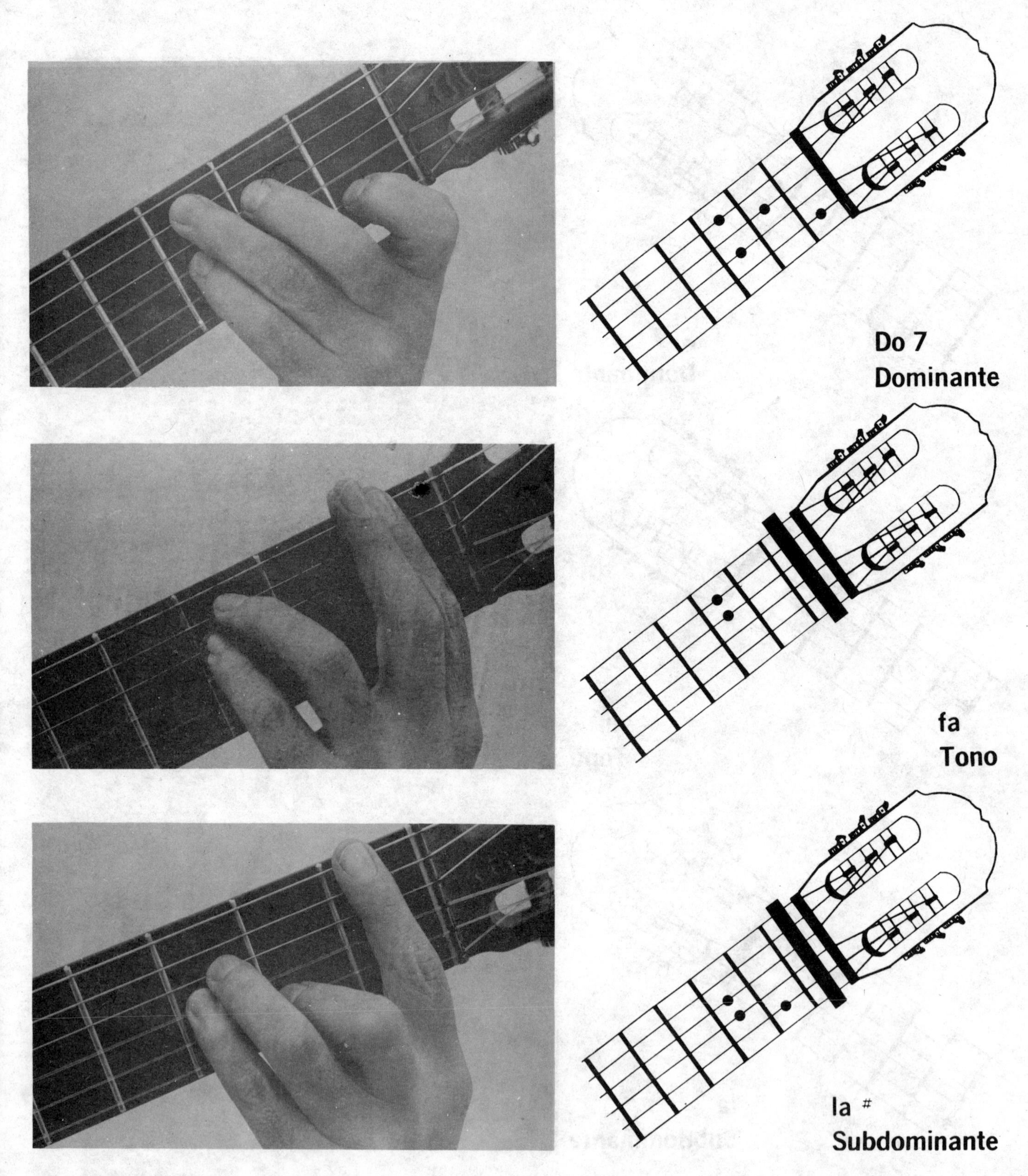

Do 7
Dominante

fa
Tono

la #
Subdominante

acordes

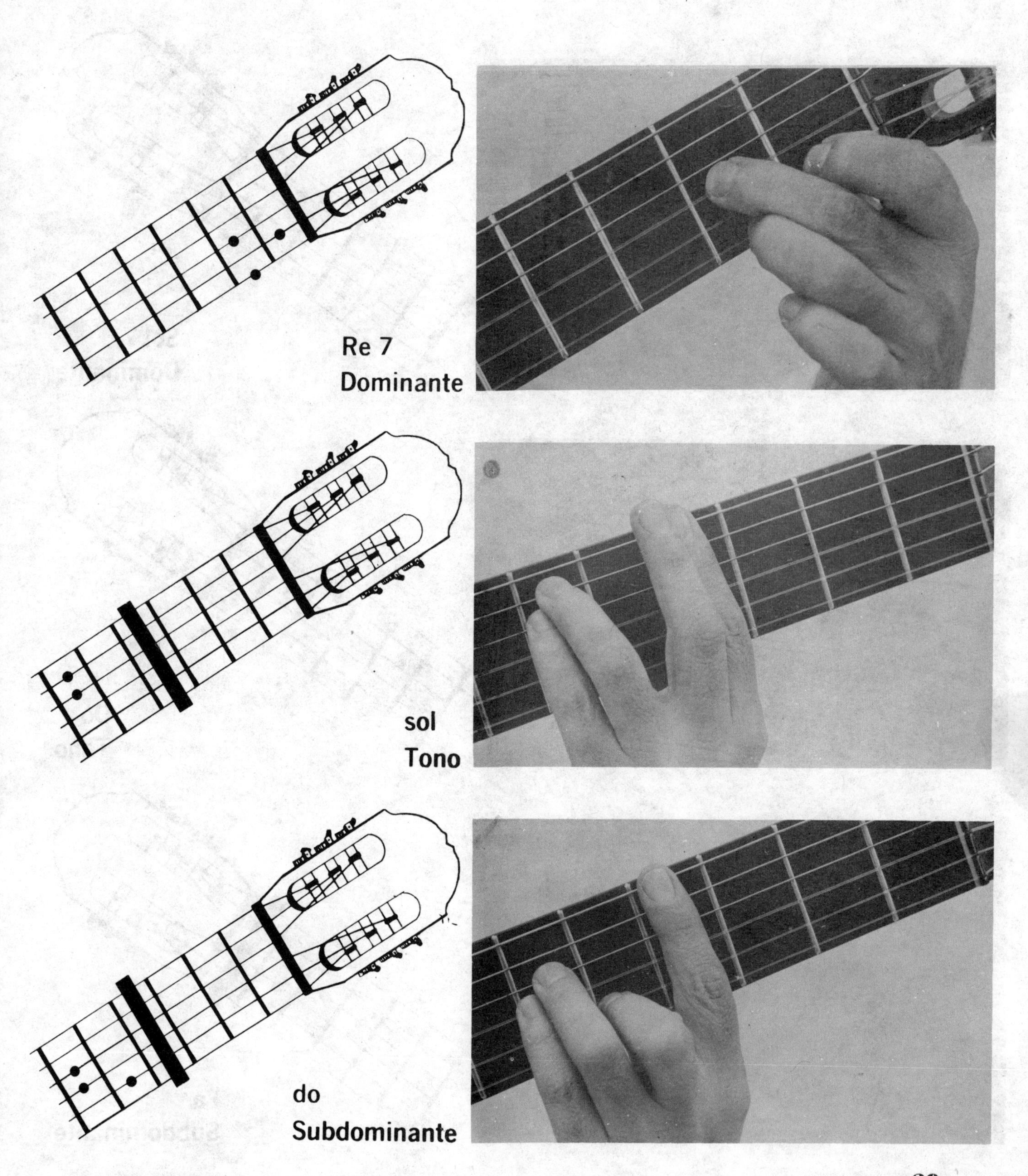

acordes

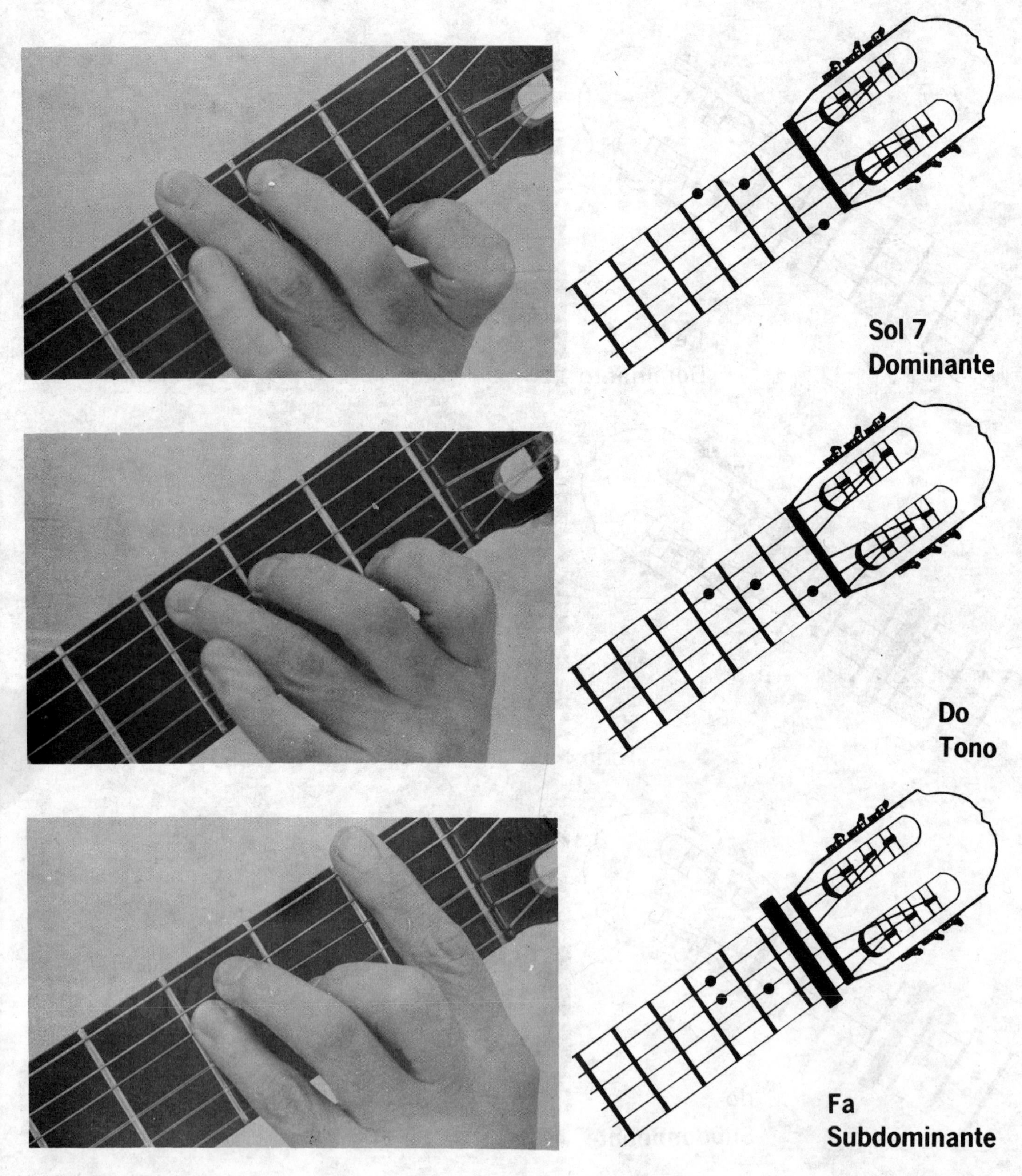
Sol 7
Dominante

Do
Tono

Fa
Subdominante

acordes

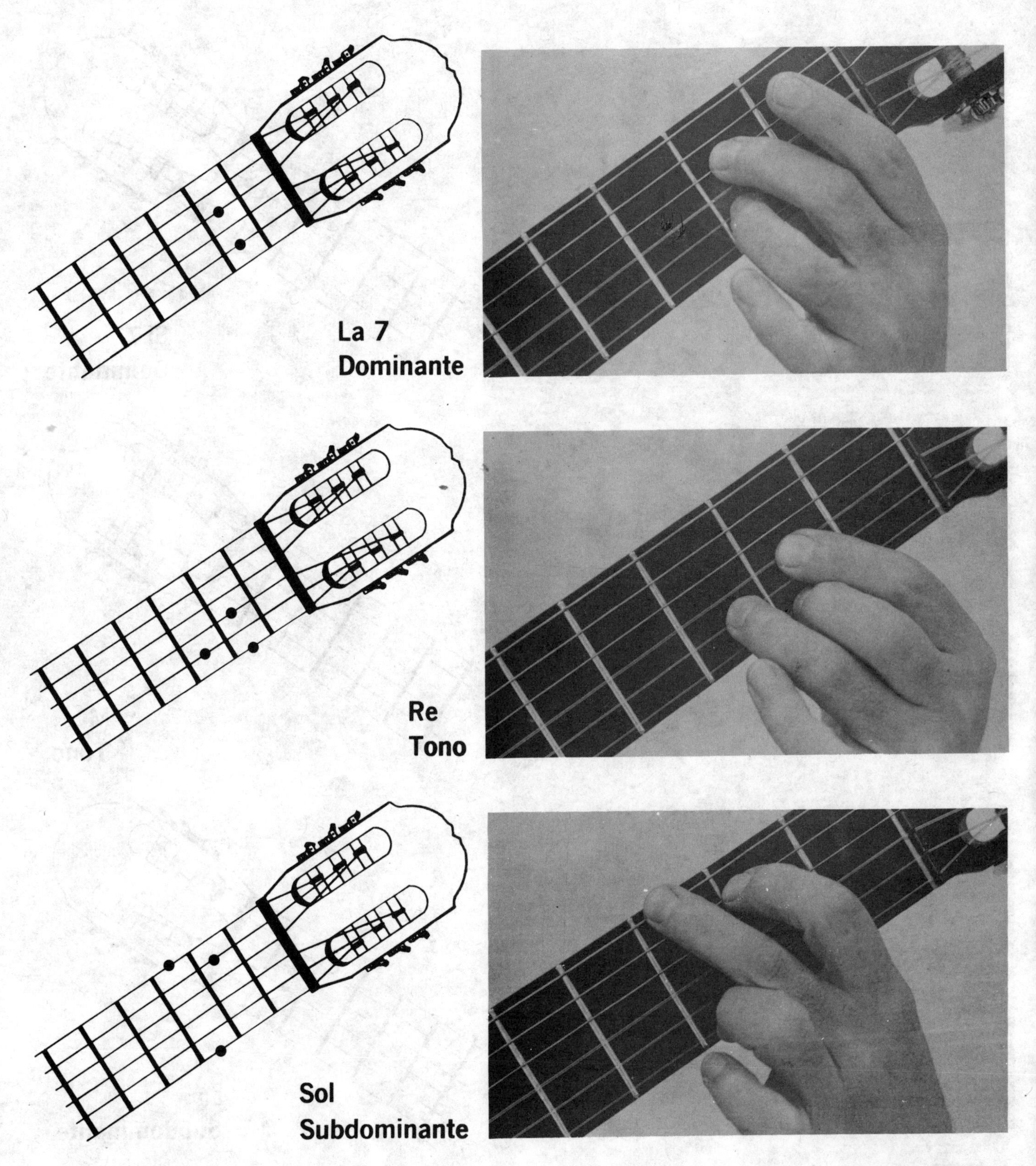

La 7
Dominante

Re
Tono

Sol
Subdominante

acordes

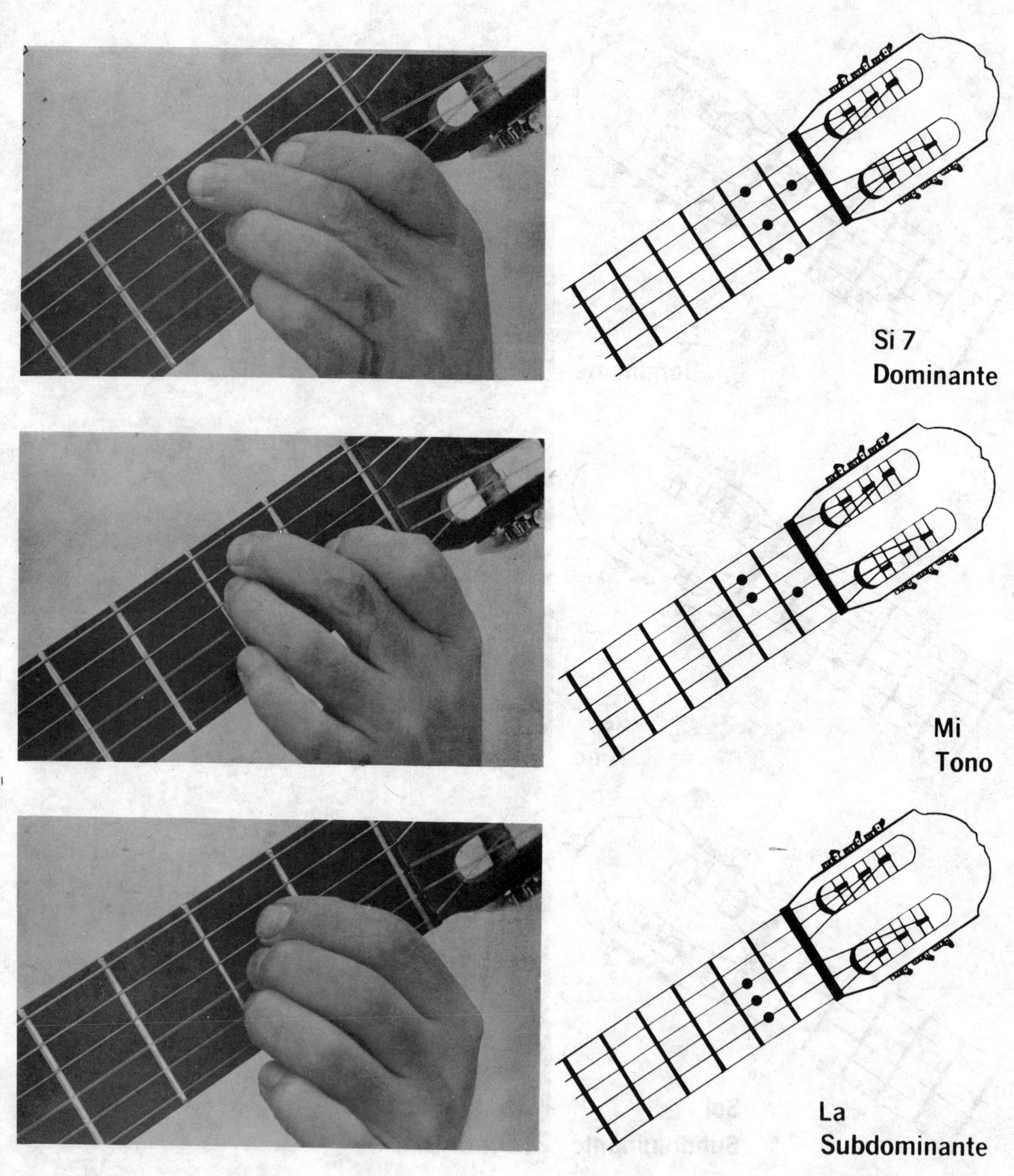

acordes

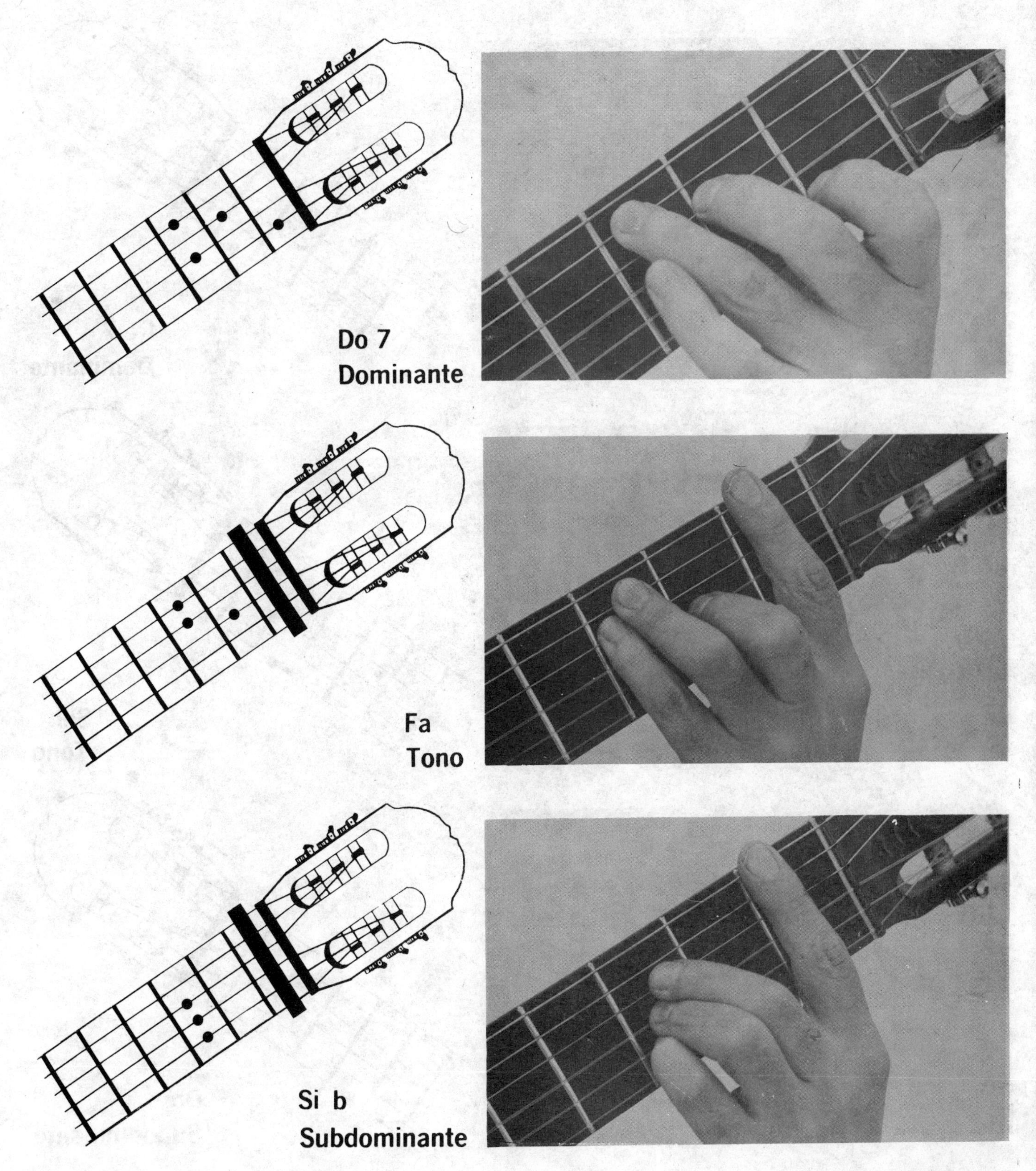

Do 7
Dominante

Fa
Tono

Si b
Subdominante

acordes

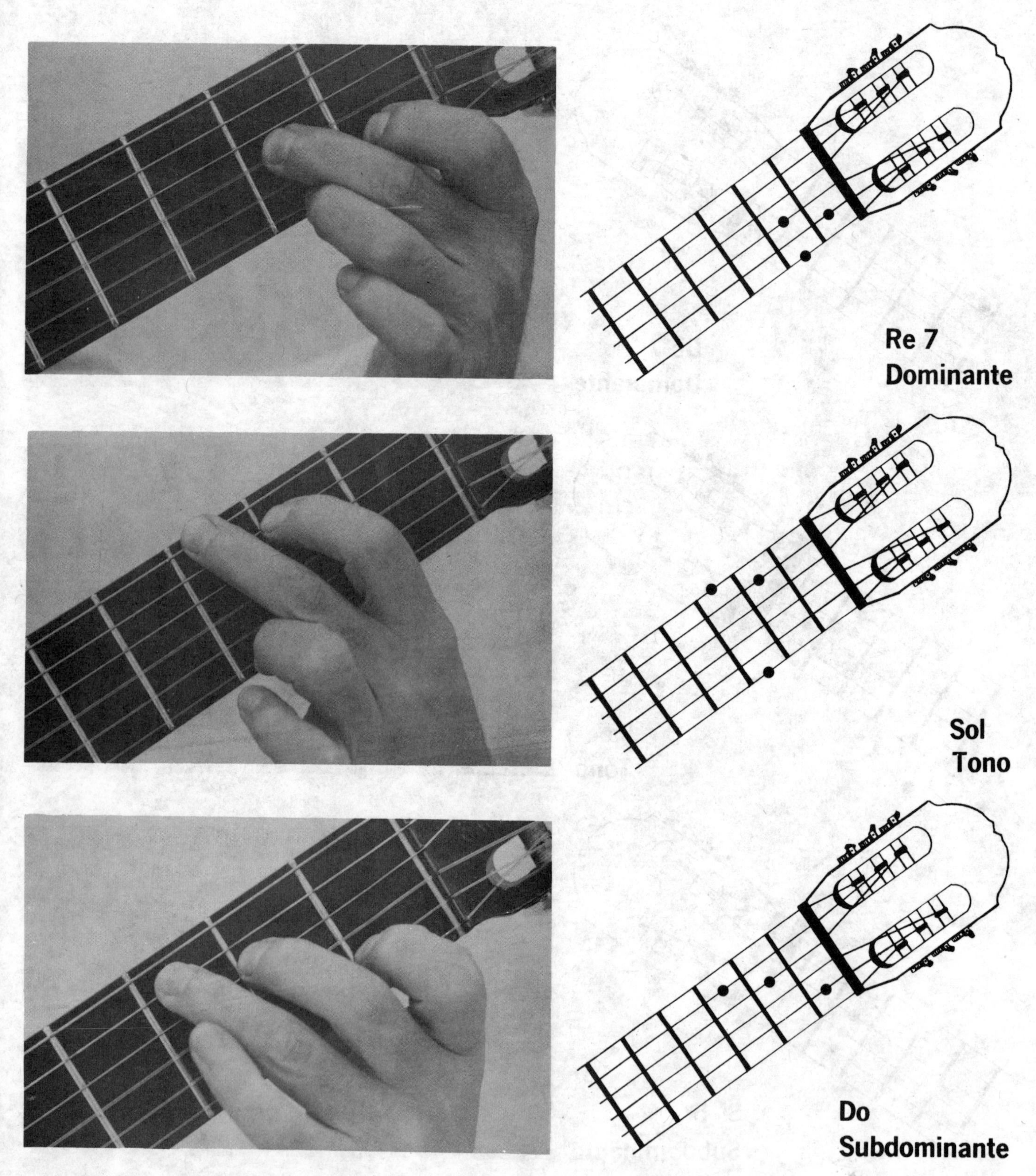

Re 7
Dominante

Sol
Tono

Do
Subdominante

acordes

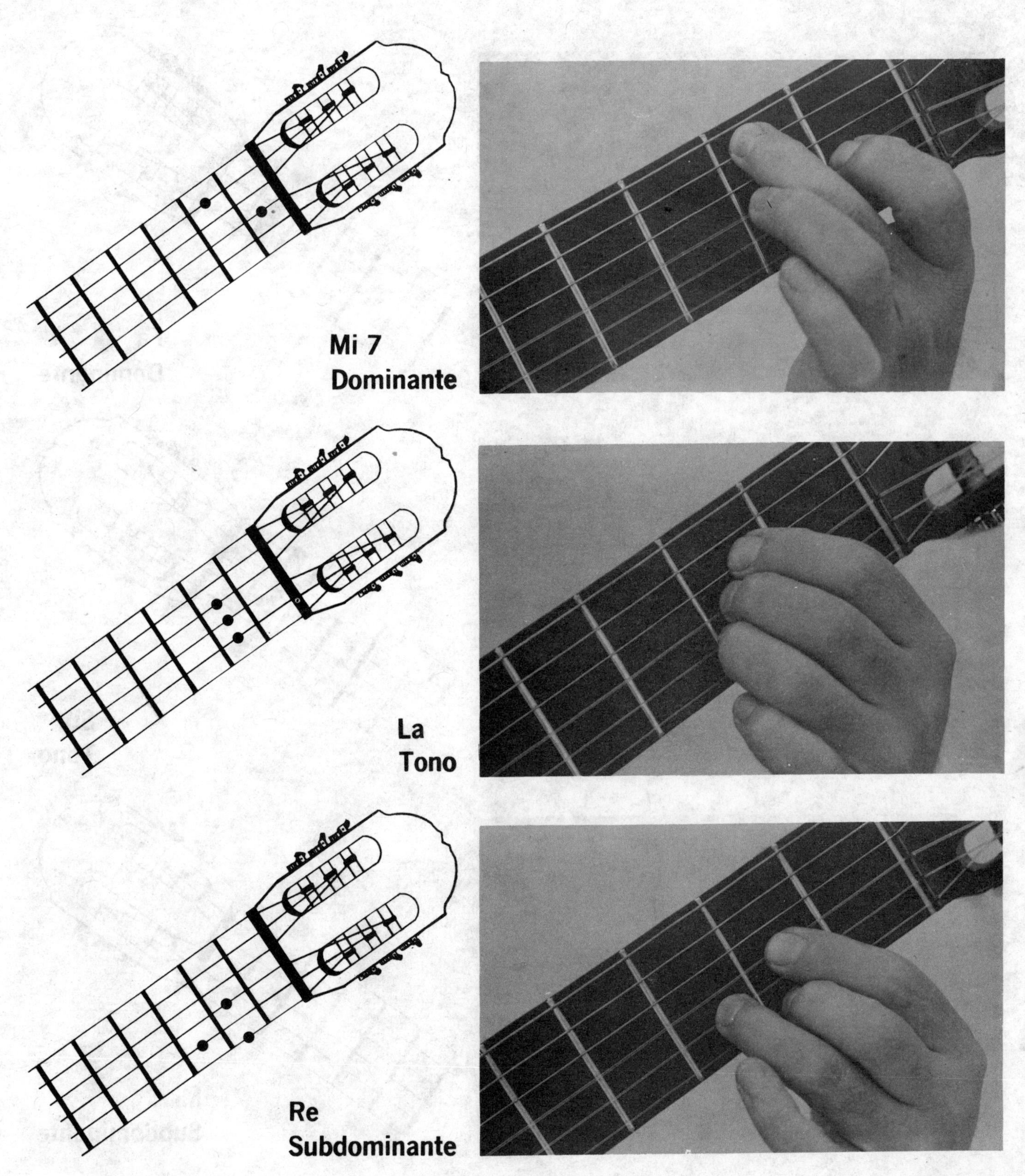

Mi 7
Dominante

La
Tono

Re
Subdominante

acordes

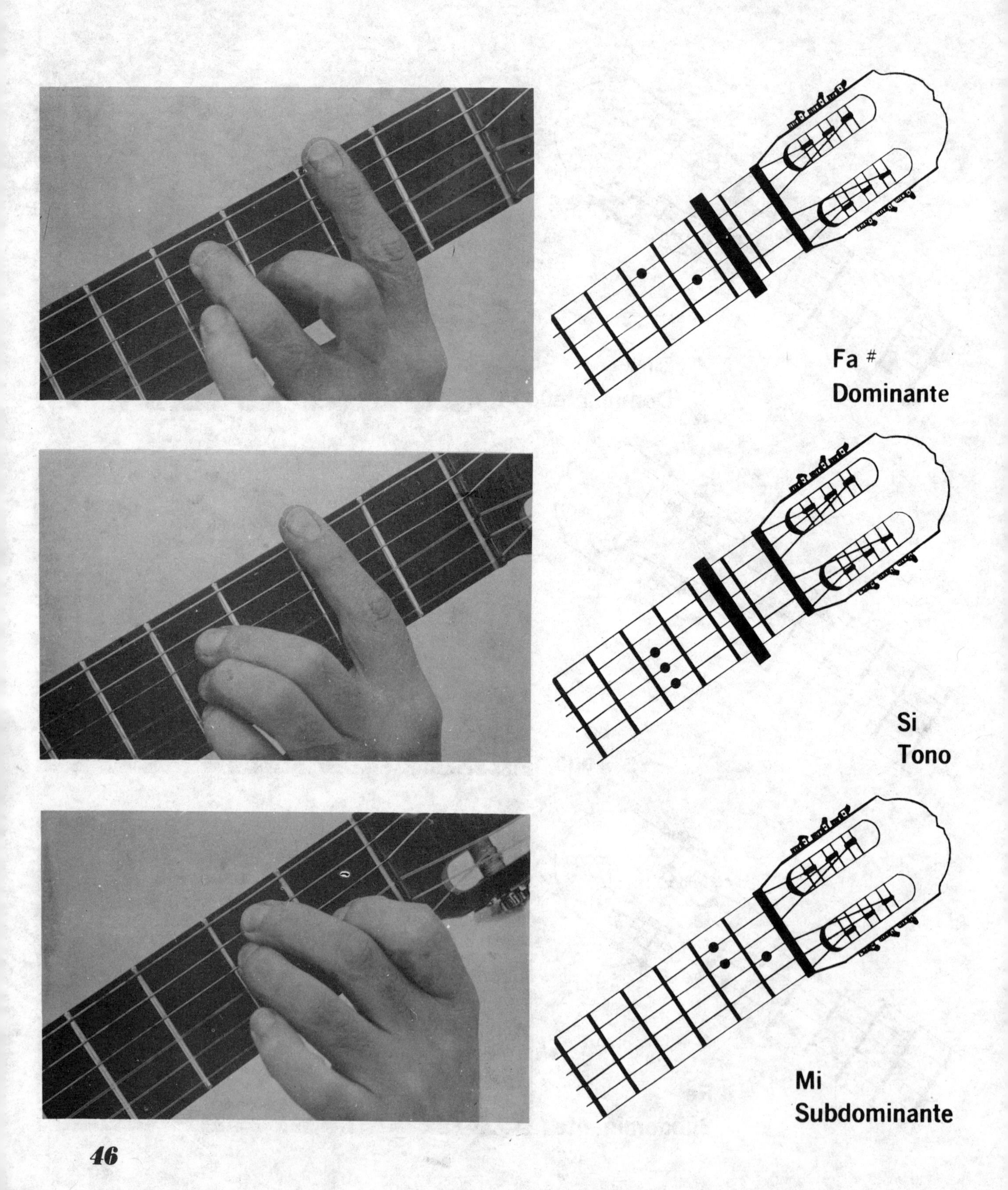

acordes

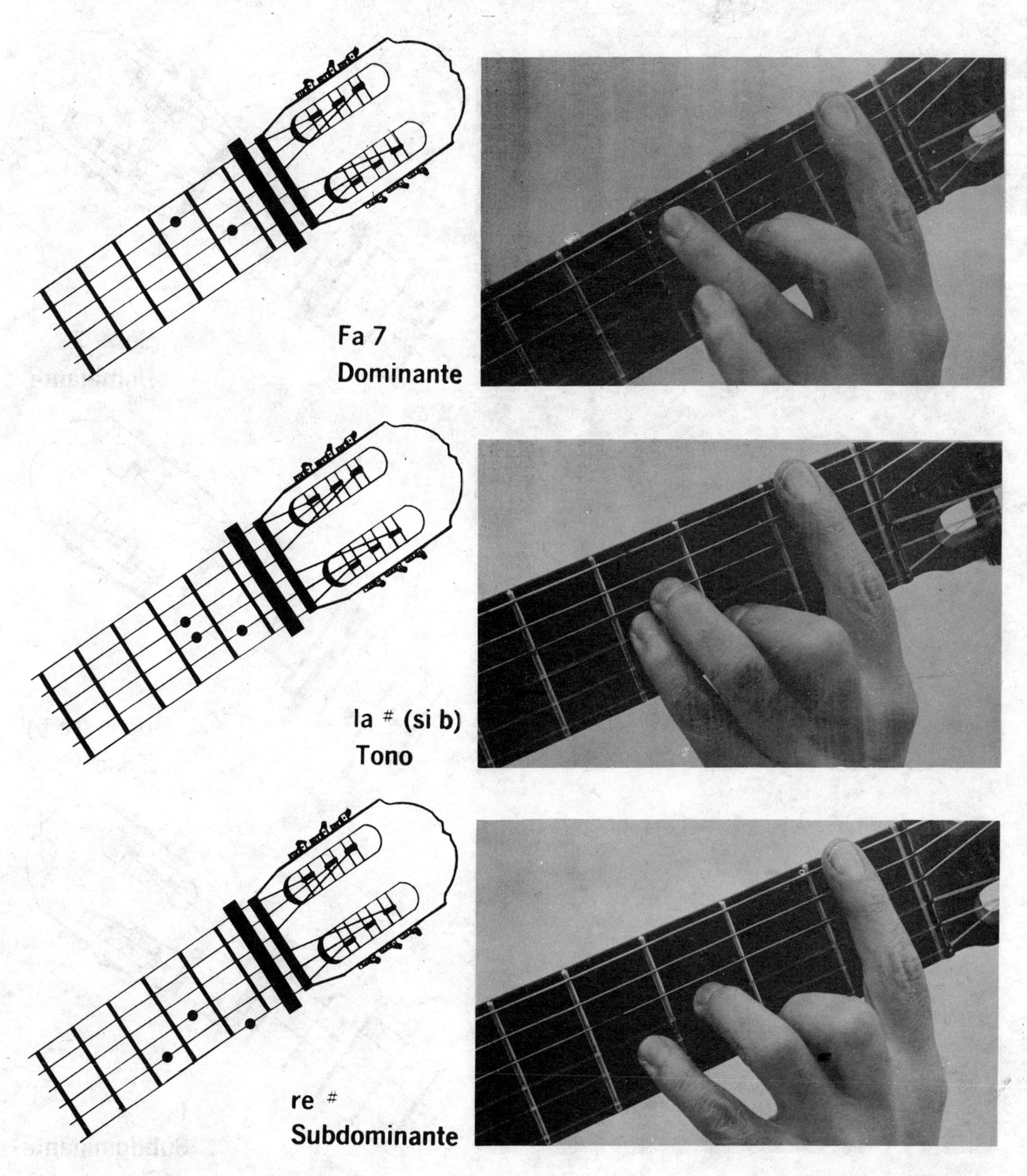

Fa 7
Dominante

la # (si b)
Tono

re #
Subdominante

acordes

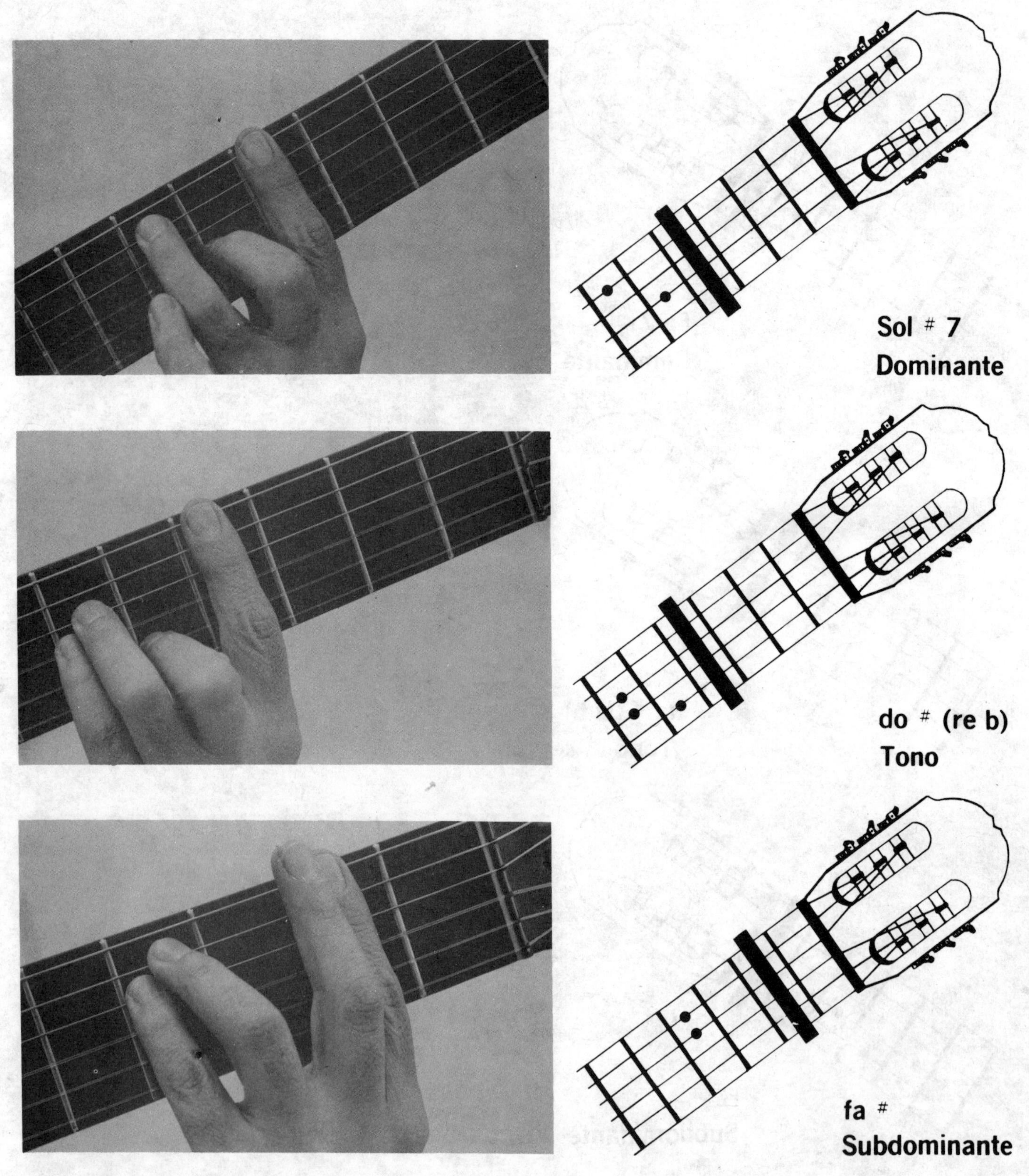

Sol # 7
Dominante

do # (re b)
Tono

fa #
Subdominante

acordes

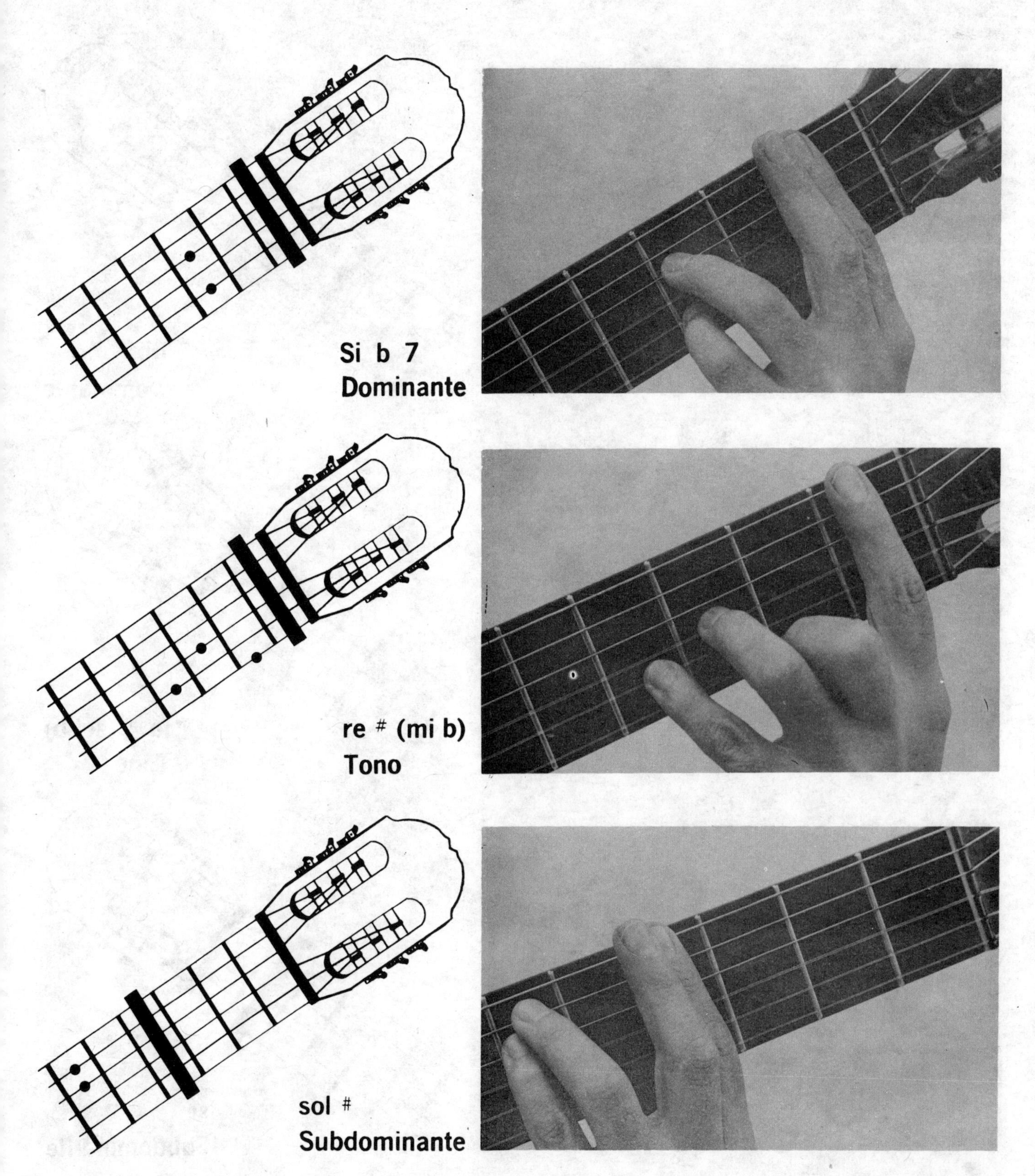

Si b 7
Dominante

re # (mi b)
Tono

sol #
Subdominante

acordes

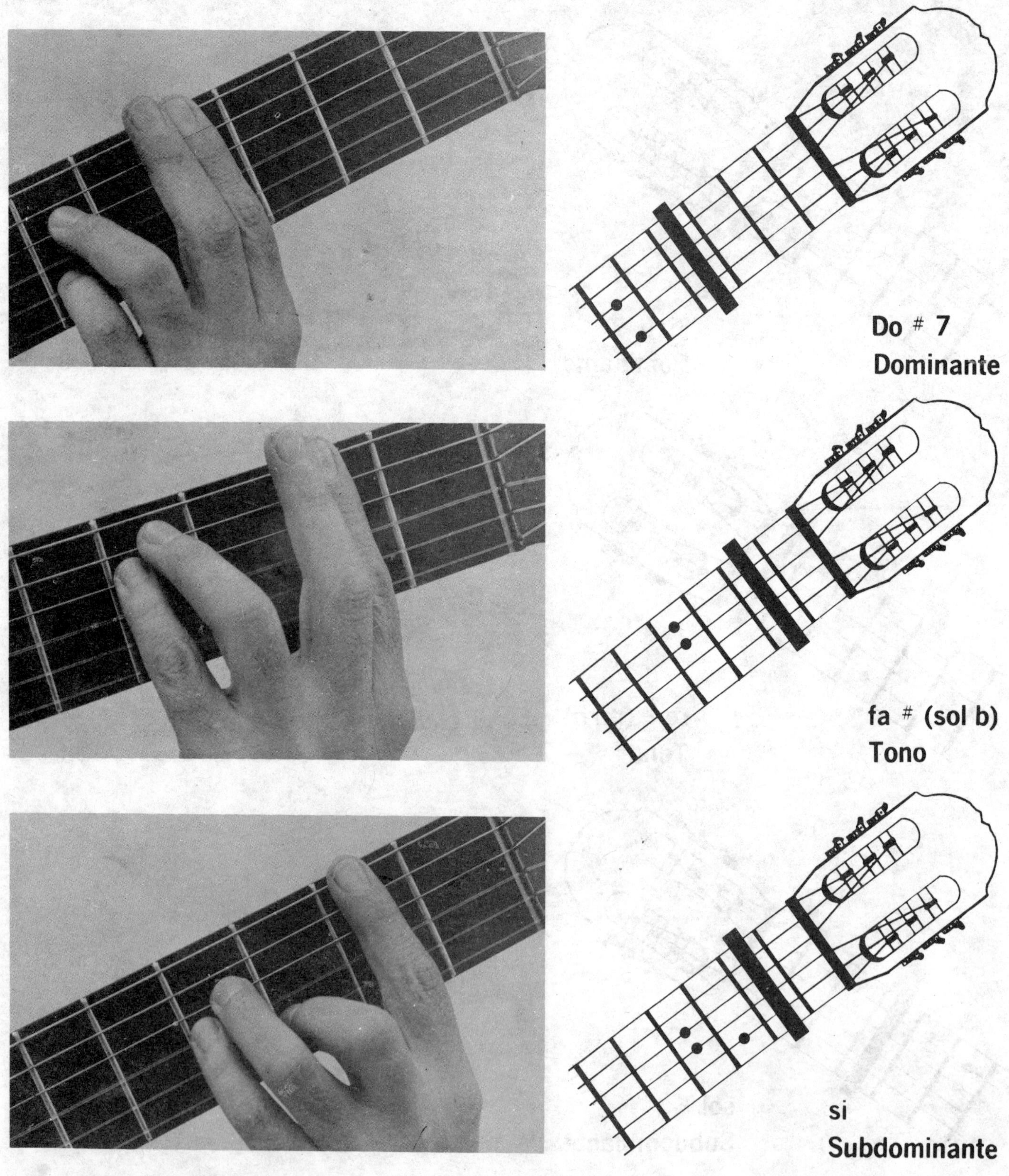

Do # 7
Dominante

fa # (sol b)
Tono

si
Subdominante

acordes

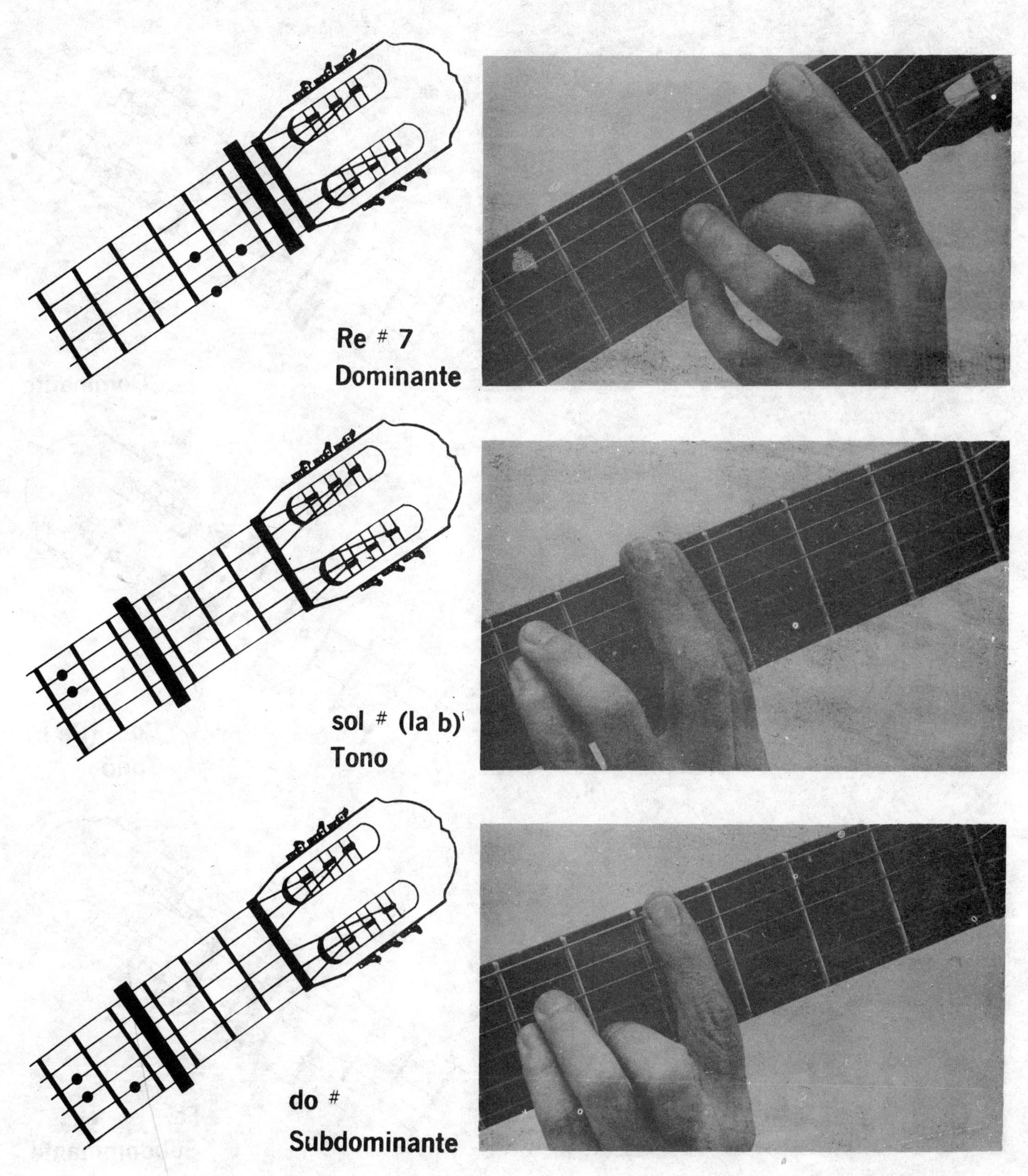

Re # 7
Dominante

sol # (la b)
Tono

do #
Subdominante

acordes

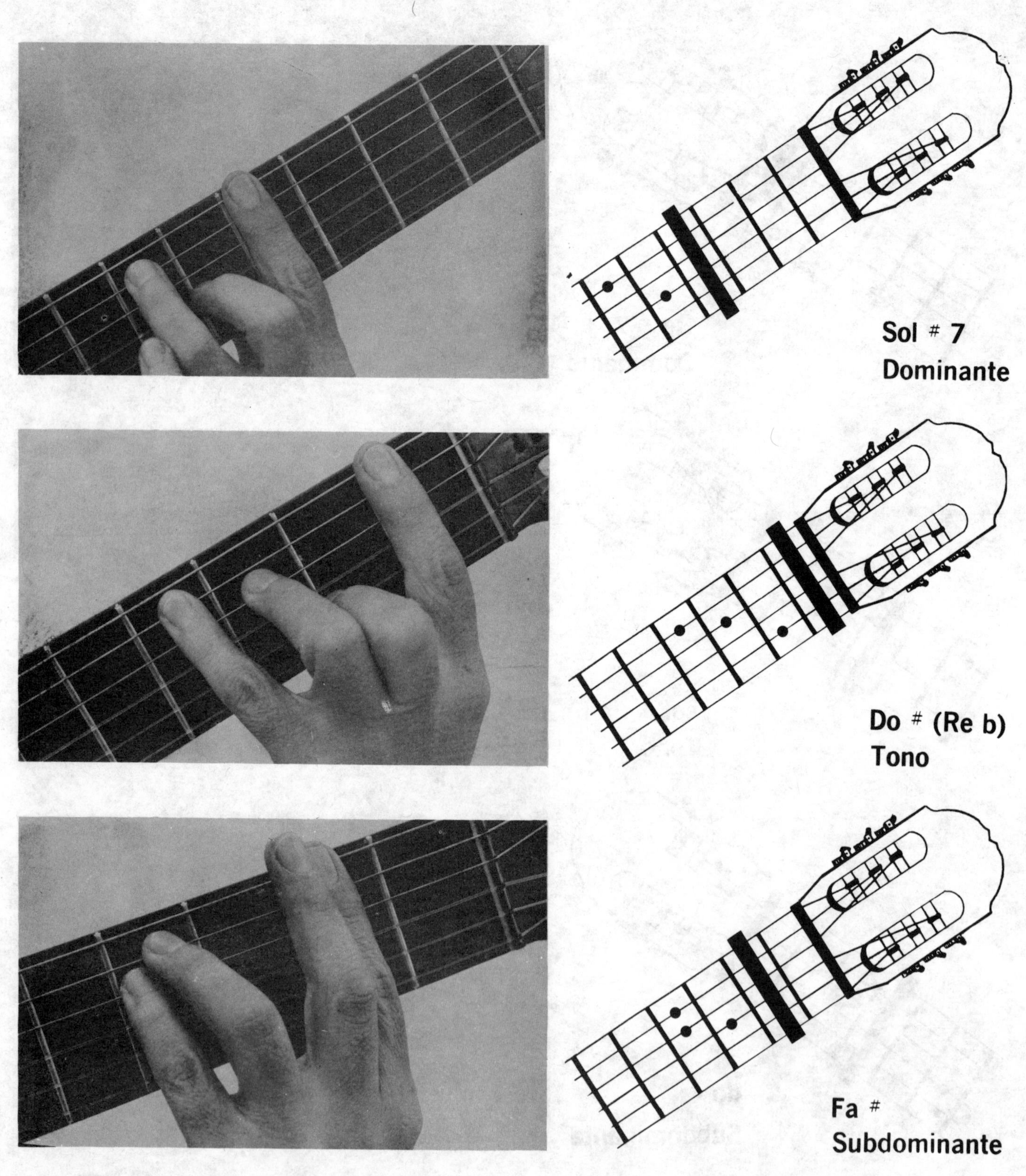

Sol # 7
Dominante

Do # (Re b)
Tono

Fa #
Subdominante

acordes

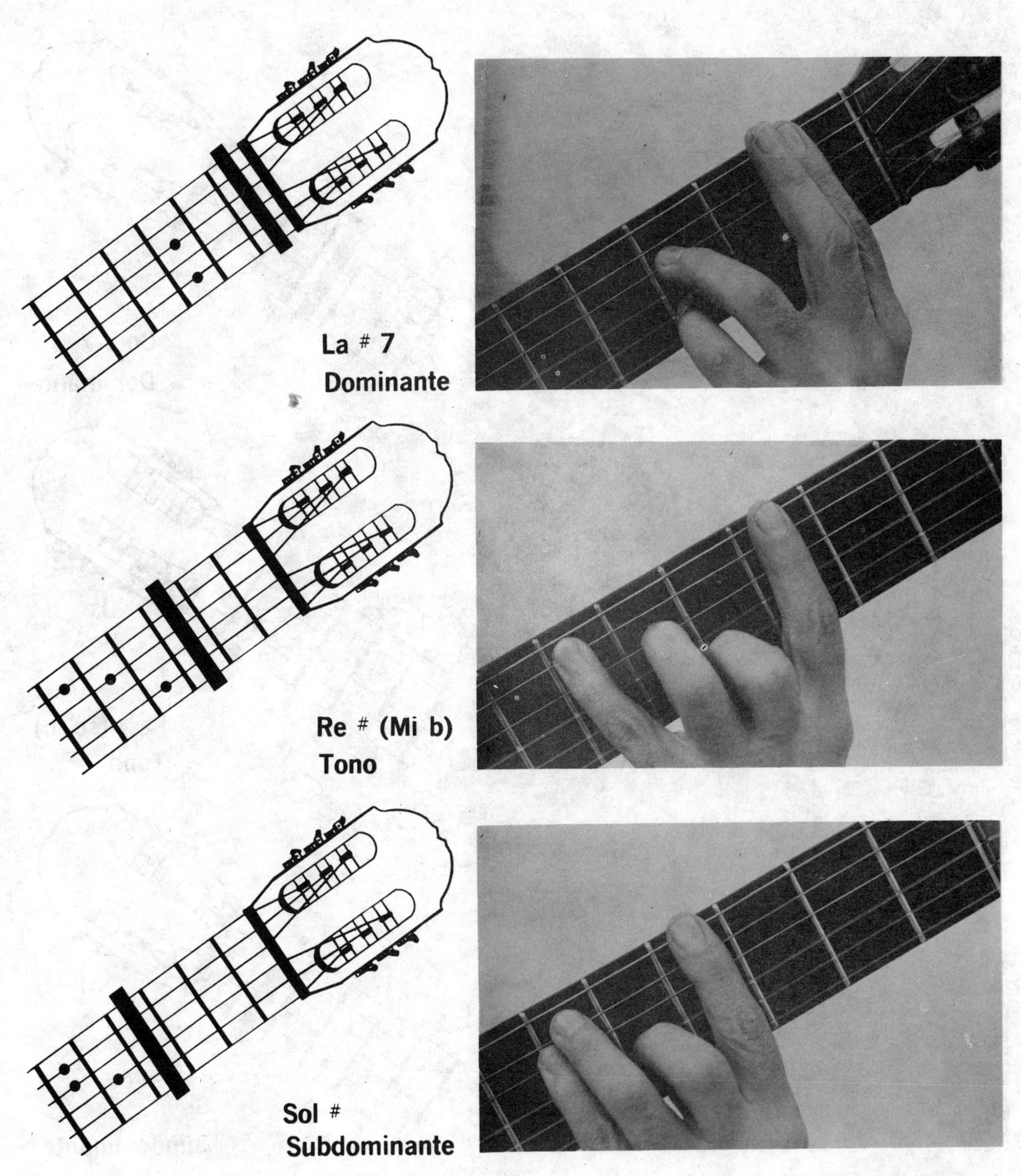

acordes

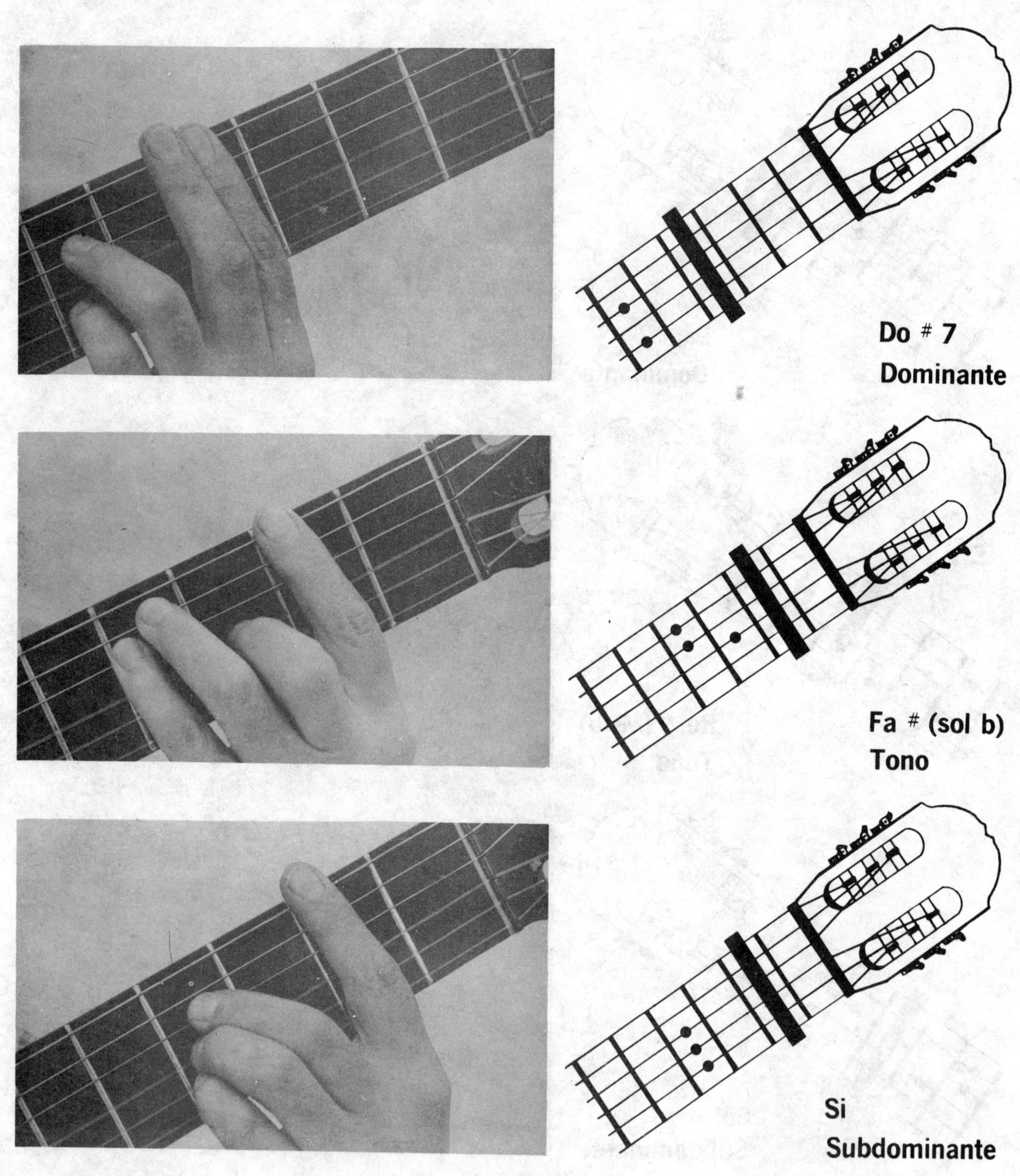

Do # 7
Dominante

Fa # (sol b)
Tono

Si
Subdominante

acordes

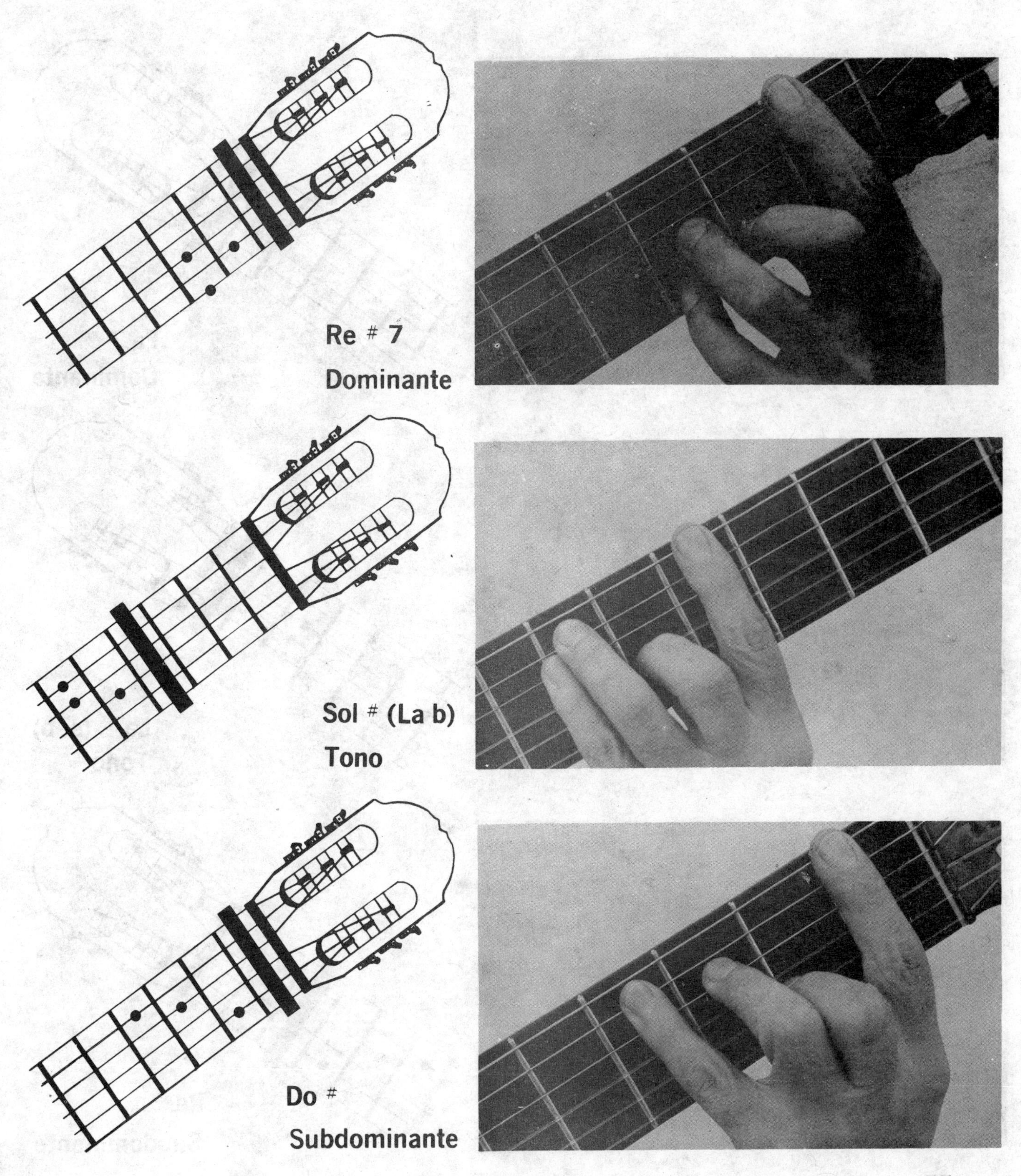

acordes

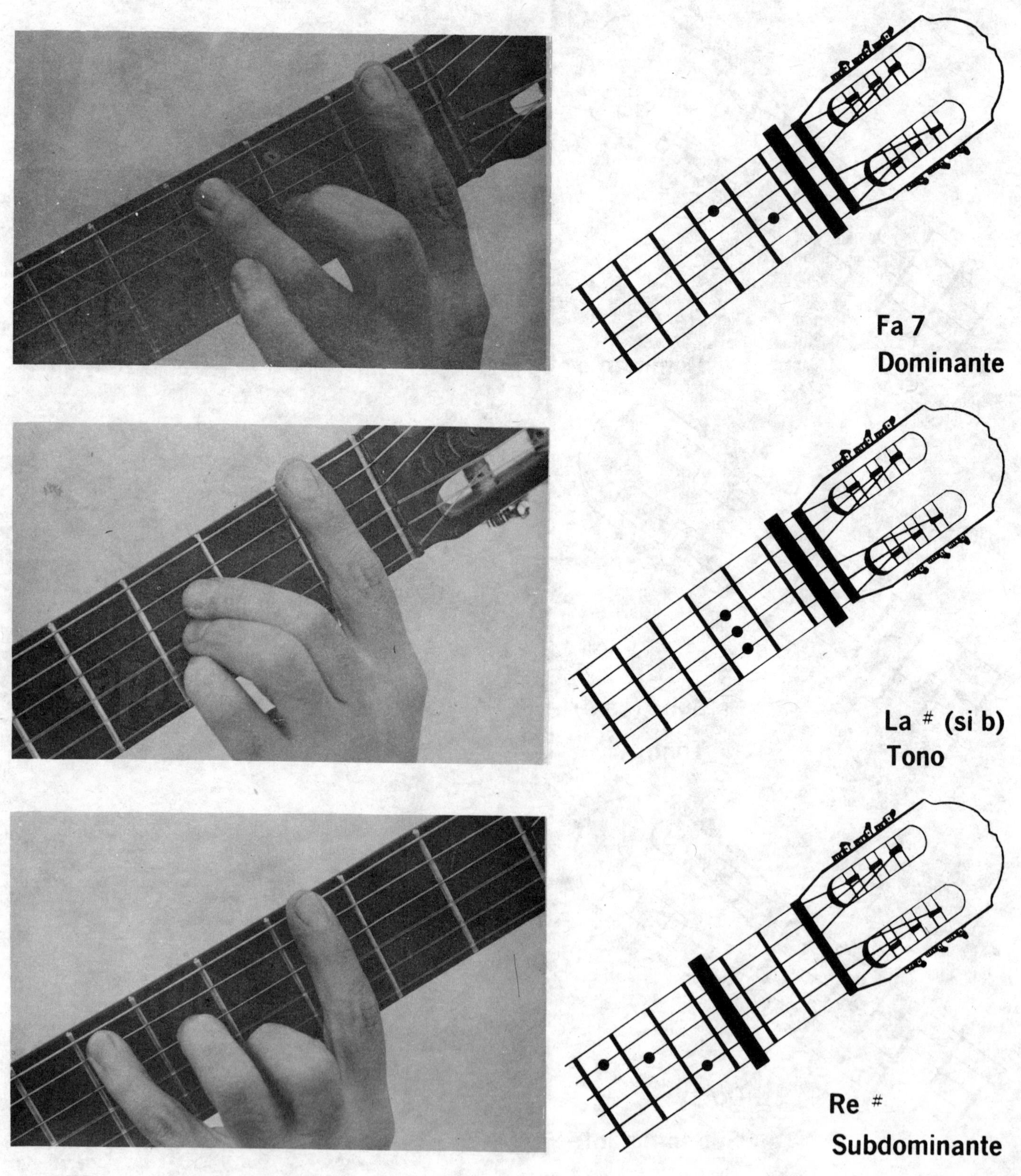

Fa 7
Dominante

La # (si b)
Tono

Re #
Subdominante

CANCIONES LATINOAMERICANAS

EL HUMANO (Cueca) Violeta Parra
CHILE

Sol
El Huma
Re
el humano está formado
La 7
de un espi
Re } bis
de un espíritu y un cuerpo
Sol 7
de un cora
Re
de un corazón que palpita
La 7
al son de
Re } bis
al son de los sentimientos.
Sol
Ay no entiendo los amores
Re
ay ay ay del alma sola
La 7
cuando el cuerpo es un río
Re } bis
ay ay ay de bellas olas.
Sol
De bellas olas sí
Re
ay ay ay que le dan vida
La 7
si falta un elemento
Re } bis
ay ay ay negra es la herida
Sol
comprende que te quiero
Re
ay ay ay de cuerpo entero.

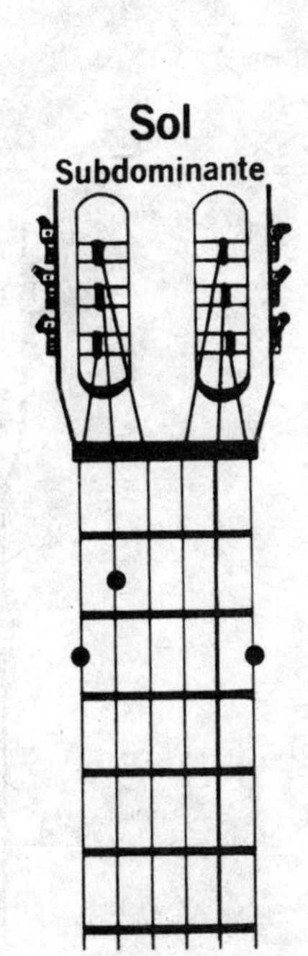

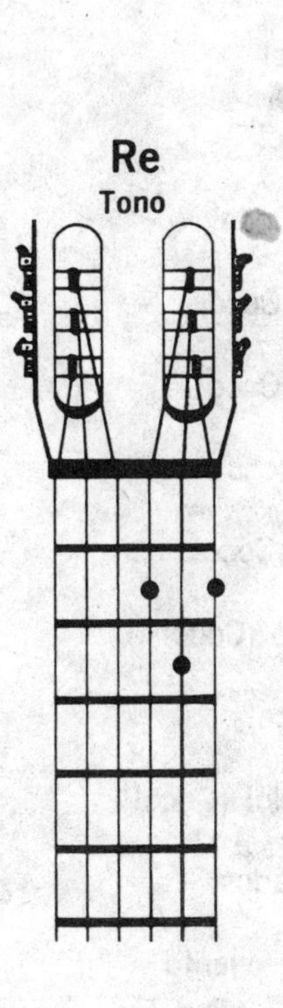

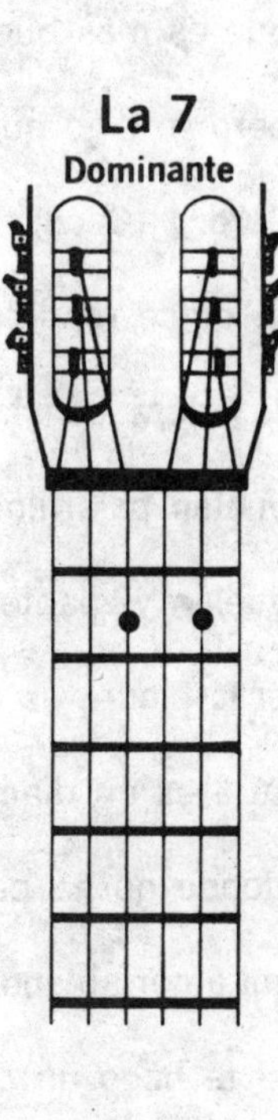

EL COCO (Son jarocho) Anónimo
MEXICO

si Fa # 7
Dicen que el coco es muy bueno
si
guisado en especia fina,
Fa # 7
guisado en especia fina,
Fa # 7
pero yo digo que no,
si
que es más buena la gallina
Fa # 7
que es más buena la gallina
si
pero yo digo que no

Coro: ¡Coco!
Fa # 7
te quise rendido ¡Coco!
si
te adoré constante ¡Coco!
Fa # 7
vuelen pajarillos ¡Coco!
si
vuelen vigilantes ¡Coco!
Fa # 7
si la piedra es dura ¡Coco!
si
tú eres un diamante ¡Coco!
Fa # 7
donde no ha podido ¡Coco!
si
mi amor ablandarte ¡Coco!
Fa # 7
si te hago un cariño ¡Coco!
si
me haces un desprecio ¡Coco!
Fa # 7
y luego me dices ¡Coco!
si
¡ah qué amor tan necio! ¡Coco!
si Fa # 7
Los barcos están varados,
si
porque no les sopla el viento
Fa # 7
porque no les sopla el viento
si
los barcos están varados. . .

Coro: ¡Coco!

te quise rendido . . . etc.

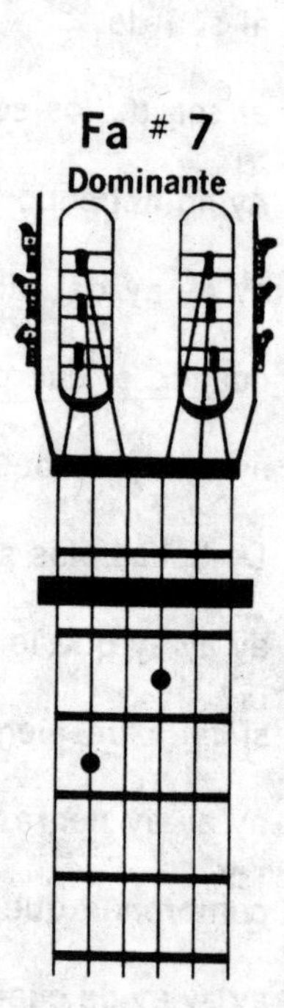

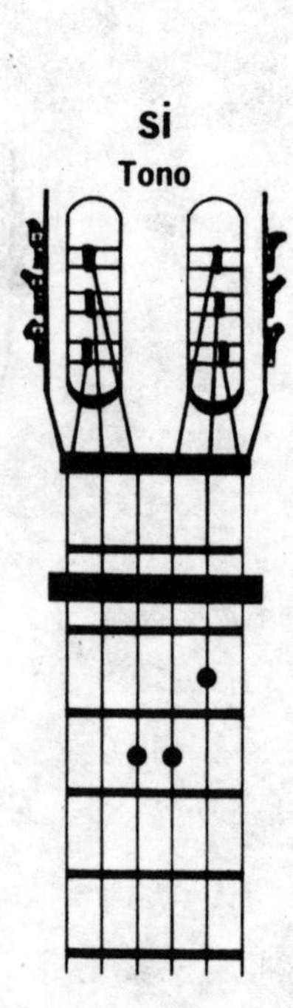

SOMBRAS (Pasillo)
COLOMBIA

mi
Cuando tú te hayas ido
Si 7
me envolverán las sombras
cuando tú te hayas ido
mi
con mi dolor a solas.
mi Mi 7
Evocaré el idilio
la
de las azules horas.
Si 7
Cuando tú te hayas ido
mi
me envolverán las sombras.
mi Si 7
Y en la penumbra vaga
mi
de la pequeña alcoba
Re 7
donde una tibia tarde
Sol
te acariciaba toda
Si 7
te buscarán mis brazos
mi
te llamará mi boca
Do
y aspiraré en el aire
Sol
aquel olor a rosas.
Si 7
Cuando tú te hayas ido
mi
me envolverán las sombras.

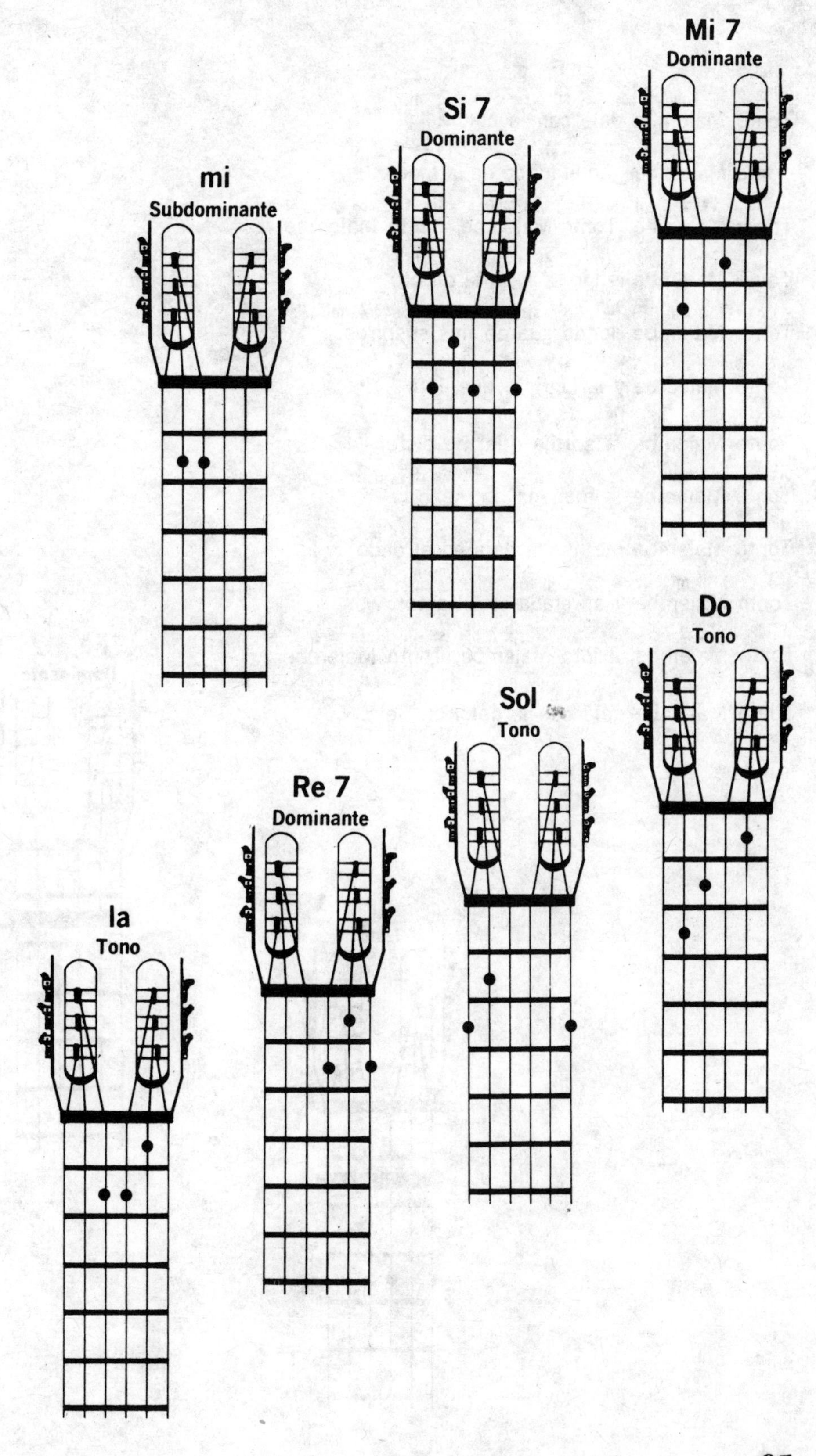

TONTO MALEMBE (Merengue) Anónimo

VENEZUELA

si mi si Fa # 7 mi
Tonto Malembe dale con la colorá
si mi si Fa # 7 si
Tonto Malembe y en el fondo de la mar
si Fa # 7 mi si Fa # 7 si si Fa # 7 si
Tonto Malembe, Tonto Malembe, Tonto Malembe
si mi si Fa # 7 mi
Tonto Malembe tengo una cajita de oro
si mi si Fa # 7 mi
Tonto Malembe donde guardo mis suspiros
si mi si Fa # 7 si
Tonto Malembe y la lágrima que lloro
si mi si Fa # 7 si
Tonto Malembe la sortija que me diste
si mi si Fa # 7 si
Tonto Malembe la mañana del señor
si mi si Fa # 7 si
Tonto Malembe me queda floja en el dedo
si mi si Fa # 7 si
Tonto Malembe y apretada en el amor
si Fa # 7 si si Fa # 7 si si Fa # 7 si
Tonto Malembe, Tonto Malembe, Tonto Malembe

Tonto Malembe dale con la colorá. . . etc.

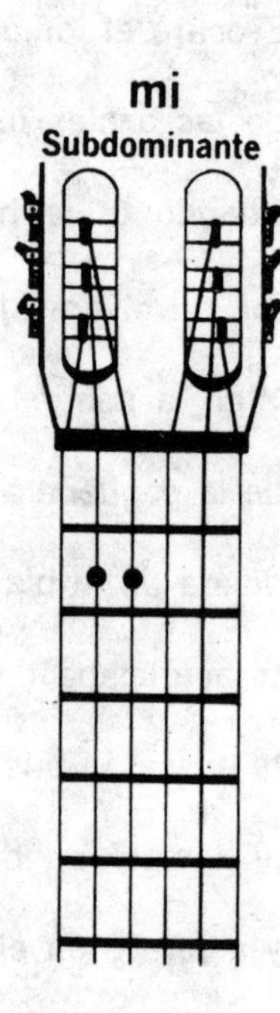

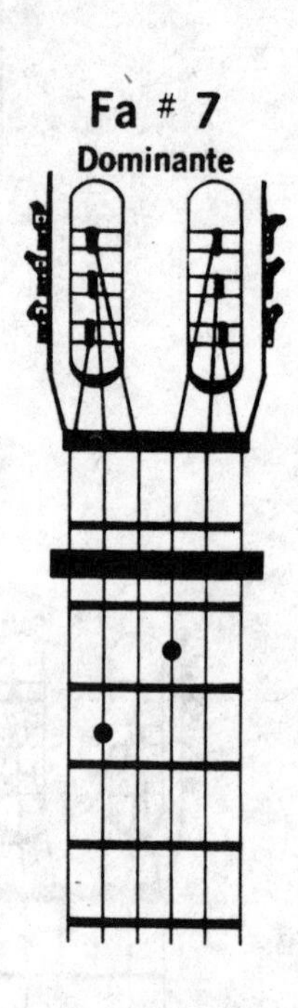

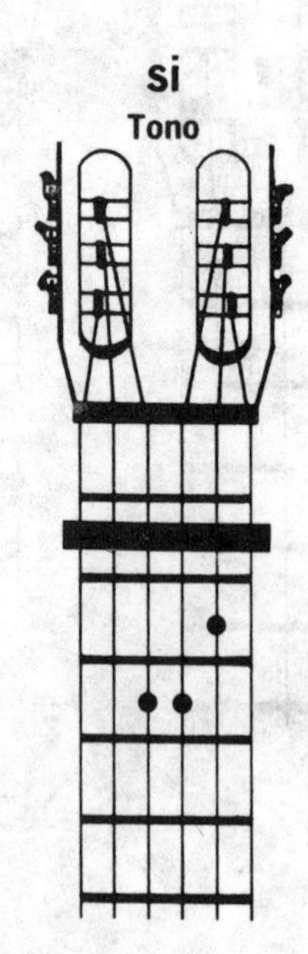

CANDIDA MARIA (Joropo) Anónimo

VENEZUELA

La Mi 7
Arbolito sabanero

La
yo te vengo a preguntar

Mi 7
si cuando ella se me fue

La
tú me la viste pasar.

La Mi 7 La
Cándida María, Rosita del Carmen

Re Mi 7 La
préstame tu peine para yo peinarme

Re Mi 7 La
préstame tu peine para yo peinarme

La Mi 7
Dos luceros tiene el campo

La
la luna en el carrizal

Mi 7
boquita de caña dulce

La
quién te pudiera besar.

Cándida María . . ., etc.

La Mi 7
Para abajo corre el río

La
para arriba corre el viento

Mi 7
adonde se van mis ojos

La
se llevan mi pensamiento.

Cándida María . . ., etc.

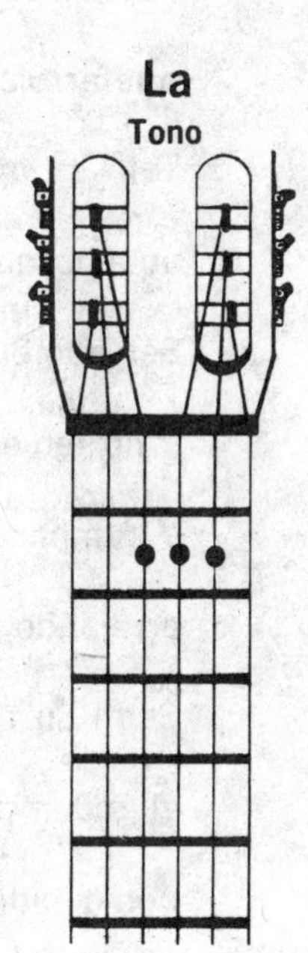

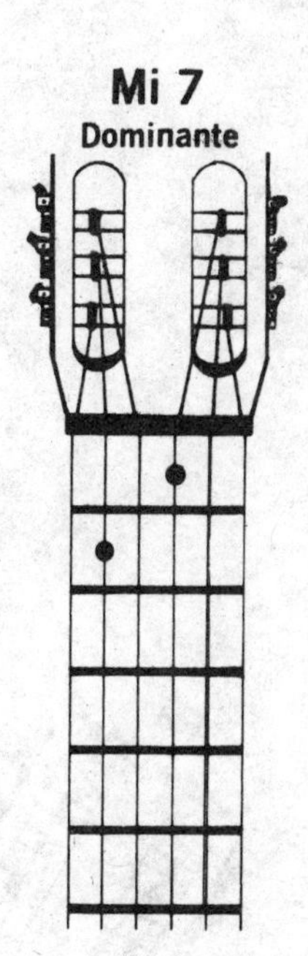

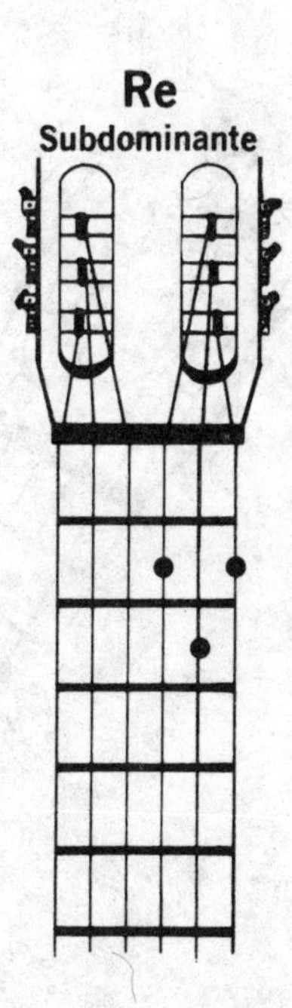

EN EL TOLIMA (Joropo)
Atahualpa Yupanqui-Angel Parra
COLOMBIA

Do
Sólo una vez he llorado
Fa Do
callado llanto de indio.
Mi 7 la
Fue en la sierra del Tolima
Mi 7 la
al tirar mi tiple al río,
Do Sol 7
fue en la sierra del Tolima
re Mi 7
al tirar mi tiple al río.

Do
Nos íbamos monte adentro.
Fa
—Era noche de peligro—.
Mi 7 la
¡Que nadie fume ni hable!
Mi 7 la
—Era noche de peligro—.
Do Sol 7
¡Que nadie fume ni hable!
re Mi 7
—Era noche de peligro—.

Do
Andábamos silenciosos.
Fa
Corazón endurecido.
Mi 7 la
Cuando llegó la consigna
Mi 7 la
como un puñal de dos filos:
Do Sol 7
¡El que tenga tiple en mano,
re Mi 7
que arroje su tiple al río!

Do
Tal vez otro haya pasado
Fa
aquello que yo he vivido.
Mi 7 la
Ser hombre de causa firme
Mi 7 la
y no temerle al peligro.
Do Sol 7
Y cumplir con la consigna,
re Mi 7
arrojando el tiple al río.

Do
Sentí su queja en las piedras
Fa
al rodar por el abismo.
Mi 7 la
Como pidiéndome amparo
Mi 7 la
con el último sonido.

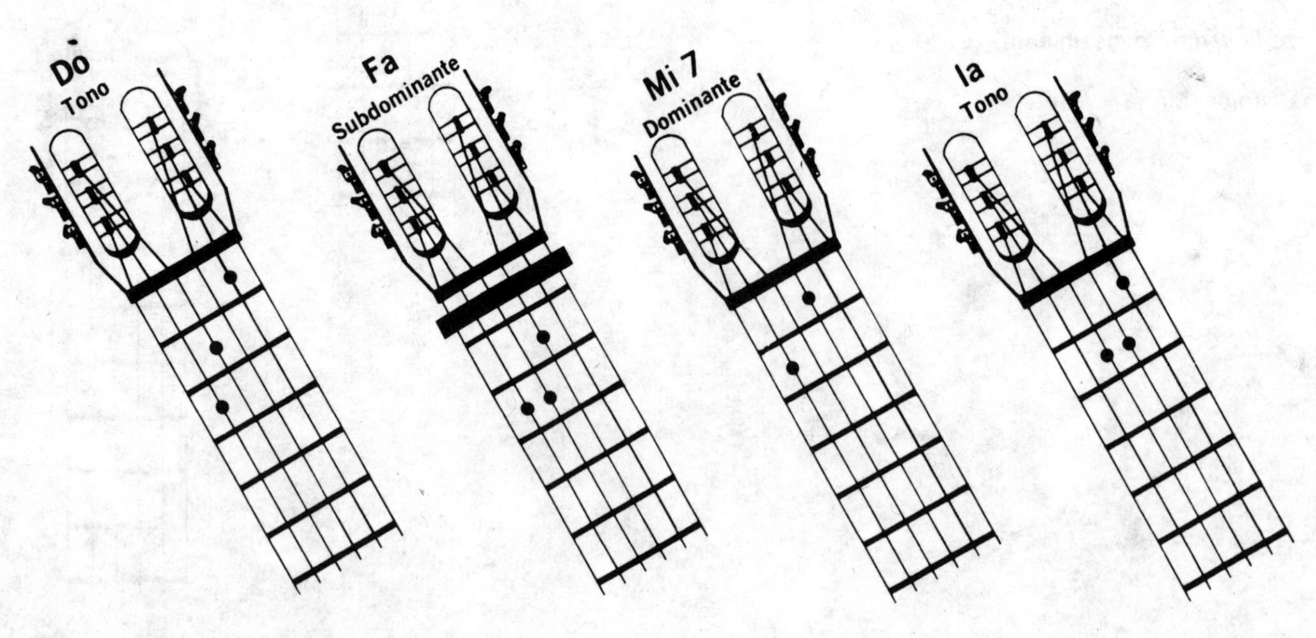

Do Sol 7
Como pidiéndome amparo

re Mi 7
con el último sonido.

Do
La noche creció dos veces:

Fa
en el norte, y dentro mío.

Mi 7 la
Y yo me fui sombra adentro.

Mi 7 la
Y el tiple cayó en el río.

Do Sol 7
Y yo me fui sombra adentro.

re Mi 7
Y el tiple cayó en el río.

Do
Adiós, compañero fiel

Fa
de juventud y amoríos.

Mi 7 la
Nos mordía los talones

Mi 7 la
la sombra del enemigo.

Do Sol 7
Nos mordía los talones

re Mi 7
la sombra del enemigo.

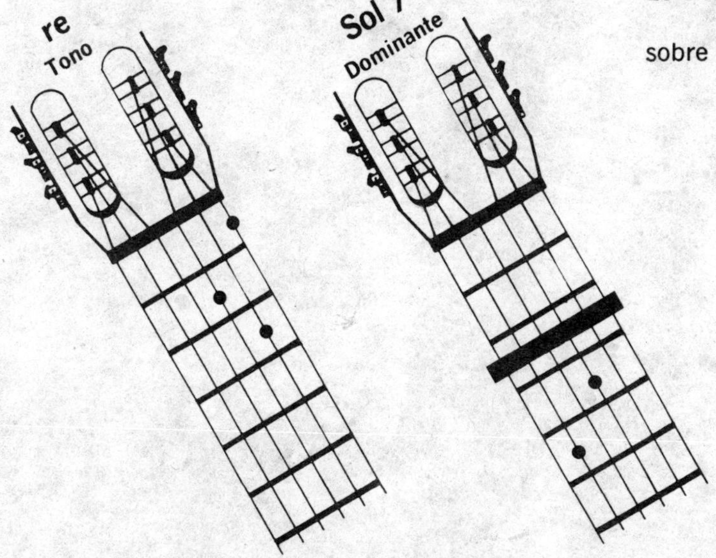

Do
Sólo esa vez he llorado

Fa
callado llanto de indio.

Mi 7 la
Y yo me fui sombra adentro.

Mi 7 la
Y el tiple cayó en el río.

Do Sol 7
Y yo me fui sombra adentro.

re Mi 7
Y el tiple cayó en el río.

Do
Mañana cuando amanezca

Fa
han de oír los campesinos

Mi 7 la
un nuevo canto en el agua:

Mi 7 la
mitad canto; mitad grito.

Do Sol 7
un nuevo canto en el agua:

re Mi 7
mitad canto; mitad grito.

Do
Madera rota en las piedras.

Fa
Alma que busca un camino.

Mi 7 la
Lo encuentra y se va cantando

Mi 7 la
sobre la espuma del río.

do Sol 7
Lo encuentra y se va cantando

re Mi 7
sobre la espuma del río.

Violeta Parra (Chile)

GRACIAS A LA VIDA (Canción)
Violeta Parra
CHILE

mi Si 7 mi
Gracias a la vida que me ha dado tanto
Sol Re 7 Sol
me dio dos luceros que cuando los abro
Sol 7 Do
perfecto distingo lo negro del blanco
Fa # Si 7 mi
y en el alto cielo su fondo estrellado
la Sol Si 7 mi
y en las multitudes el hombre que yo amo.

mi Si 7 mi
Gracias a la vida que me ha dado tanto
Sol Re 7 Sol
me ha dado el oído que en todo su ancho
Sol 7 Do
graba día y noche grillos y canarios
Fa # Si 7 mi
martillo, turbinas, ladridos, chubascos
la Sol Si 7 mi
y la voz tan tierna del hombre que yo amo.

la Re 7 mi
Gracias a la vida que me ha dado tanto
Sol Re 7 Sol
me dio el corazón que agite su marco
Sol 7 Do
cuando miro el fruto del cerebro humano
Fa # Si 7 mi
cuando miro el bueno tan lejos del malo
la Sol Si 7 mi
cuando miro el fondo de tus ojos claros.

mi Si 7 mi
Gracias a la vida que me ha dado tanto
Sol Re 7 Sol
me ha dado la marcha de mis pies cansados
Sol 7 Do
con ellos anduve montañas y llanos
Fa # Si 7 mi
praderas, desiertos, lagunas, y charcos
la Sol Si 7 mi
y la casa tuya, tu calle y tu patio.

mi Si 7 mi
Gracias a la vida que me ha dado tanto
Sol Re 7 Sol
me ha dado la risa y me ha dado el llanto
Sol 7 Do
así yo distingo dichas de quebrantos
Fa # Si 7 mi
los dos materiales que forman mi canto
la sol Si 7 mi
y el canto de ustedes que es el mismo canto
la Sol Si 7 mi
y el canto de todos que es mi propio canto.

mi Si 7 mi
Gracias a la vida que me ha dado tanto. . .

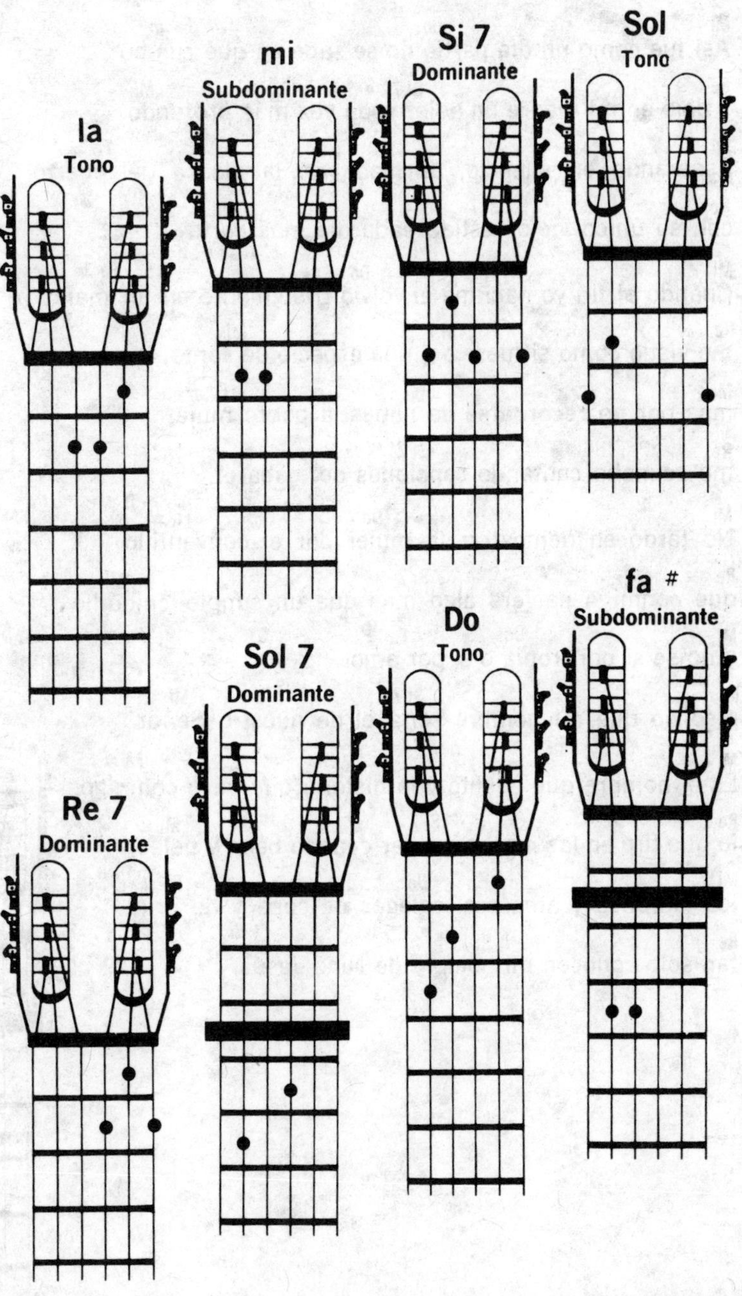

MI HISTORIA (Canción) Chico Buarque de Holanda

BRASIL

Mi Do Fa #
Llegó sin muchas palabras sin mucho explicar
Re Si 7 Mi
sólo sé que pensaba y hablaba con aliento de mar
Mi Do Fa #
tenía tatuaje en un brazo, dorado en un diente
Re Si 7 Mi
y mi madre se entregó a ese hombre perdidamente.
Mi Do Fa #
Así fue como un día partió no se sabe en qué rumbo
Re Si 7 Mi
y dejó en mi madre un dolor cada vez más profundo.
Mi Do Fa #
Esperando en silencio, afirmada en la piedra del puerto
Re Si 7 Mi
con su único viejo vestido cada día más corto.
Mi Do Fa #
Cuando al fin yo nací me envolvió tristemente en un manto
Re Si 7 Mi
me vistió como si fuese así una especie de santo,
Mi Do Fa #
mas por no recordarse de nanas la pobre mujer
Re Si 7 Mi
me acunaba cantando canciones del cabaret.
Mi Do Fa #
No tardó en demostrar la mujer por el conventillo
Re Si 7 Mi
que conmigo naciera algo más que un simple chiquillo
Mi Do Fa #
y no sé si por ironía o si por amor
Re Si 7 Mi
resolvió que mi nombre sería el de nuestro Señor.
Mi Do Fa #
Es el nombre que cuento y la historia que llevo conmigo
Re Si 7 Mi
lo que tiro en las mesas del bar cuando bebo y peleo,
Mi Do Fa #
los ladrones y amantes, colegas de copa y de cruz
Re Si 7 Mi
tan sólo conocen mi nombre de Niño Jesús.

Mi
Tono

Do
Tono

Si 7
Dominante

Re
Tono

Fa #
Dominante

DOÑA SOLEDAD (Candombe)
Alfredo Zitarrosa
URUGUAY

Fa Do 7
Mire doña Soledad
Do 7 Fa
póngase un rato a pensar.
Do 7 Fa
Doña Soledad,
Fa Do 7
cuántas personas habrá,
Do 7 Fa
que la conozcan de verdad.
Fa Do 7
Yo la vi en el almacén
Do 7 Fa
peleando por un vintén,
Do 7 Fa
doña Soledad.
Fa Do 7
Y otros dicen haga el bien,
Do 7 Fa
hágalo sin mirar a quién.

Cuántos vintenes tendrá
sin la generosidá,
doña Soledad,
con los que pueda comprar
el pan y el vino nada más.
La carne y la sangre son
de propiedad del patrón,
doña Soledad
cuando Cristo dijo no
usté sabe bien lo que pasó.
Mire doña Soledad
yo le converso demás,
doña Soledad
y usted para conversar
hubiera querido estudiar.

Cierto que quiso querer,
pero no pudo poder,
doña Soledad,
porque antes de ser mujer
ya tuvo que ir a trabajar.
Mire doña Soledad
póngase un poco a pensar
doña Soledad
qué es lo que quieren decir
con eso de la libertá.
Fa Do 7
Usted se puede morir
Do 7 Fa
eso es cuestión de salud,
Fa Do 7
pero no quiera saber
Do 7 Fa
lo que cuesta un ataúd.
Mire doña Soledad
doña Soledad,

yo le converso de más,
hay que trabajar . . .
Doña Soledad
pero hay que pensar . . .
y usted para conversar
no se vaya a morir . . .
hubiera querido estudiar,
la van a enterrar . . .
Cierto que quiso querer,
doña Soledad . . .
pero no pudo poder,
doña Soledad . . .
Doña Soledad,
doña Soledad . . .
porque antes de ser mujer
ya tuvo que ir a trabajar.

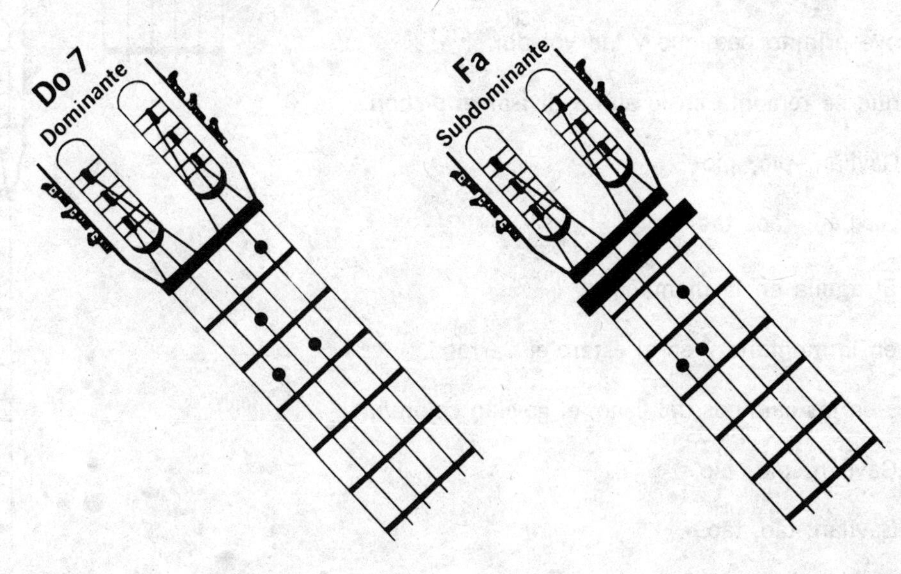

EL GAVILAN (Pasaje) Anónimo
VENEZUELA

Sol Re 7
Si el gavilán se comiera

Sol
¡ay! se comiera como se come al ganao

Si 7 mi
Yo ya me hubiera comido al gavilán colorao.

Si 7
Gavilán, pío, pío

mi
Gavilán, tao, tao.

Sol Re 7
Canoero'el río Arauca

Sol
del río Arauca pásame pa'l otro lao

Si 7 mi
que me viene persiguiendo el gavilán colorao.

Si 7
Gavilán, pío, pío

mi
Gavilán, tao, tao.

Sol Re 7
En las barrancas de Apure

Sol
¡ay! de Apure suspiraba un gavilán

Si 7 mi
y en el suspiro decía: muchacha de Camaguán.

Si 7
Gavilán, pío, pío

mi
Gavilán, tao, tao.

Sol Re 7
Ese gavilán primito

Sol
oye primito pequeño y tan volador

Si 7 mi
que se remonta en lo alto a divisar el pichón.

Si 7
Gavilán, pío, pío

mi
Gavilán, tao, tao.

Sol Re 7
El águila en la montaña

Sol
en la montaña y en el estero'el Carrao

Si 7 mi
y en los caminos del llano, el gavilán colorao.

Si 7
Gavilán, pío, pío

mi
Gavilán, tao, tao.

Si 7
Dominante

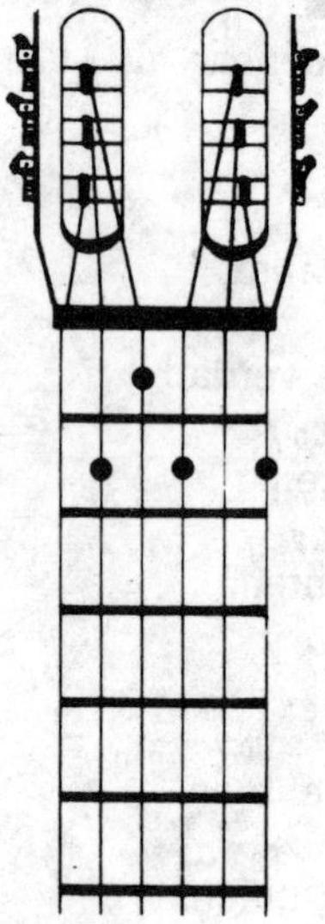

mi
Tono

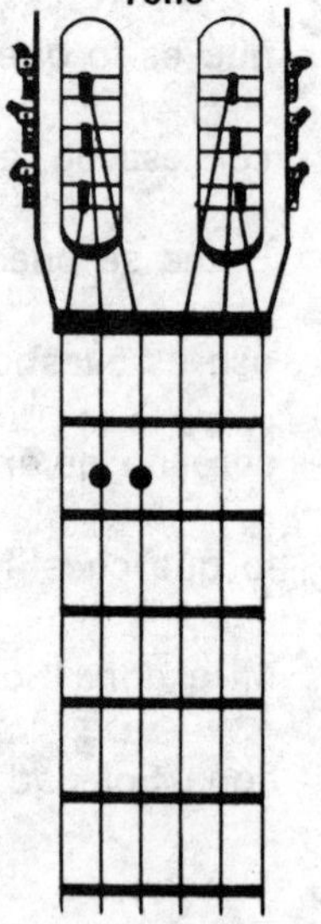

Sol
Tono

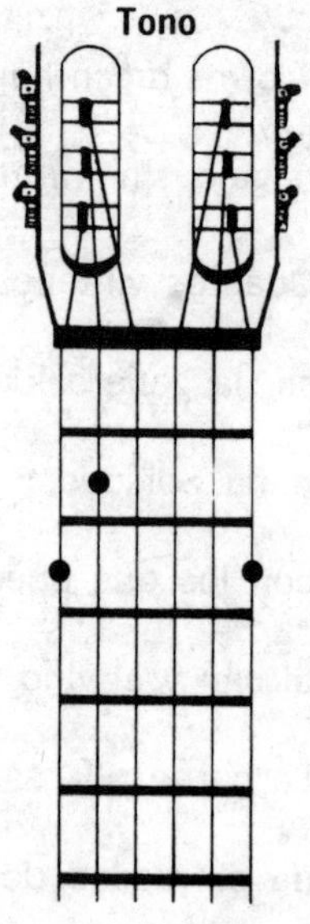

Re 7
Dominante

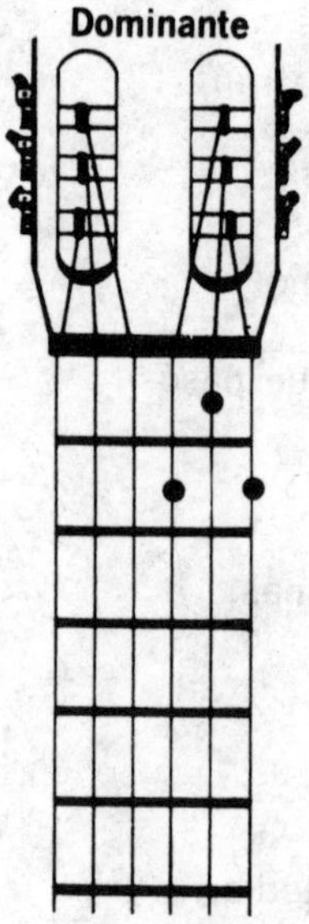

GATO DEL PERRO (Gato)
Alfredo Zitarrosa
URUGUAY

La Mi 7
Desde que ya era un mozo

La
no tengo perro.

La Mi 7
Desde que ya era un mozo,

La
no tengo perro.

Re La
Y ahora que soy grande

Mi 7 La
tampoco tengo.

Re La
Y ahora que soy grande

Mi 7 La
tampoco tengo.

La Mi 7
Tuve un perro chiquito

La
pelo de alambre,

Re La
con lo que yo ganaba

Mi 7 La
se murió de hambre.

II

La Mi 7
Van tirando de un carro

La
puro pellejo.

La Mi
Van tirando de un carro

La
puro pellejo.

Re La
Un perro, un gurisito

Mi 7 La
y un criollo viejo.

Re La
Un perro, un gurisito

Mi 7 La
y un criollo viejo.

La Mi 7
Los tres van caminando

La
llenos de tierra,

Re La
y los tres van pensando

Mi 7 La
¡qué vida perra!

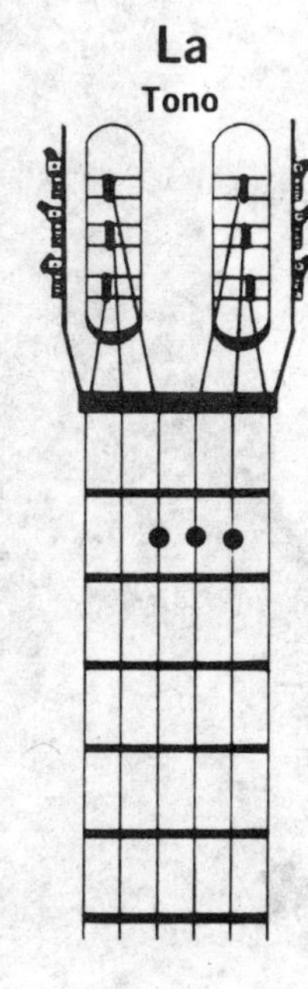

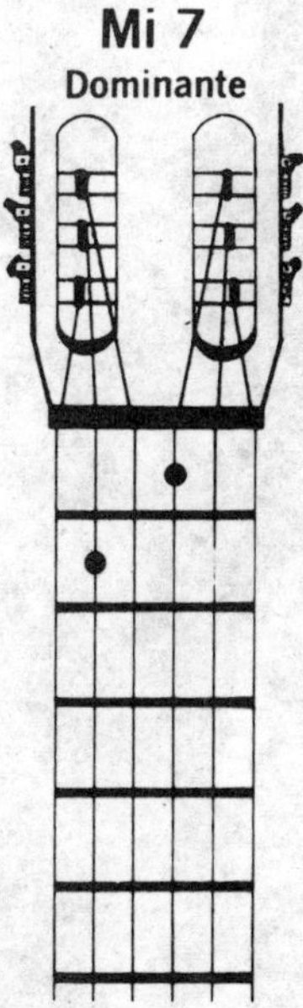

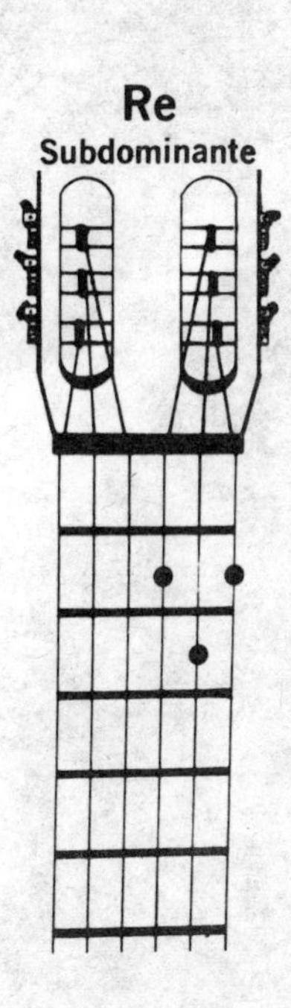

Alfredo Zitarrosa (Uruguay)

LA DESVELADA (Vidalita)
Alfredo Zitarrosa
URUGUAY

Si 7 Mi
Vidalita gaucha, vidalitay
Si 7 Mi
cántame unos versos
Si 7 Mi
vos tal vez consigas, vialitay
Si 7 Mi
que me venga sueño.
La Mi
Vidalita oriental, gajito de cedrón
Si 7 Mi
ya ha salido el lucero.

Vidalita humilde, vidalitay

como mis "pelegos"

no te estés al frío, vidalitay

arrimate al fuego.

Vidalita arisca, vidalitay

que vivís a monte

por qué hay tanto campo, vialitay

tanta gente pobre.

Vidalita oriental, sos linda de cantar

pero así me desvelo.

la
Subdominante

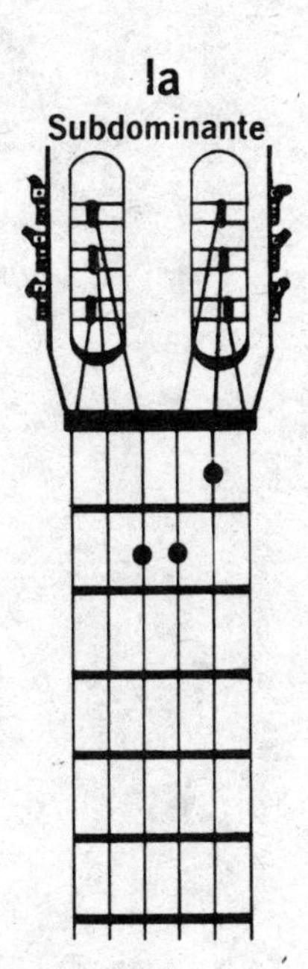

Si 7
Dominante

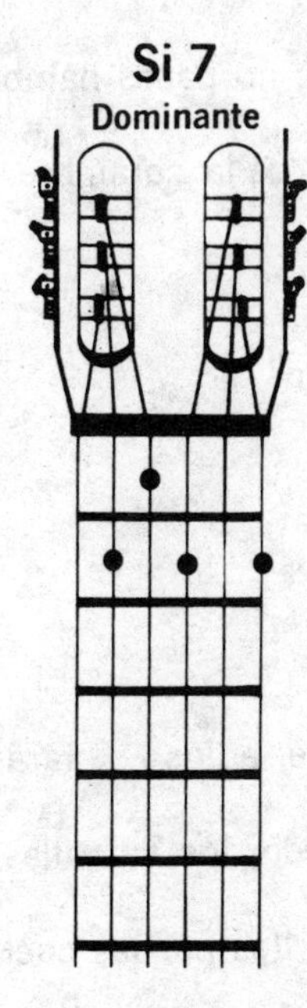

Mi
Tono

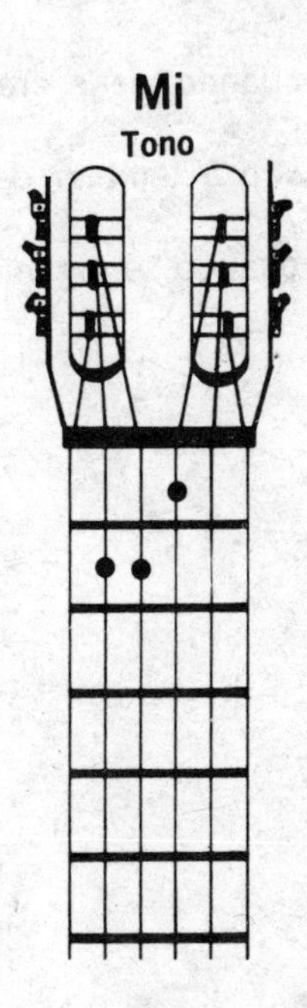

GATO DE LAS CUCHILLAS (Gato)
Alfredo Zitarrosa
URUGUAY

I

La Mi 7
Hacete el bobo hermano

La
no seas tan opa.

La Mi 7
Hacete el bobo hermano

La
no seas tan opa

Re
te han comido el puchero

Mi 7 La
tomá la sopa.

La Mi 7 La
Y aguantate otro poco, no pasés hambre,

Re Mi 7 La
vas a precisar fuerza, pa'la corambre.

II

La Mi 7
Dicen los viejos criollos

La
y no es mentira

La Mi 7
Dicen los viejos criollos

La
y no es mentira

Re Mi 7 La
cuando viene creciente, adiós . . . tararira . . .

La Mi 7 La
van a temblar de miedo, los cajetillas,

Re Mi 7 La
cuando se oigan los gritos por las cuchillas.

La
Tono

Mi 7
Dominante

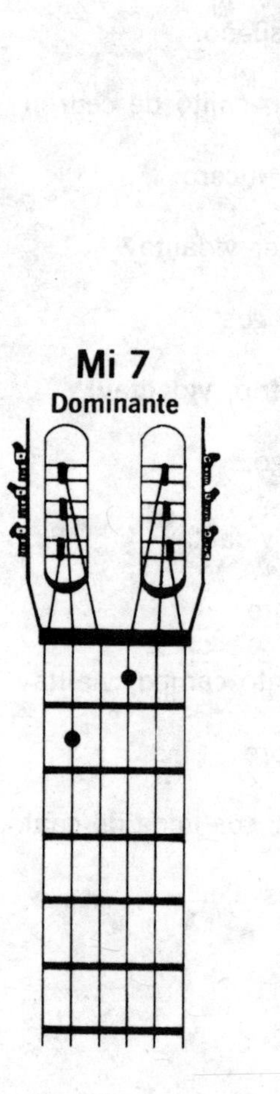

Re
Subdominante

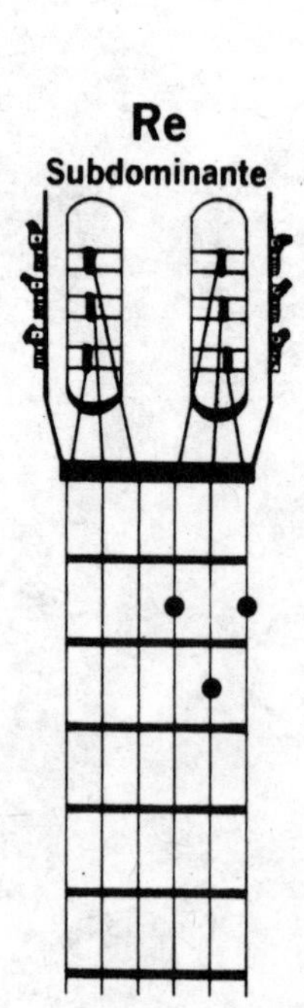

LA BAILANTA (Chamarrita) Oscar y Washington Benavidez
URUGUAY

```
La                              Mi 7
De una bailanta con acordeón
                        La
até la luna con el sol
                          Mi 7
por una noche no fui peón
                              La
hombre volví y en eso estoy.
La                    Mi 7
Y por una sola fiesta
                    La
me dudé con el patrón
Re                      Mi 7
que me dijo parrandero
Re                       Mi 7
no me pisa en el galpón.
Re                       Mi 7
Que me dijo parrandero
                           La
no me pisa en el galpón.

De una bailanta con acordeón .
La                        Mi 7
Y me habló de obligaciones
                     La
el trabajo y la nación
 Re                               Mi 7
a mí que sembré en sus campos
Re                    Mi 7
mi pobreza y mi sudor.
Re                                Mi 7
A mí que sembré en sus campos
Re                    Mi 7
mi pobreza y mi sudor.

De una bailanta con acordeón
La                     Mi 7
Lo miré medio sonriendo
                        La
y monté en mi redomón
Re                    Mi 7
aramos dijo el mosquito
Re                            Mi 7
al buey que rompe el terrón.
Re                    Mi 7
Aramos dijo el mosquito
                              La
al buey que rompe el terrón.

De una bailanta con acordeón
La                             Mi 7
Mucho hablar de obligaciones
                      La
nada de farras, peón,
Re                       Mi 7
usted que vive a cacunda
Re                      Mi 7
de los pobres como yo.
Re                         Mi 7
Usted que vive a cacunda
                        La
de los pobres como yo.

De una bailanta con acordeón
```

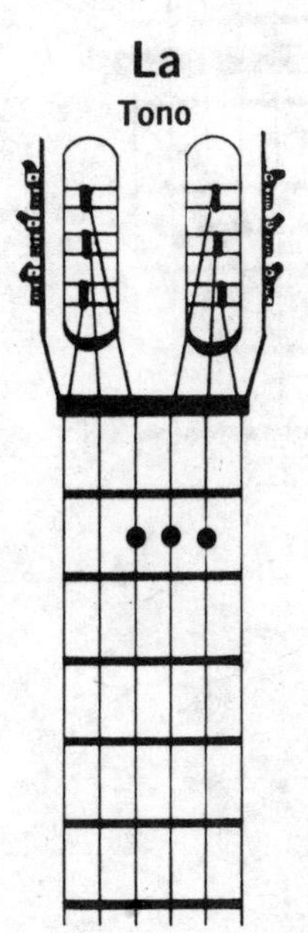

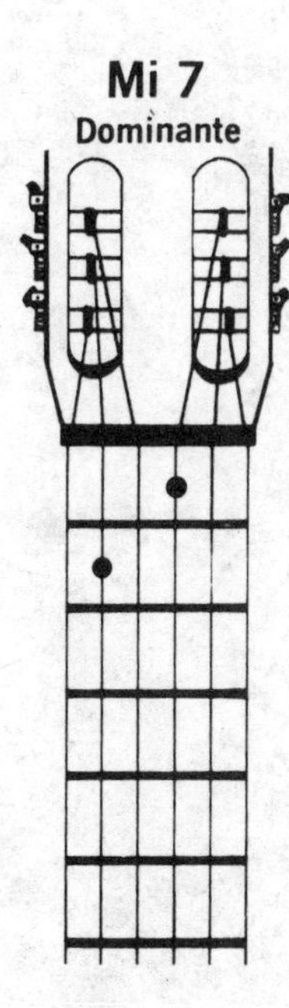

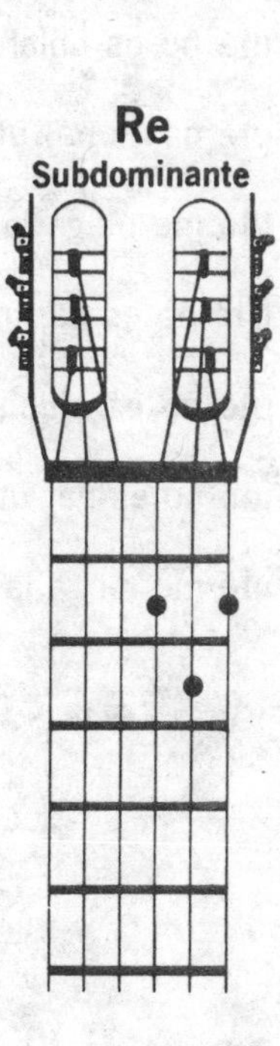

POBRE NEGRITA (Folklore del Perú)

si
Pobre negrita, qué triste está
Sol Fa #
trabaja mucho y no gana ná
pobre negrita, qué triste está
si
su mismo amo le va a pegá.
si
Pobre negrita, qué triste está
Sol Fa #
trabaja mucho y no gana ná
pobre negrita, qué triste está
si
su mismo amo le va a pegá.
Re
Ay. . .
Sibiri Kiri Kinguangua
La 7
sibiri Kiri Kiné
síbiri Kiri Ki negri ¡Guay!
Re
li blanqui qui'istá endiablá.
si
Uté no es ná, uté no es ná
Sol Fa #
uté no es chicha ni limoná
uté no es ná, uté no es ná
si
uté me niega la libertá . . .
si
Uté no es ná, uté no es ná
Sol Fa #
uté no es chicha ni limoná
uté no es ná, uté no es ná
si
uté me niega la libertá . . .

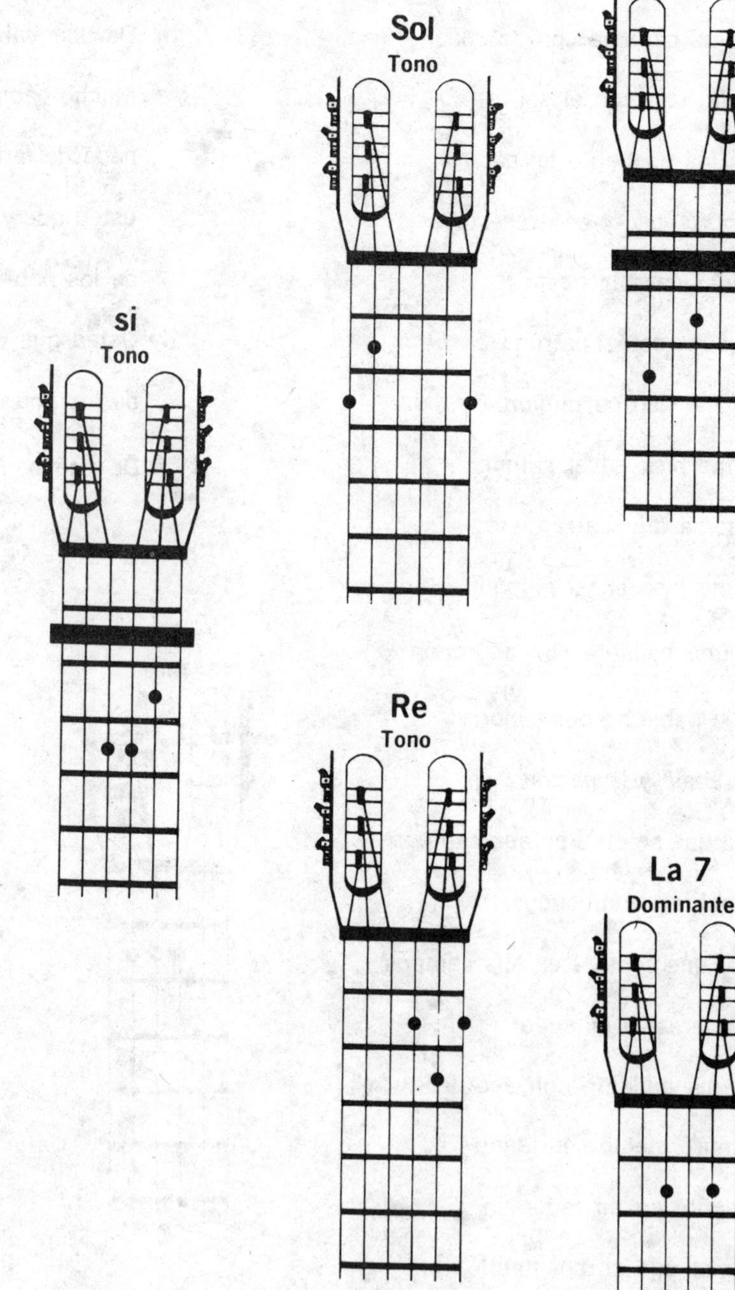

LA AÑERA (Zamba) Atahualpa Yupanqui
ARGENTINA

mi Mi 7 la
Dónde está la palomita

Re 7 Fa
que al amanecer lloraba.

la mi
Tengo miedo que la noche

Si 7 mi
me deje también sin alma.

la mi
Tengo miedo que la noche

Si 7 mi
me deje también sin alma.

mi Mi 7 la
Dónde está mi corazón

Re 7 Sol
que se fue tras la esperanza,

la mi
se fue muy lejos dejando

Si 7 mi
sobre mi pecho una lágrima.

la mi
Se fue muy lejos dejando

Si 7 mi
sobre mi pecho una lágrima.

Estribillo:

mi La Re 7 Sol
Cuando se abandona el pago

la mi
y se empieza a repechar,

la mi
tira el caballo delante

Si 7 mi
y el alma tira pa'trás.

la mi
Tira el caballo delante

Si 7 mi
y el alma tira pa'trás.

mi Mi 7 la
Yo tengo una pena antigua

Re 7 Sol
difícil botarla afuera,

la mi
y como es pena que dura

Si 7 mi
yo la he llamado la añera.

la mi
Y como es pena que dura

Si 7 mi
yo la he llamado la añera.

mi Mi 7 la
Dónde están las esperanzas,

Re 7 Sol
dónde están las alegrías.

la mi
La añera es la pena buena

Si 7 mi
y es mi única compañía.

la mi
La añera es la pena buena

Si 7 mi
y es mi única compañía.

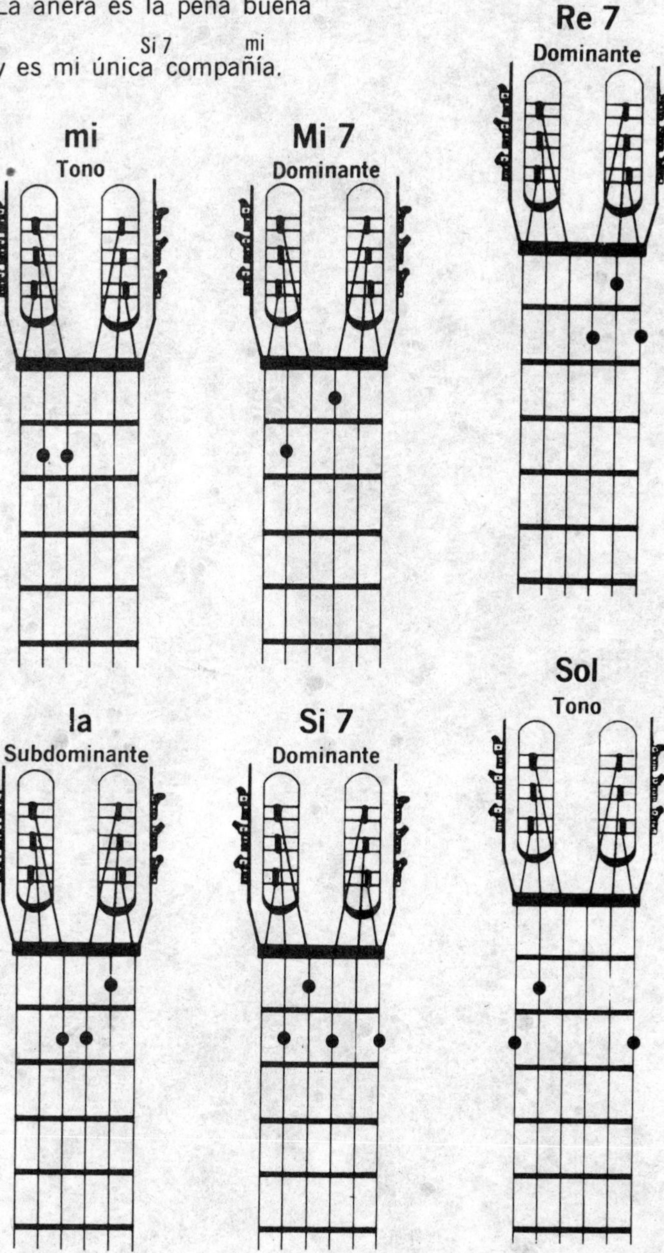

Mercedes Sosa (Argentina)

BALDERRAMA (Zamba)
Castillo-Leguizamón
ARGENTINA

la La 7 re
Orillitas del canal
Sol 7 Do
cuando llega la mañana
Si 7
sale cantando la noche
Mi 7 la
desde lo de Balderrama.
Si 7
Sale cantando la noche
Mi 7 la
desde lo de Balderrama.

la La 7 re
Adentro puro temblor
Sol 7 Do
el bombo con la baguala
Si 7
y se alborota quemando
Mi 7 la
dele chispear la guitarra.
Si 7
Y se alborota quemando
Mi 7 la
dele chispear la guitarra.

Estribillo:

la Re 7
Lucero solito
Sol 7 Do
brote del alba
Si 7
dónde iremos a parar
Mi 7 la
si se apaga Balderrama.
Do Re Do
Dónde iremos a parar
Re Do Mi 7 la
si se apaga Balderrama.

la La 7 re
Si uno se pone a cantar
Sol 7 Do
un cochero lo acompaña
Si 7
y en cada vaso de vino
Mi 7 la
tiembla el lucero del alba.
Do Re Do
Y en cada vaso de vino
Re Do Mi 7/ la
tiembla el lucero del alba.

La La 7 re
Zamba del amanecer
Sol 7 Do
arrullo de Balderrama
Si 7
canta por la medianoche
Mi 7 La
llora por la madrugada.
Do Re
Canta por la medianoche
Re Do Mi 7 la
llora por la madrugada.

re
Tono

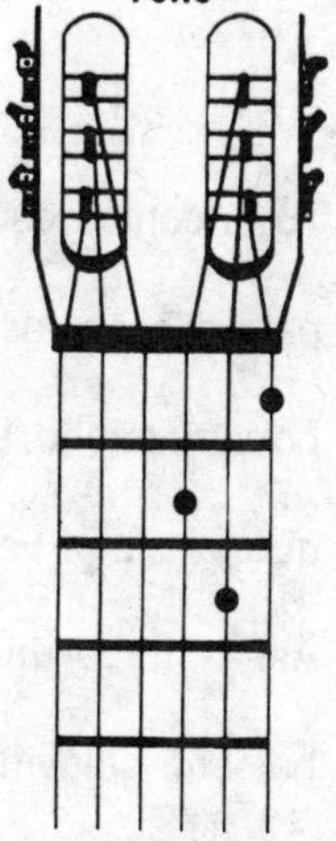

la
Tono

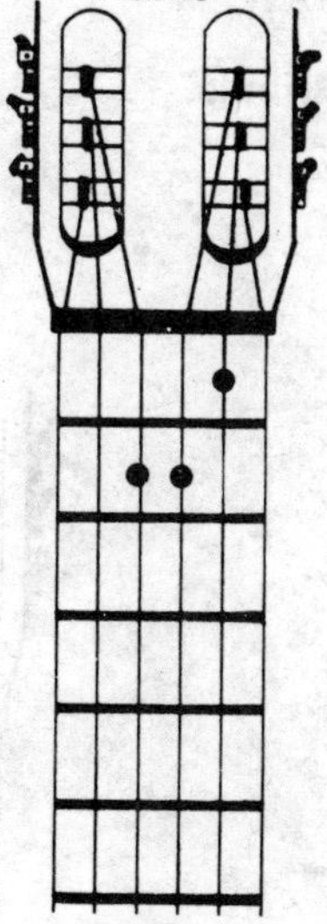

La 7
Dominante

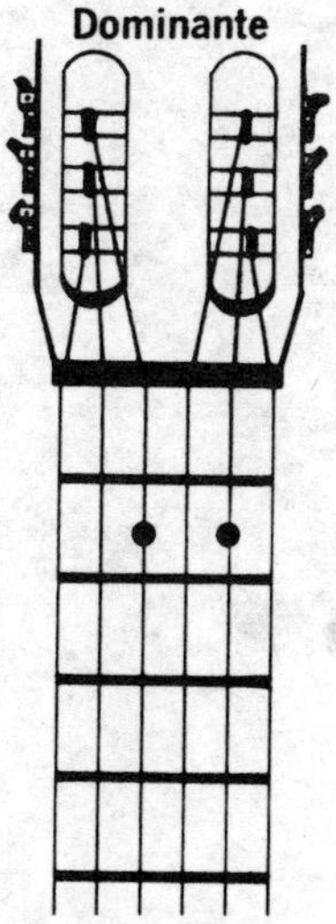

Do
Tono

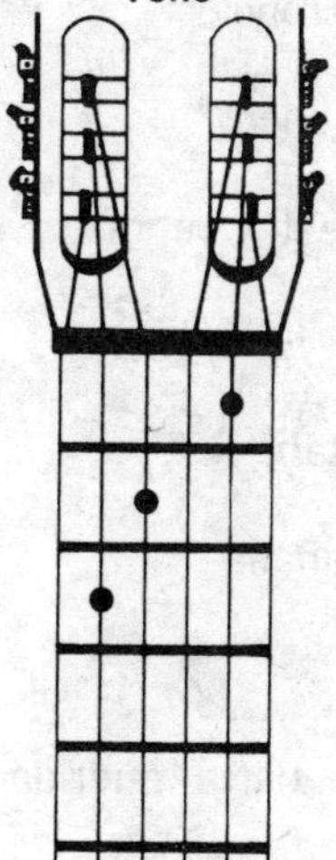

Sol 7
Dominante

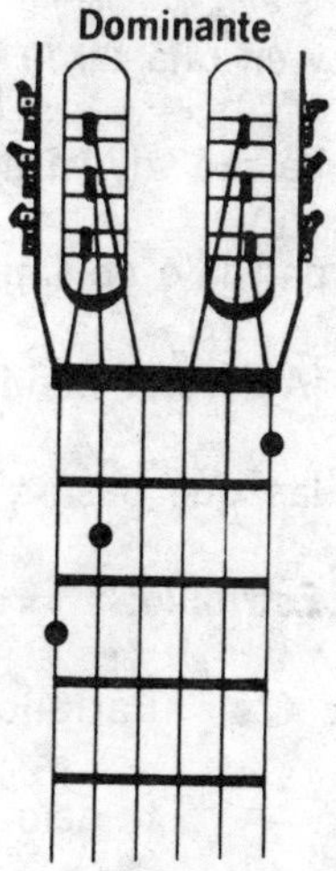

Mi 7
Dominante

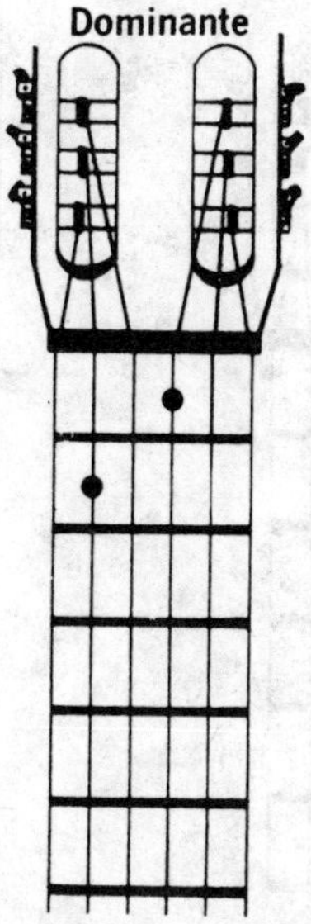

Re 7
Dominante

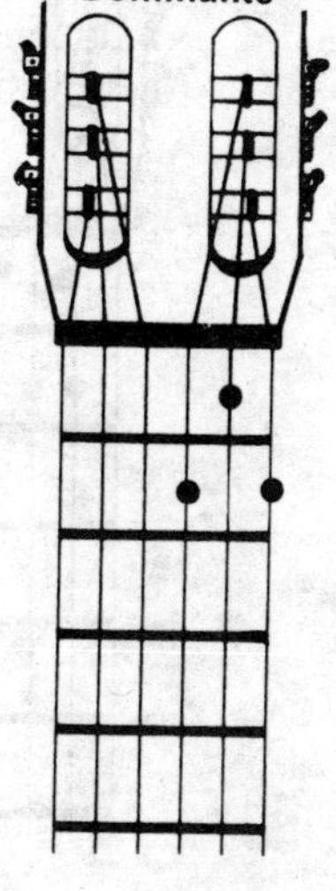

Re
Tono

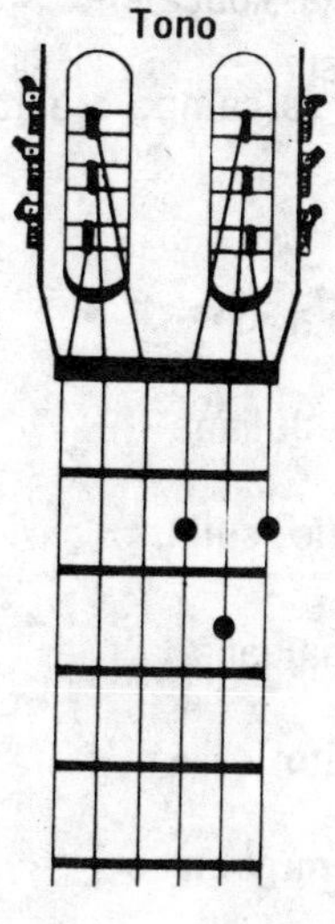

Si 7
Dominante

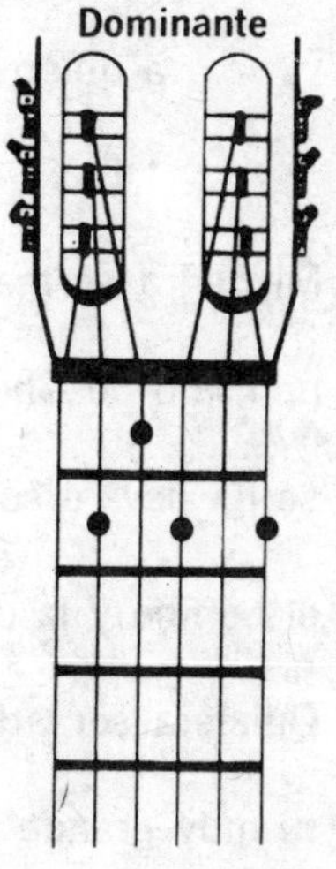

LA OLVIDADA (Chacarera)
Atahualpa Yupanqui
ARGENTINA

I

Sol
Yo encontré esta chacarera

penando en los arenales

Si 7 mi
por un criollo barranqueño

Si 7 mi
que ya no'ai ver los jumiales.

Sol
Así cantaba un paisano

paisano salavinero

Si 7 mi
debajo de un algarrobo

Si 7 mi
y en una tarde de enero.

Sol
Ya me voy ya me estoy yendo

pa'l la'o de Chilca Juliana.

Si 7 mi
¡Ay vidita! naide sabe

Si 7
las que pasaré mañana.

Estribillo:

Sol
Barrancas, tierra querida

te dejo esta chacarera

Si 7 mi
Viditay, ama koncaichu

Si 7 mi
a quien se va campo ajuera.

II

Mi negra se me lo'a ido

pa'l la'o de Chilca Juliana

se ha lleva'o caballo, sulki,

el bombo y la damajuana.

Quisiera ser arbolito

ni muy grande ni muy chico

pa'darle un poquito'i sombra

a los cansa'o del camino.

Ya me voy, ya me estoy yendo

Aspa Sumaj Salavina

tal vez ya nunca vuelva

a contemplar tus salinas.

Estribillo.

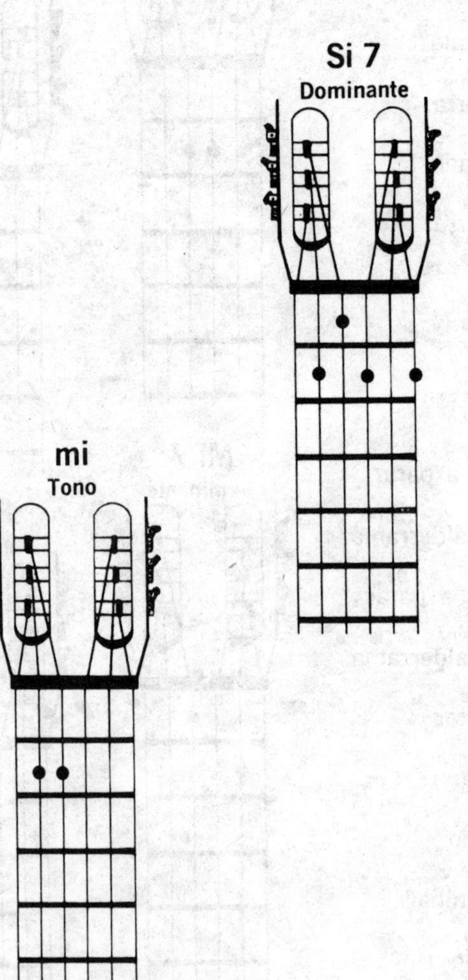

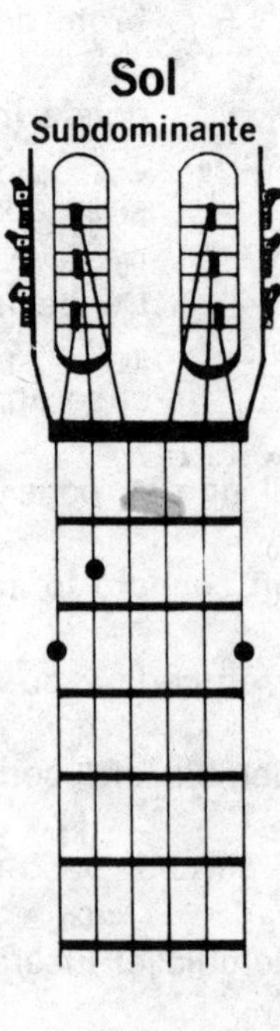

LO QUE MAS QUIERO (Joropo)
Violeta e Isabel Parra
CHILE

Re La 7
El hombre que yo más quiero

si
en la sangre tiene hiel

Sol Fa #
me priva de su plumaje

Si 7 mi
sabiendo que va a llover

La 7 Re
sabiendo que va a llover.

Re La 7
El árbol que yo más quiero

si
tiene dura la razón

Sol Fa #
me priva su fina sombra

Si 7 mi
bajo los rayos del sol

La 7 mi
bajo los rayos del sol.

Re La 7
El río que yo más quiero

si
no se quiere detener

Sol Fa #
hoy me priva de sus aguas

Si 7 mi
sabiendo que tengo sed

La 7 Re
sabiendo que tengo sed.

Re La 7
El cielo que yo más quiero

si
se ha comenzado a nublar

Sol Fa #
mis ojos de nada sirven

Si 7 si
los mata la oscuridad

La 7 si
los mata la oscuridad.

Re La 7
Sin embargo, sin la sombra,

si
sin el agua, sin la luz,

Sol Fa #
sólo falta que un cuchillo

Si 7 mi
me prive de la salud

La 7 Re
me prive de la salud.

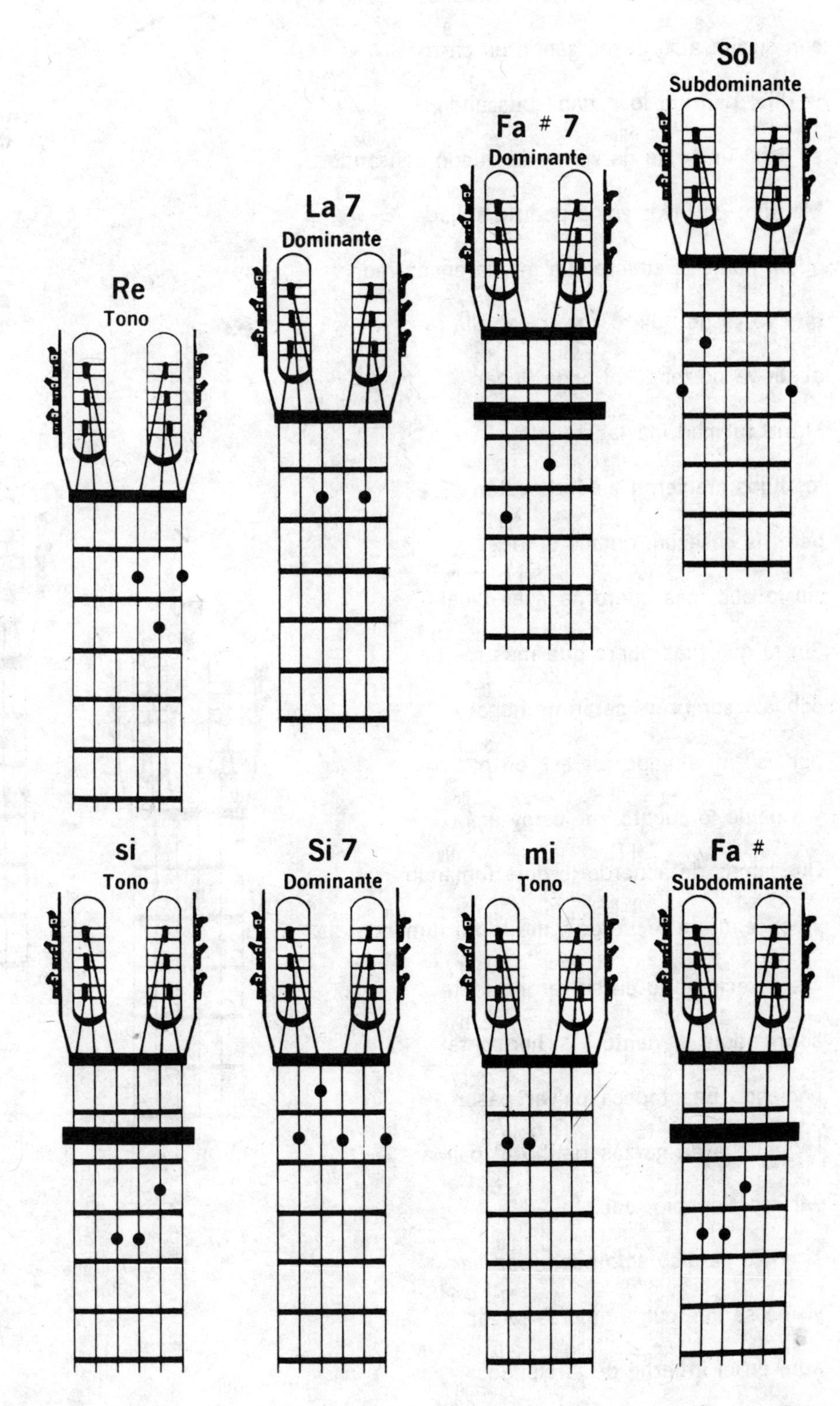

JACINTO CENOBIO (Corrido)
Francisco Madrigal
MEXICO

Do Sol 7 Do
En la capital lo hallé en un mercado

Sol 7 Do
con su mecapal descargando un carro;

Sol 7 Do
le dije: padrino lo andaba buscando

Sol 7 Do
se echó un trago de vino y se quedó pensando.

Sol 7
Me dijo: un favor voy a pedirle ahijado

Do
que a nadie le cuente que me ha encontrado

Sol 7
que yo ya no quiero volver pa' allá

Fa Sol 7 Do
al fin ya no tengo ni onde llegar.

Sol 7
Murio tu madrina la Trenidá

Do
los hijos crecieron y dónde están

Sol 7
perdí la cosecha, quemé el jacal

Fa Sol 7 Do
sin lo que más quero nada es igual.

Sol 7
Sin lo que más quero qué más me da

Do
cobija y sombrero serán mi hogar

Sol 7
por eso mi ahijado regrese en paz

Fa # Sol 7 Do
y a naide le cuente que estoy acá.

Sol 7 Do
Quedamos de acuerdo lo dejé tomando

Sol 7 Do
yo encendí un recuerdo y me lo fui fumando.

Do Sol 7
Me pareció verlo en su verde monte

Do
sonriéndole al viento y al horizonte

Sol 7
haciendo una mueca pa'ver pasar

Fa Sol 7 Do
la mancha de garzas rumbo al palmar.

Do Sol 7
Jacinto Cenobio, Jacinto Adán

Do
si en tu paraíso sólo había paz

Sol 7
yo no sé qué culpa quieres pagar

Fa Sol 7 Do
aquí en el infierno de la ciudad.

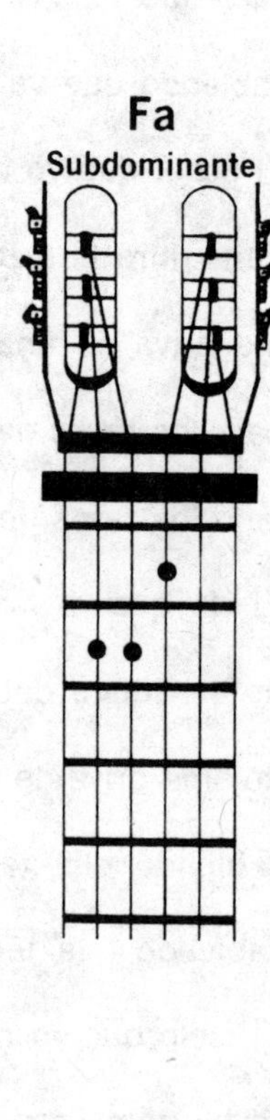

Sol 7
Dominante

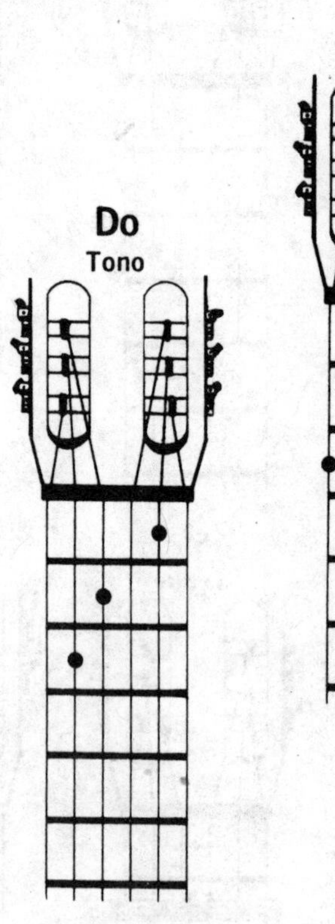

EL CANELAZO (Cachullape) Anónimo
ECUADOR

Fa
Abra la puerta señora

re
sírvame un canelacito

Sol 7 re Sol 7
deme unito, deme otrito

re La
hasta quedar chumadito.

re
Abra la puerta por favor

quiero olvidar lo que es dolor

Fa
que estoy chumao y ¡qué caray!

La
ya voy entrando en humor . . .

La La 7
Toda la noche pasaré

junto a milonga con amor

re
aunque mañana lloraré

Fa
mi soledad y amargor.

¡Que estoy chumao y qué caray!

La
Ya voy entrando en humor . . .

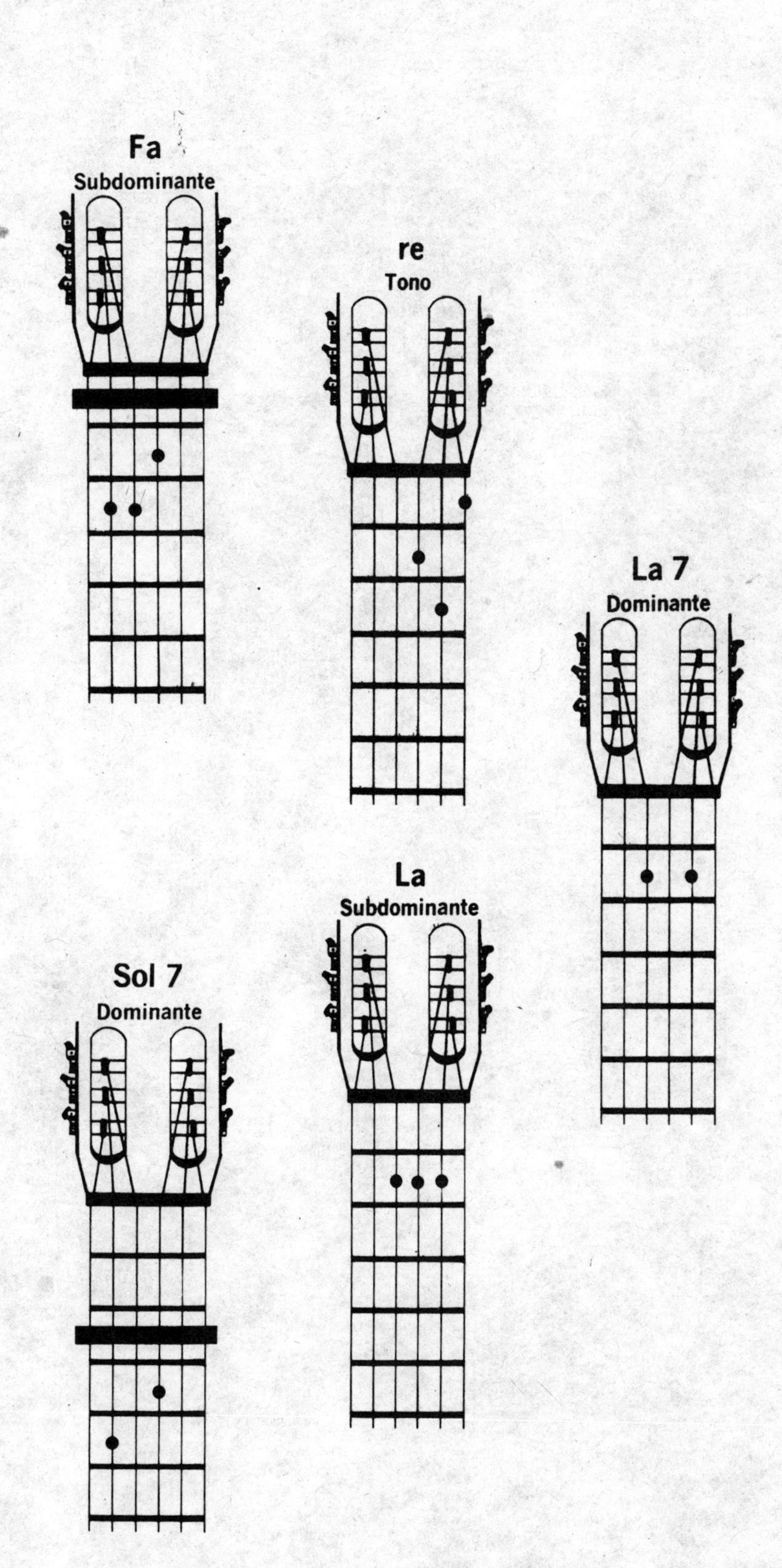

Pablo Milanés (Cuba)

SI EL POETA ERES TU (Canción)
Pablo Milanés
CUBA

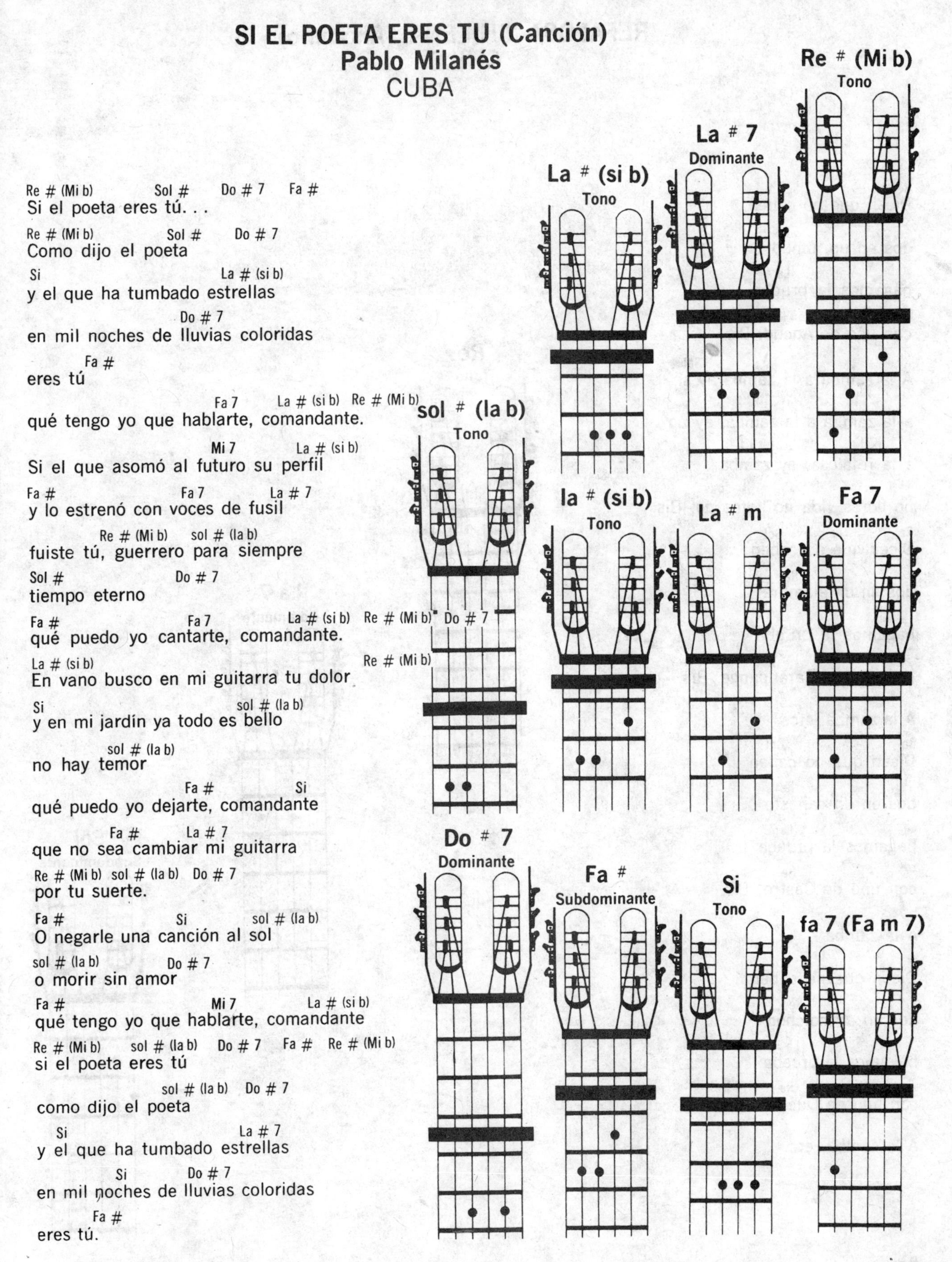

Re # (Mi b) Sol # Do # 7 Fa #
Si el poeta eres tú. . .

Re # (Mi b) Sol # Do # 7
Como dijo el poeta

Si La # (si b)
y el que ha tumbado estrellas

Do # 7
en mil noches de lluvias coloridas

Fa #
eres tú

Fa 7 La # (si b) Re # (Mi b)
qué tengo yo que hablarte, comandante.

Mi 7 La # (si b)
Si el que asomó al futuro su perfil

Fa # Fa 7 La # 7
y lo estrenó con voces de fusil

Re # (Mi b) sol # (la b)
fuiste tú, guerrero para siempre

Sol # Do # 7
tiempo eterno

Fa # Fa 7 La # (si b) Re # (Mi b) Do # 7
qué puedo yo cantarte, comandante.

La # (si b) Re # (Mi b)
En vano busco en mi guitarra tu dolor

Si sol # (la b)
y en mi jardín ya todo es bello

sol # (la b)
no hay temor

Fa # Si
qué puedo yo dejarte, comandante

Fa # La # 7
que no sea cambiar mi guitarra

Re # (Mi b) sol # (la b) Do # 7
por tu suerte.

Fa # Si sol # (la b)
O negarle una canción al sol

sol # (la b) Do # 7
o morir sin amor

Fa # Mi 7 La # (si b)
qué tengo yo que hablarte, comandante

Re # (Mi b) sol # (la b) Do # 7 Fa # Re # (Mi b)
si el poeta eres tú

sol # (la b) Do # 7
como dijo el poeta

Si La # 7
y el que ha tumbado estrellas

Si Do # 7
en mil noches de lluvias coloridas

Fa #
eres tú.

REFALOSA CHILENA (Anónimo)
CHILE

Re Sol
Dicen que no caben
Re
dos en un almud
La 7
hagamos la prueba
Re
con uno de Ancud. Bis.

Re Sol
A la zamba a la zamba ay sí
Re
a la zamba a la zamba, ay no
La 7
a la refalosa, ay zamba
Re
no llores vida no llores no. Bis.

Re Sol
Dicen que no caben
Re
dos en un alambre
La 7
hagamos la prueba
Re
con uno de Caranpange. Bis.

A la zamba, etc.

Re Sol
Dicen que no caben
Re
dos en un canasto
La 7
hagamos la prueba
Re
con uno de Castro. Bis.

A la zamba

re Sol
Dicen que no caben
Re
dos en un colchón
La 7
hagamos la prueba
Re
con uno de Quellón. Bis.

A la zamba, etc.

Re
Tono

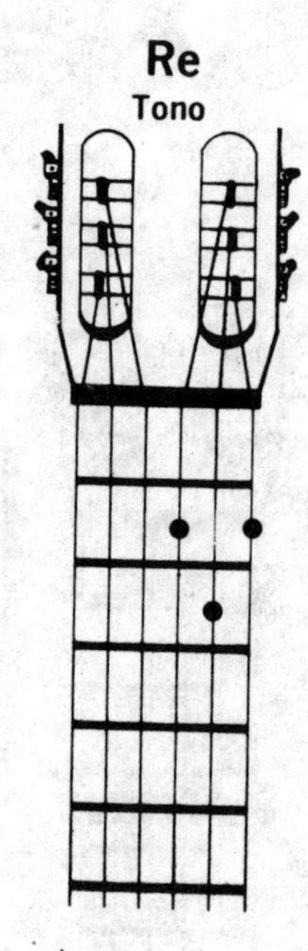

La 7
Dominante

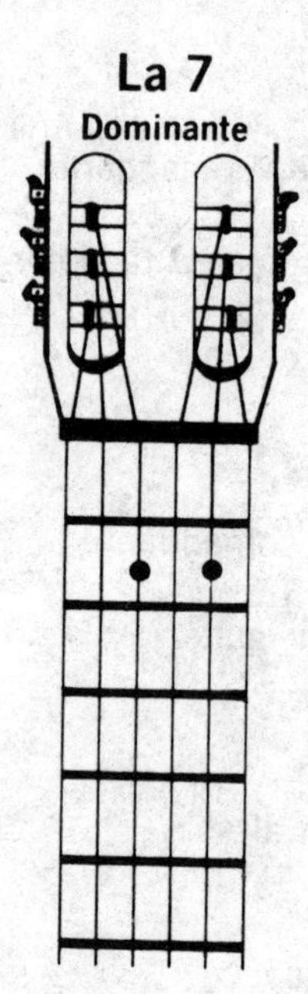

Sol
Subdominante

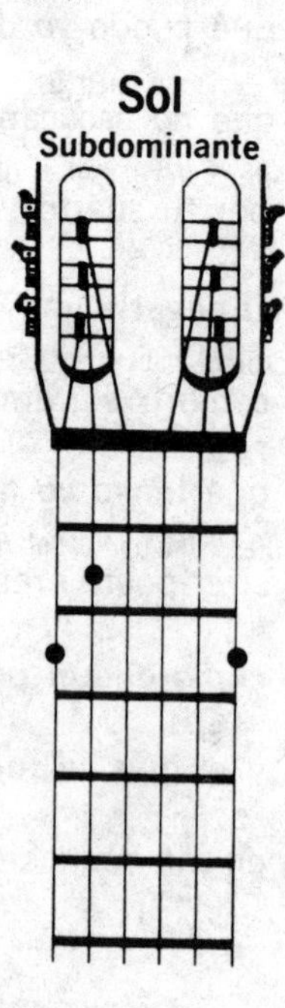

POLO MARGARITEÑO (Polo) Anónimo
VENEZUELA

mi Sol Re 7
El cantar tiene sentido,

mi
el cantar tiene sentido,

Si 7
entendimiento y razón

Sol Re 7 mi Si 7
la buena pronunciación, el instrumento, el oído.

mi Sol Re 7
Yo fui marino y en una isla

mi Si 7
de una culisa me enamoré

Sol Re 7
y en una noche de mucha brisa

mi Si 7
en mi falucho me la robé.

mi Sol Re 7 mi
De lo alto de tu frente, de lo alto de tu frente

Si 7
vide bajar un canario

mi Sol Re 7
vino a beber en tus labios

mi
vino a beber en tus labios

Si 7
creyendo que era una fuente.

mi Sol Re 7
Hay un lirio que el tiempo no marchita

mi Si 7
y hay una fuente que lo hace florecer

mi Sol Re 7
si eres el lirio dame tu perfume

mi Si 7
si eres la fuente dame de beber.

mi Sol Re 7
Y a ti vuelvo de nuevo hogar querido

mi Si 7
lejos de ti cuánto fui desdichado

mi Sol Re 7
lo que puede sufrirse lo he sufrido

mi Si 7
lo que puede llorarse lo he llorado.

mi Sol Re 7
La garza prisionera no canta cual solía

mi Si 7
cantar en el espacio sobre el dormido mar

mi Sol Re 7
su canto entre cadenas es canto de agonía

mi Si 7
por qué te empeñas pues su canto en prolongar.

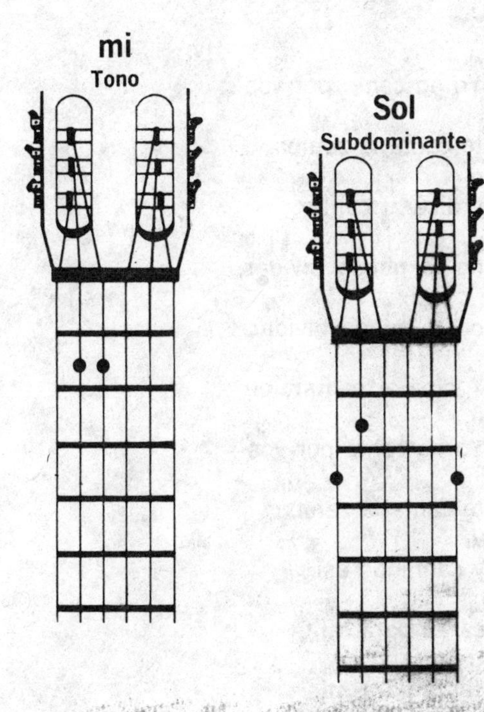

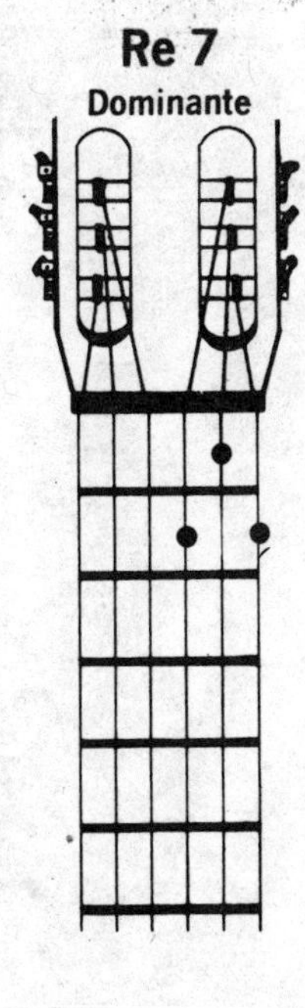

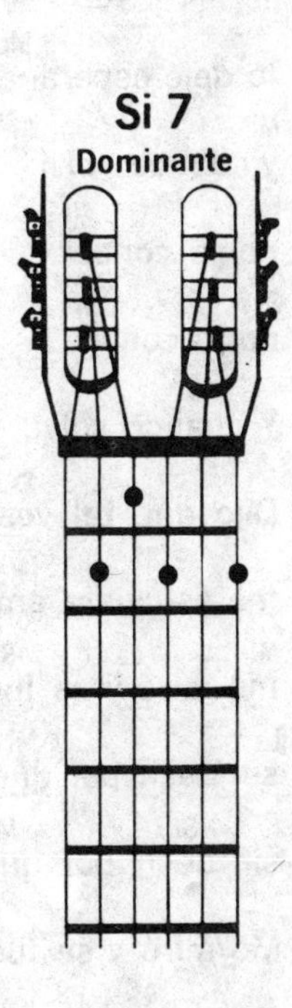

ZAMBA POR VOS (Zamba)
Alfredo Zitarrosa
URUGUAY

Mi Si 7
Yo no canto por vos

Mi
te canta la zamba

Mi La Si 7
y dice al cantar

La Mi
no te puedo olvidar,

Si 7 Mi
no te puedo olvidar.

Y dice al cantar, etc. . .

Mi Si 7
Yo no canto por vos

Mi
te canta la zamba

Mi La Si 7
y cantando así

La Mi
canta para mí,

Si 7 Mi
canta para mí.

Y cantando así, etc. . .

Mi Si 7
Yo tuve un amor

Mi
lo dejé esperando

Mi La Si 7
y cuando volví

La Mi
no lo conocí,

Si 7 Mi
no lo conocí.

Y cuando volví, etc. . .

Mi Si 7
Dijo que tal vez

Mi
me estuviera amando

Mi La Si 7
me miró y se fue

La Mi
sin decir por qué,

Si 7 Mi
sin decir por qué.

Me miró y se fue, etc. . .

Estribillo:

Mi La
Zambita cantá

Fa # 7 Si 7
no la esperes más

Mi Si 7
tenés que entender,

La Si 7
que si no volvió

Mi
es porque ya te olvidó.

Mi La Si 7
Perfumá esa flor

La Mi
que se marchitó,

Si 7 Mi
que se marchitó.

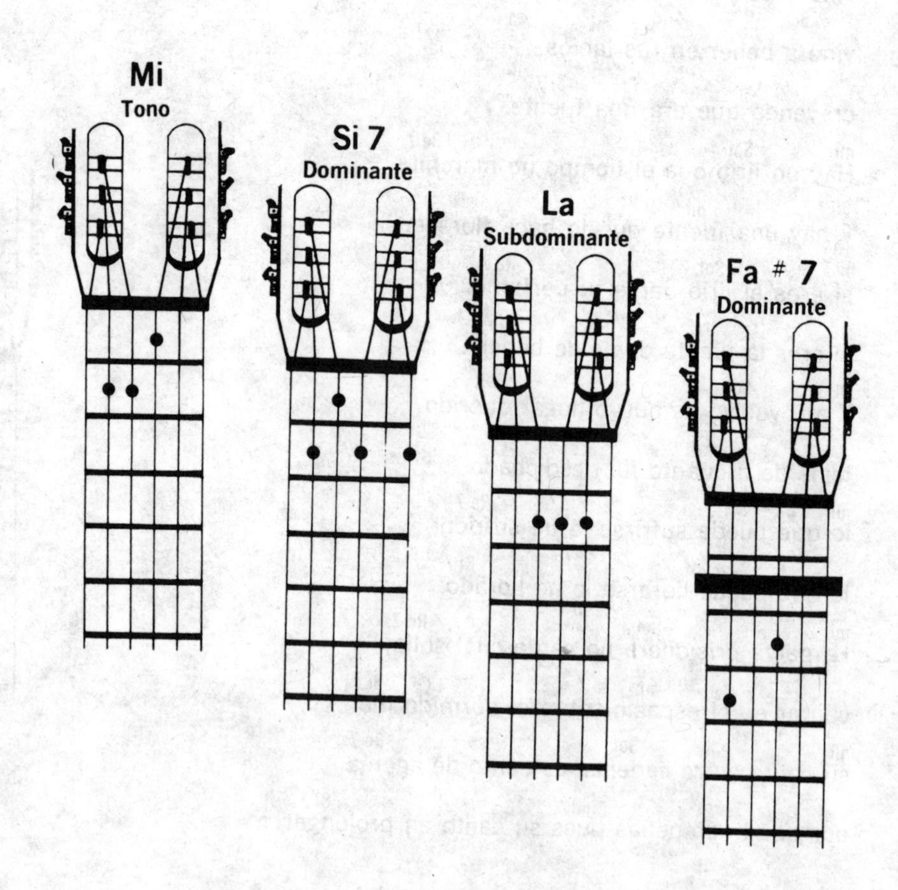

LOS ARADOS (Sanjuanito) Anónimo
ECUADOR

la Fa
Los arados, las cosechas

los sembríos y su amor

La 7 re
dan al indio en este mundo

la
alegría en su dolor.

La 7 re
Por dondequiera que vaya

la
toca triste el rondador

La 7 re
porque en su alma hay sólo pena

la
sufrimiento y gran dolor.

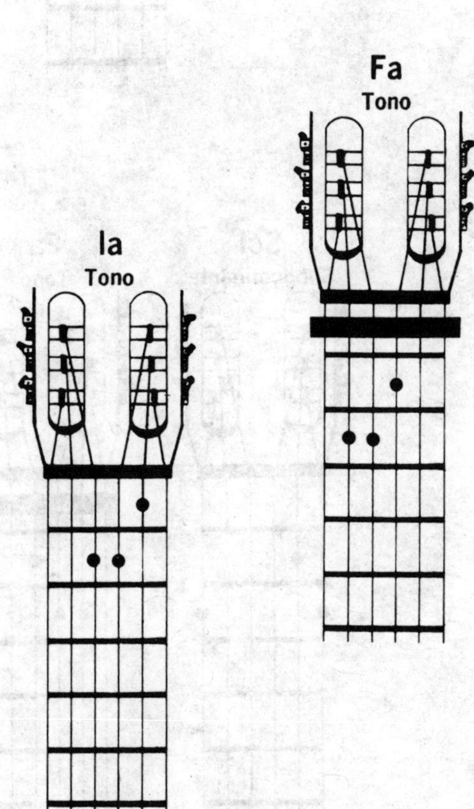

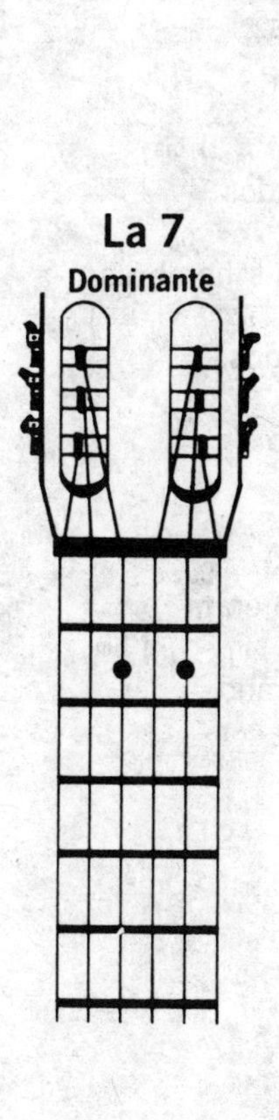

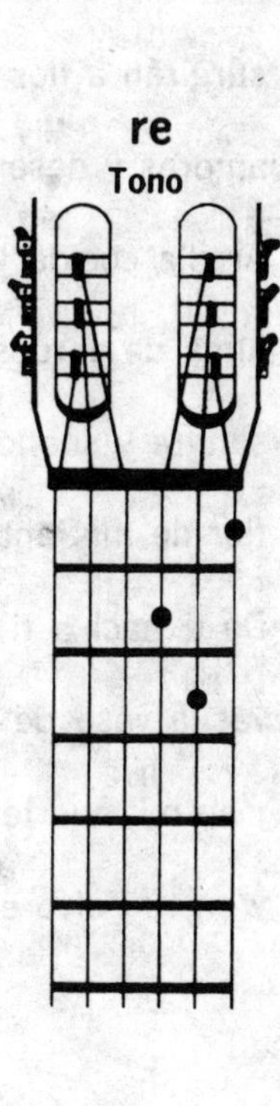

VASIJA DE BARRO
(Valencia)
ECUADOR

la Mi 7 La
Yo quiero que a mí me entierren
Do La } bis
como a mis antepasados
Do Sol Do
en el vientre oscuro y fresco
Mi 7 la } bis
de una vasija de barro.
Fa
Cuando la vida me cubra
Sol 7 Do
tras una cortina de años
Do Sol 7 Do
surgirán a flor de tiempo
Mi 7 la } bis
amores y desengaños.
la Mi 7 la
Arcilla cocida y dura
Do Mi 7 la } bis
alma de verdes collados
Do Sol Do
sangre y sueño de mis hombres
Mi 7 la } bis
flor de mis antepasados.
Fa
De ti nací a ti vuelvo
Sol 7 Do
vasija vaso de barro
Do Sol Do
y en mi muerte yazgo en ti
Mi 7 la } bis
y en tu polvo enamorado . . .

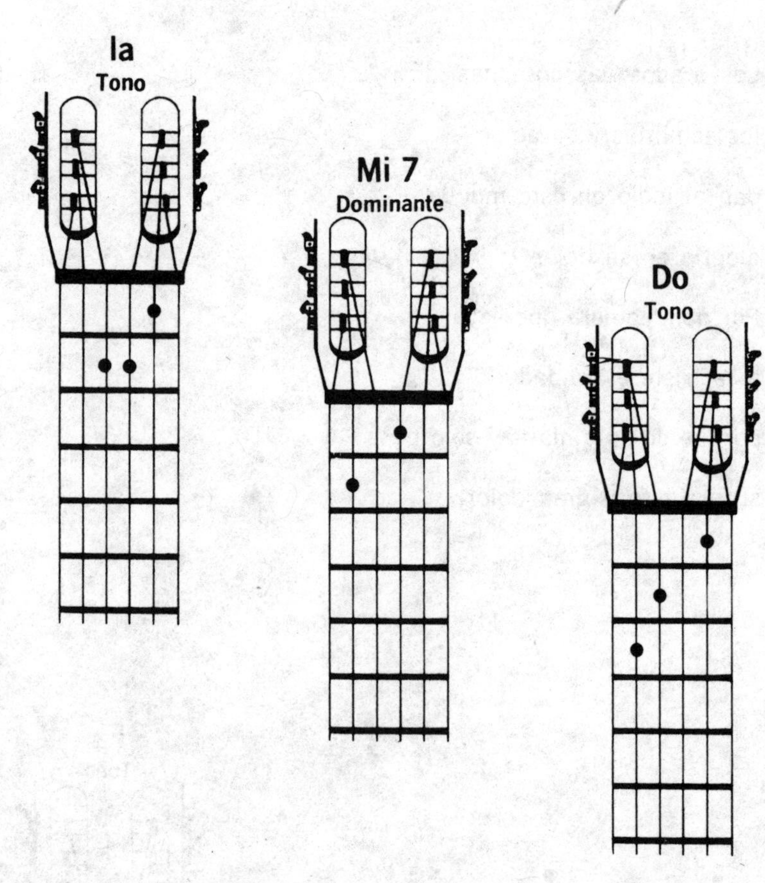

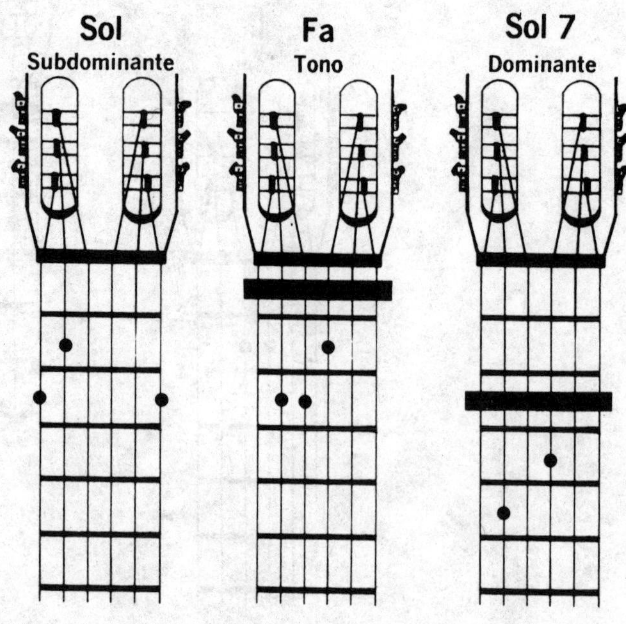

LUNA TUCUMANA (Zamba)
Atahualpa Yupanqui
ARGENTINA

```
la     Mi 7                  la
Yo no le canto a la luna
           Mi 7                    la
porque alumbra y nada más,
     re                    la
le canto porque ella sabe
         Mi 7            la
de mi largo caminar.
la       Mi 7            la
¡Ay! lunita tucumana
        Mi 7             la
tamborcito calchaquí,
      re                 la
compañera de los gauchos
        Mi 7             la
por las sendas de Tafí.
```

Estribillo:

```
     Sol 7                    Do
     Perdido en las cerrazones
                Sol 7                    Do
     quién sabe vidita por dónde andaré.
            re              la
     Mas cuando salga la luna
        Mi 7          la
     cantaré, cantaré,
          re              la
     a mi Tucumán querido,
        Mi 7                    la
     cantaré, cantaré, cantaré.
```

```
la     Mi 7                  la
Con esperanza o con penas
          Mi 7              la
por los campos de Acheral,
     re                 la
yo he visto a la luna buena
        Mi 7          la
besando el cañaveral.
la     Mi 7              la
En algo nos parecemos
        Mi 7       la
luna de la soledad:
     re                   la
yo voy andando y cantando
           Mi 7              la
que es mi modo de alumbrar.
```

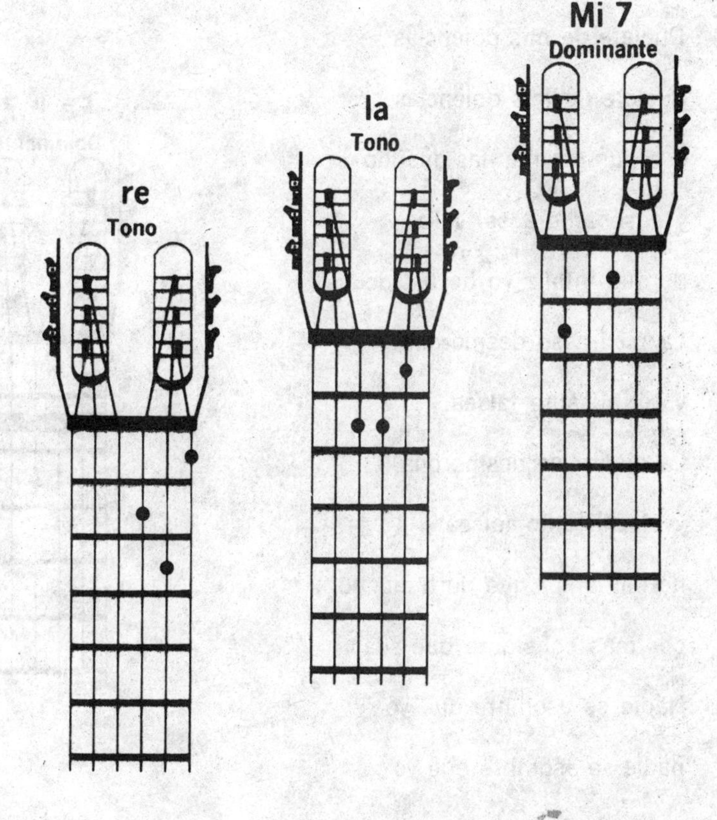

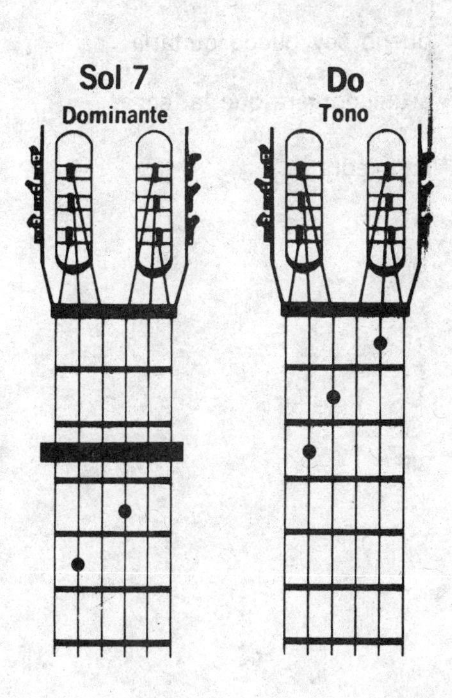

DOLENCIAS (Anónimo)
ECUADOR

mi
Duélete de mis dolencias

duélete de mis dolencias

Re
si algún día me has querido

y enséñame a ser feliz

Fa # 7 si
porque infeliz yo he nacido.

Fa # 7
La piedra se desmorona

y el calicanto falsea.

Fa # 7
La piedra se desmorona

y el calicanto falsea

Re
no hay amor que dure mucho

Fa # 7 si
por más constante que sea.

mi
Nadie se asombre que yo

nadie se asombre que yo

Re
pueda levantar su prenda

dueño soy puedo quitarla

Fa # 7 si
a quienquiera que la tenga.

La piedra . . .

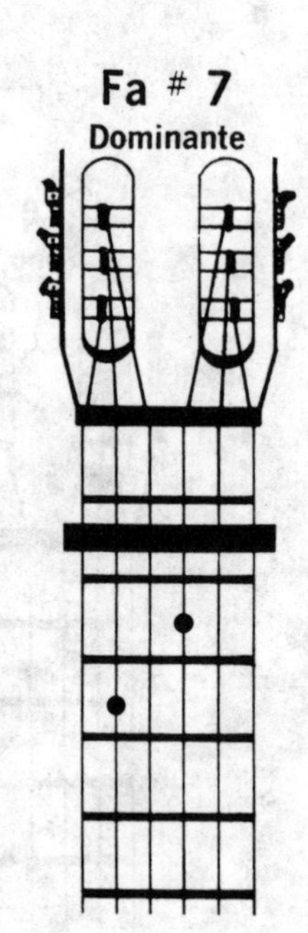

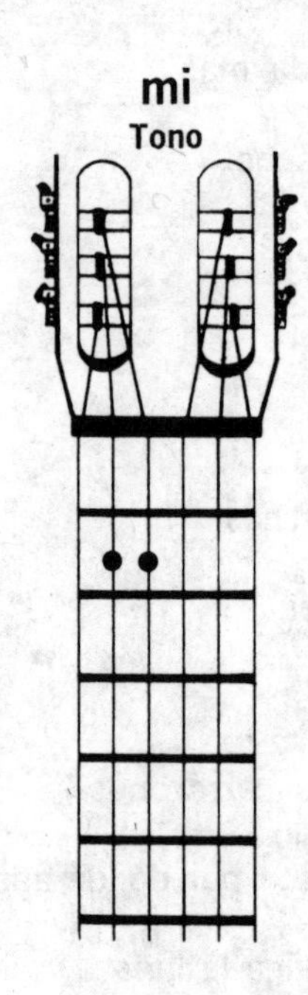

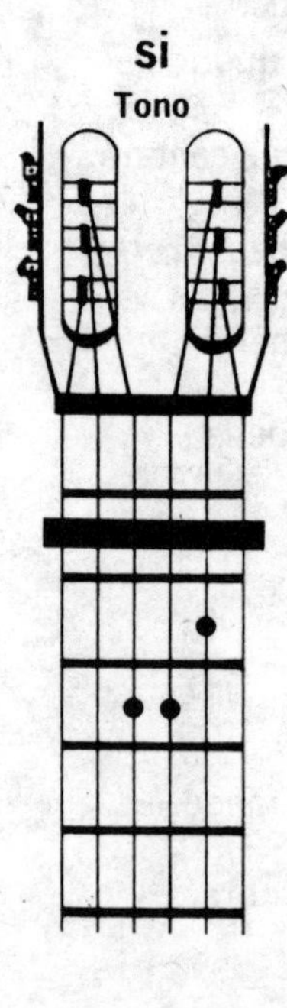

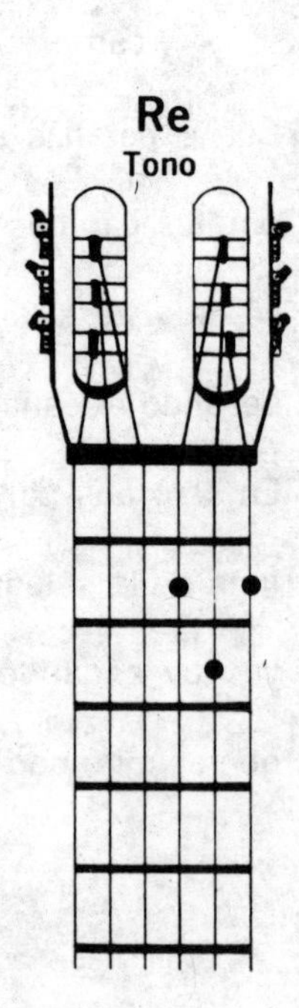

EL CAUTIVO DE TIL TIL
(Vals-mazurka) Patricio Mans
CHILE

mi Si 7
Por unas pupilas claras

mi Re 7 sol
que entre muchos sables viera relucir

Re 7
y esa risa que escondía

Si 7 mi
no sé qué secreto y era para mí.

la Si 7
Cuando altivo se marchó

mi
entre gritos de alguacil

Sol 7 do
me dolió un presentimiento

Fa # 7 Si 7
al verle partir.

mi Si 7
Dicen que es Manuel su nombre

mi Re 7 sol
y que se lo llevan camino a Til Til

Re 7
que el gobernador no quiere

Si 7 mi
ver por la cañada su porte gentil.

la Si 7
Dicen que en la guerra fue

mi
el mejor y en la ciudad

Sol 7 do Fa # 7 Si 7 mi
le llaman el guerrillero de la libertad.

sol Fa # 7
Sólo sé que ausente está,

sol Re
que le llevan los soldados

do mi
que amarrado a la montura

Do 7 Si 7
la tropa le aleja de su general.

sol Fa # 7
Sólo sé que el viento va,

sol Re
jugueteando en sus cabellos

Do mi
y que el sol brilla en sus ojos

Do 7 Si 7
cuando le conducen camino a Til Til.

mi Si 7
Dicen que era como un rayo

mi Re 7 sol
cuando galopaba sobre su corcel

Re 7
y que al paso del jinete

Si 7 mi
todos le decían por nombre Manuel.

la Si 7
Yo no sé si volveré

mi
a verle libre y gentil

Sol 7 do Fa # 7 Si 7 mi
sólo sé que sonreía camino a Til Til.

la
Tono

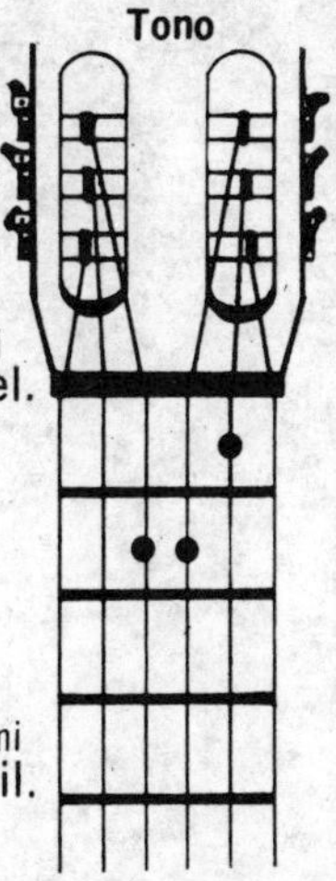

mi
Tono

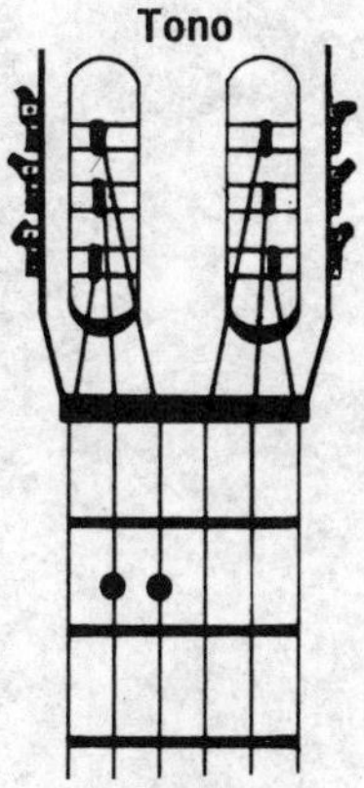

Si 7
Dominante

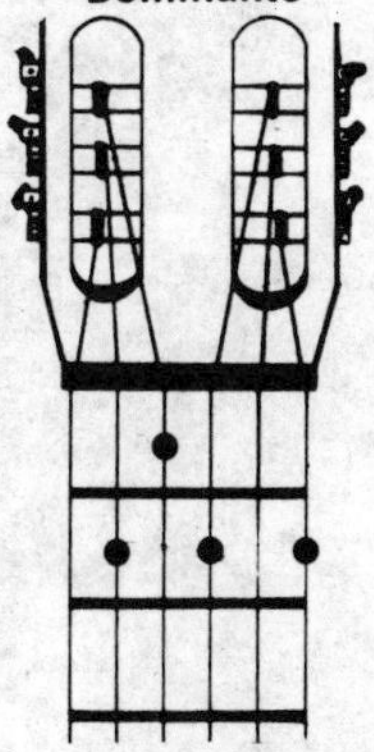

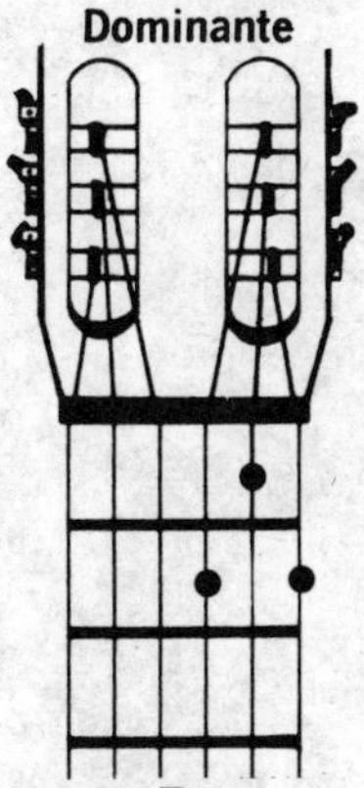

Sol 7
Dominante

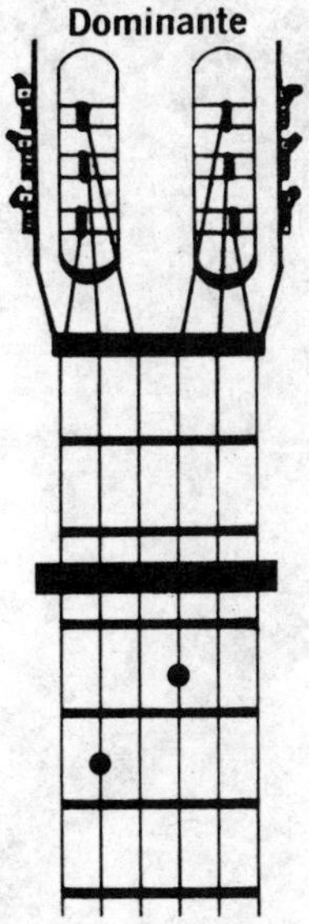

sol
Tono

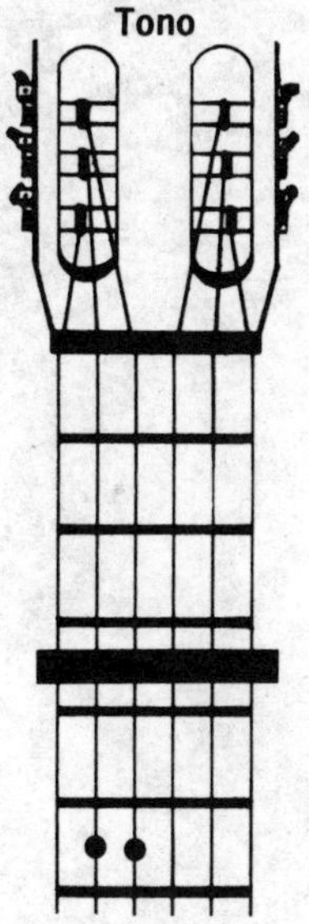

Fa # 7
Dominante

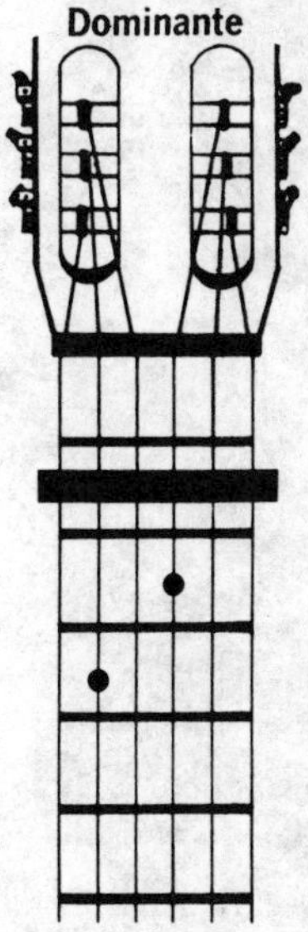

Re 7
Dominante

do
Tono

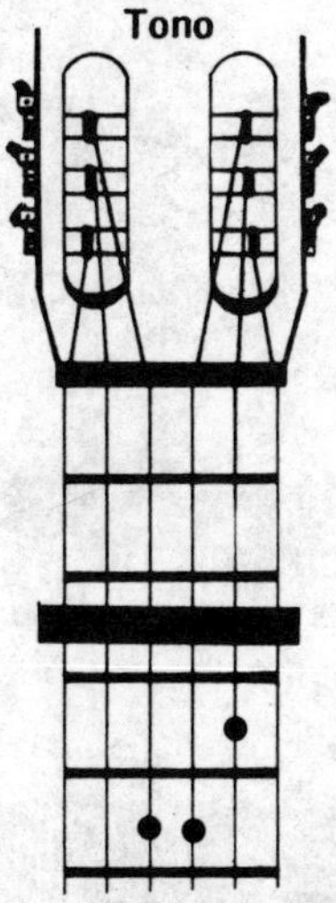

fa # (sol b)
Tono

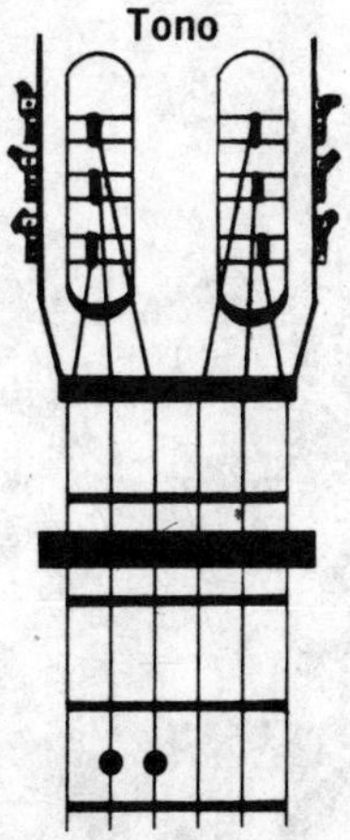

Do 7
Dominante

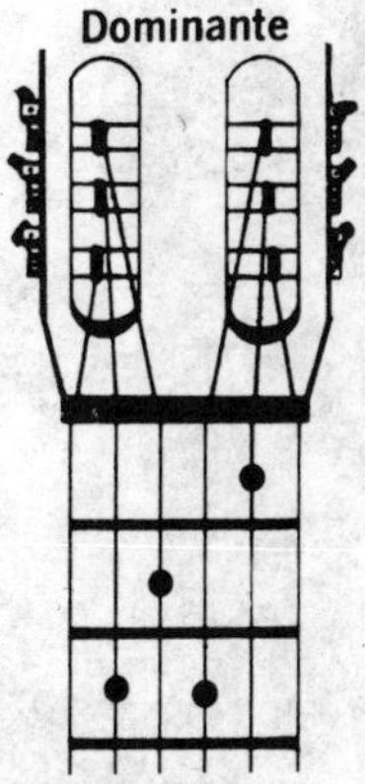

Re
Tono

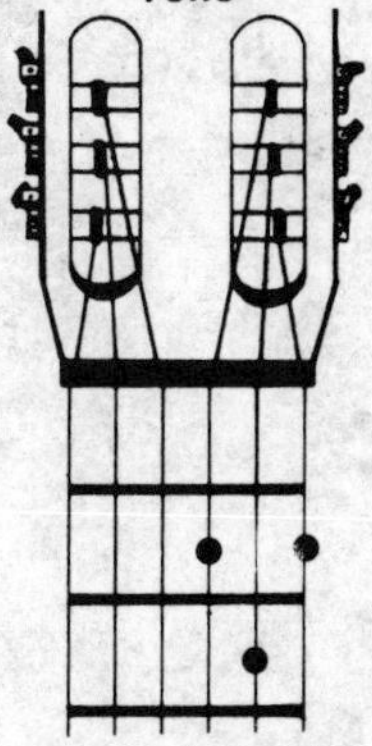

Carlos Mejía Godoy (Nicaragua)

CRISTO DE PALACAGÜINA (Canción)
Carlos Mejía Godoy
NICARAGUA

re
Por el cerro de la Iguana
La 7
montaña adentro de la Segovia
se vio un resplandor extraño
re
como una aurora de medianoche.
Do 7 Fa
Los maizales se prendieron
Do 7 Fa
los quiebraplata se estremecieron
Sol re
llovió luz por Moyugalpa
La 7 Re
por Telpaneca, por Chichigalpa.
Re La 7
Cristo ya nació en Palacagüina
Re
de Chepe Pavón y una tal María
Si 7 mi
ella va a planchar muy humildemente
Sol Re La 7 Re
la ropa que goza la mujer hermosa del terrateniente.

La gente para mirarlo
La 7
se rejuntaron en un molote
y el indio Joaquín le trajo
re
quesillo en trenza de Nagarete.
Do 7 Fa
En vez de oro, incienso y mirra
Do 7 Fa
le regalaron, según yo supe
Sol re
cajetita de Diriomo
La 7 Re
y hasta buñuelos de Guadalupe.

Cristo ya nació, etc.

re
José pobre jornalero
La 7
se mecatella todito el día
lo tiene con reumatismo
re
el tedio de la carpintería.

Do 7 Fa
María sueña que el hijo
Do 7 Fa
igual que Tata sea carpintero
Sol re
pero el cipotillo piensa
La 7 Re
mañana quiero ser guerrillero.

Cristo ya nació, etc.

mi
Tono

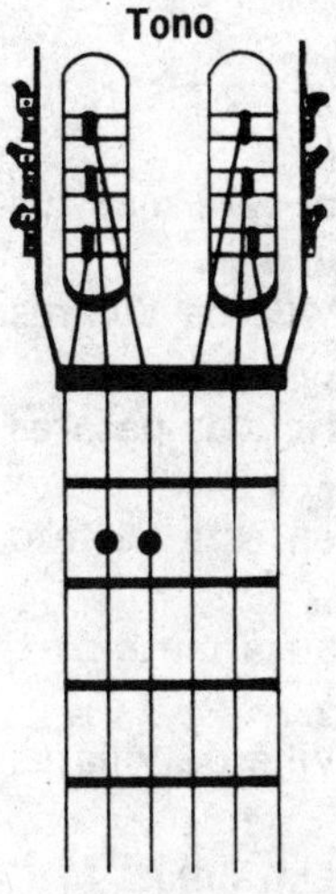

re
Tono

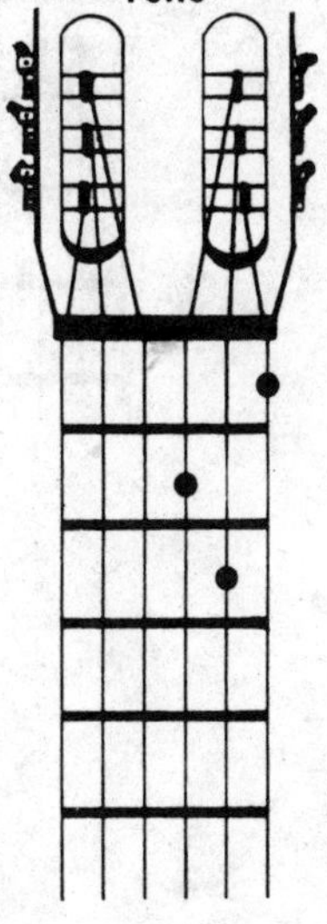

La 7
Dominante

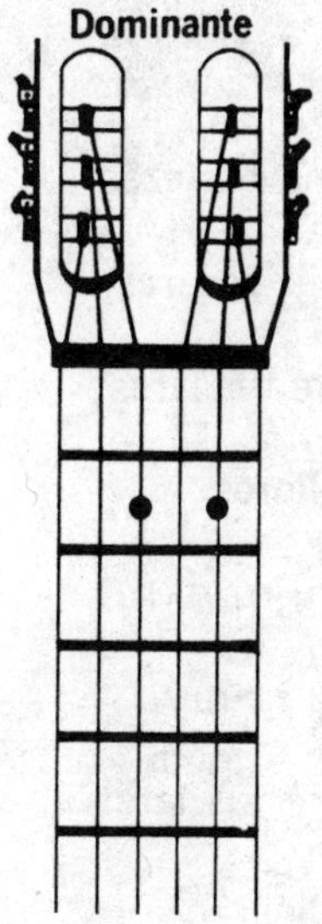

Do 7
Dominante

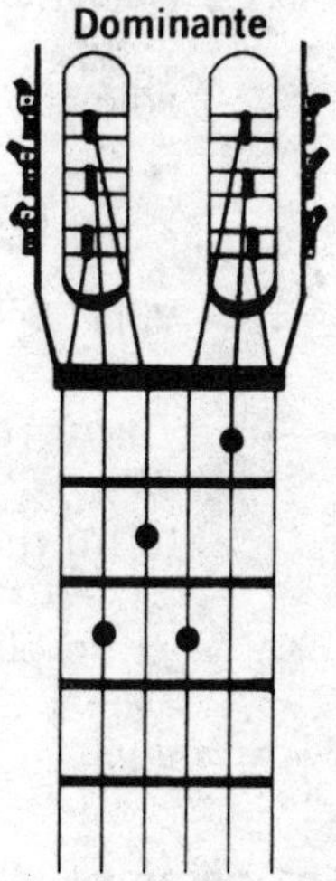

Fa
Tono

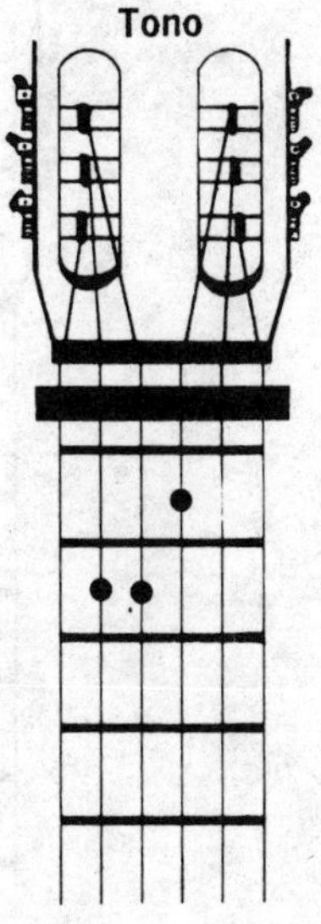

Sol
Tono

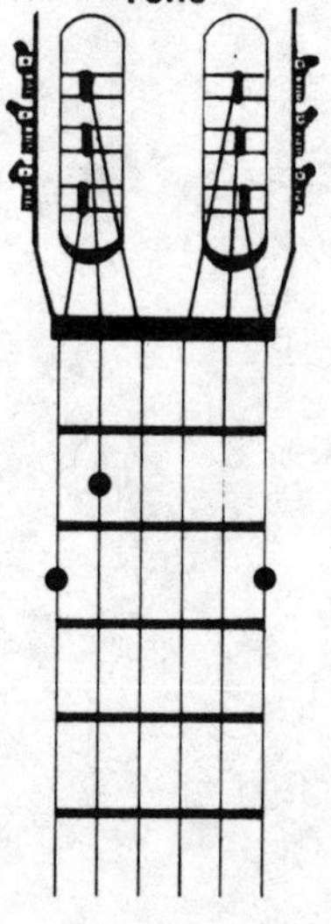

Re
Subdominante

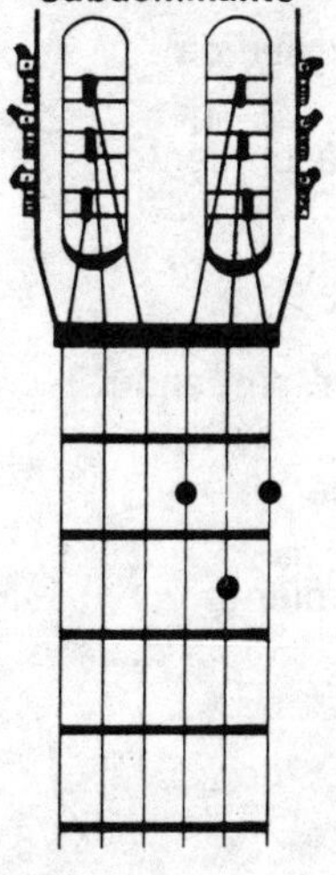

Si 7
Dominante

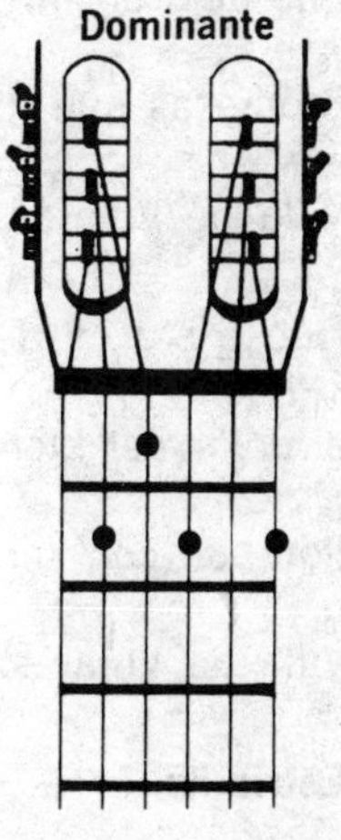

VILLA DE VILLARES (Bailecito)
Chango Rodríguez
ARGENTINA

Fa
Adiós Villa de Villares
Do
ya no pisaré tus lares
re la
ni veré más tus arenas
Mi 7 la
Villa de Villares.

Fa
Hondos pesares me aquejan
Do
en esta triste partida
re la
alejarme de tus lares
Mi 7 la
Villa de Villares.

Estribillo:

re la
Adiosito mis tristezas
Mi 7 la
adiosito mis pesares,
re la
ya no pisaré tus lares
Mi 7 la
Villa de Villares.
Fa
Tui ru ru ru ru ru ru
Do
tui ru ru ru ru ru ru
re la
ya no pisaré tus lares
Mi 7 la
Villa de Villares.

Fa
Los pesares del momento
Do
que dejo en mi despedida
re la
promesas que lleva el viento
Mi 7 la
Villa de Villares.

Fa
Qué triste es dejar sintiendo
Do
el dolor del bien perdido
re la
llorando con sentimiento
Mi 7 la
Villa de Villares.

Estribillo.

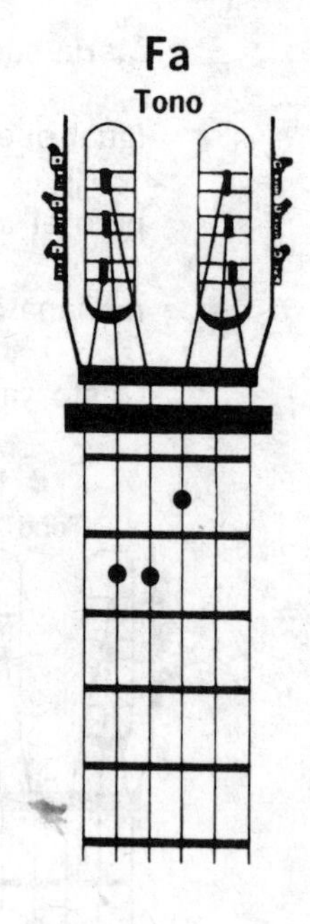

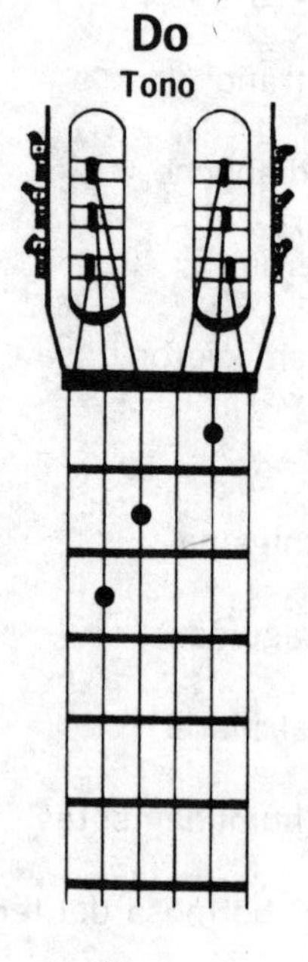

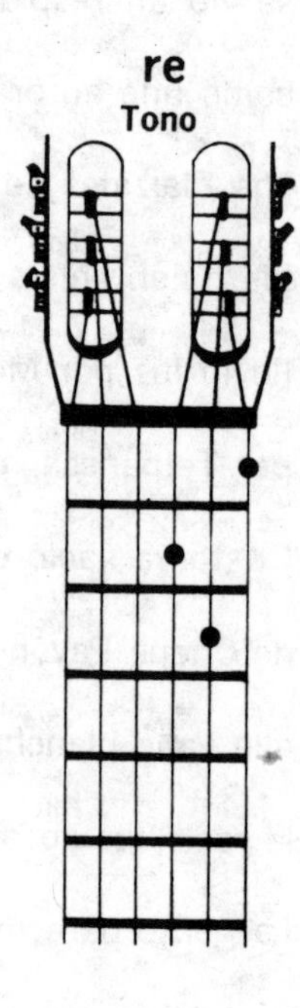

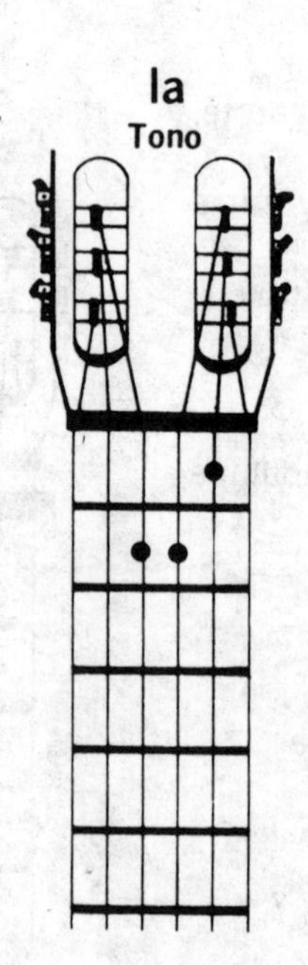

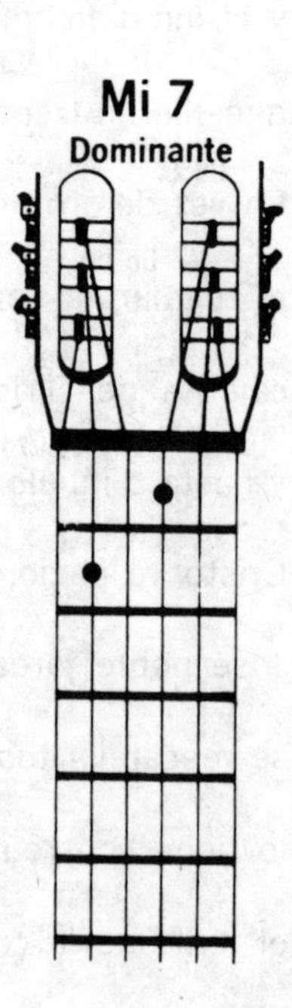

OYE NEGRITO (Habanera) Anónimo
PERU

Mi
¡Negrito! ¿Mi amito?
Si 7
¿Qué estás haciendo negrito?

—Ay, mi amito
Mi
un plato de huevos fritos . . .
Mi
¡Salgamos! ¿Pa'ónde?
Si 7
un poquito para afuera . . .
Mi
¡ay negrito! a refrescar la mollera.
Mi
Saca la carimba afuera
Si 7
demonio de ingrato que va uté a matar,

y el negrito como era macuico
Mi
cari caracuera cari caracuá.

Mi
Tono

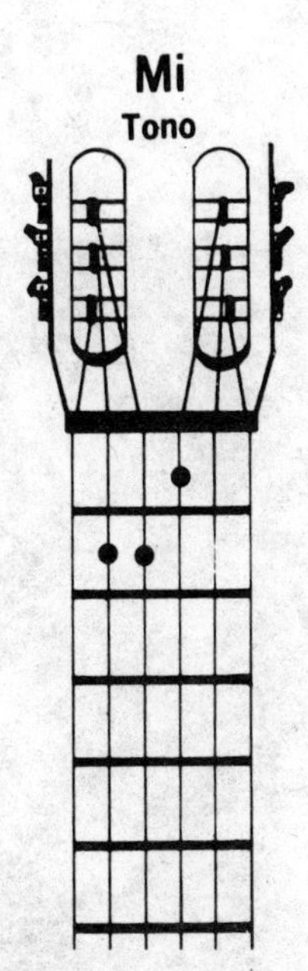

Si 7
Dominante

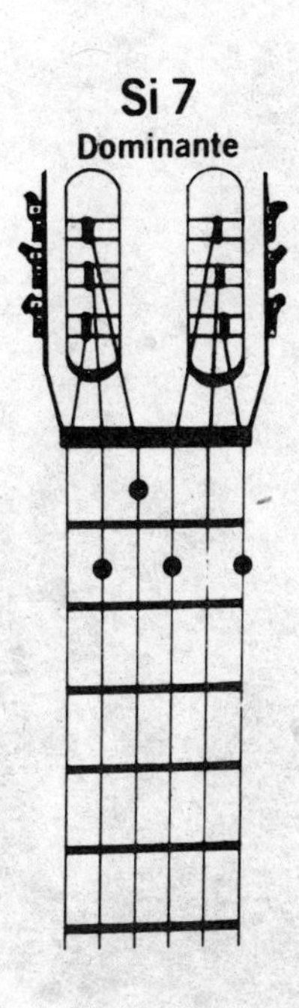

Soledad Bravo (Venezuela)

PLANTITA DE ALHELI (Carnavalito)
Anónimo
ARGENTINA

Sol
Plantita de alhelí
Si 7 mi
qué bonitos colores tienes
Sol
colores de mis esperanzas
Si 7 mi
colores de mis ilusiones.
Sol
Colores de mis esperanzas
Si 7 mi
colores de mis ilusiones.
Sol
Plantita de alhelí
Si 7 mi
qué parecida es nuestra suerte
Sol
que para ti llega el invierno
Si 7 mi
y para mí llega la muerte.
Sol
Que para ti llega el invierno
Si 7 mi
y para mí llega la muerte.
Sol
Plantita de alhelí
Si 7 mi
de qué nos vale la hermosura
Sol
si se han de marchitar mañana
Si 7 mi
tus flores en mi sepultura.
Sol
Si se han de marchitar mañana
Si 7 mi
tus flores en mi sepultura.

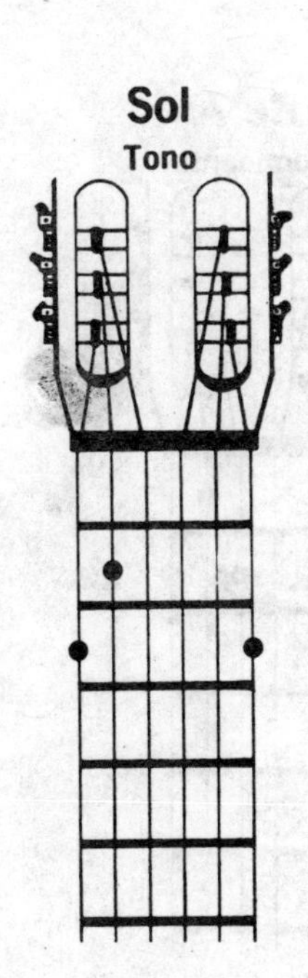

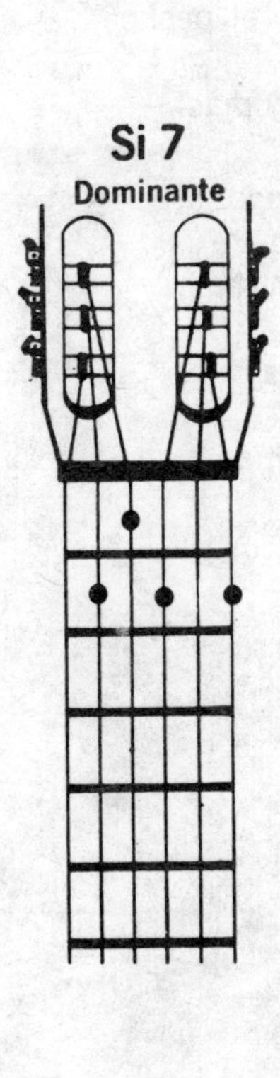

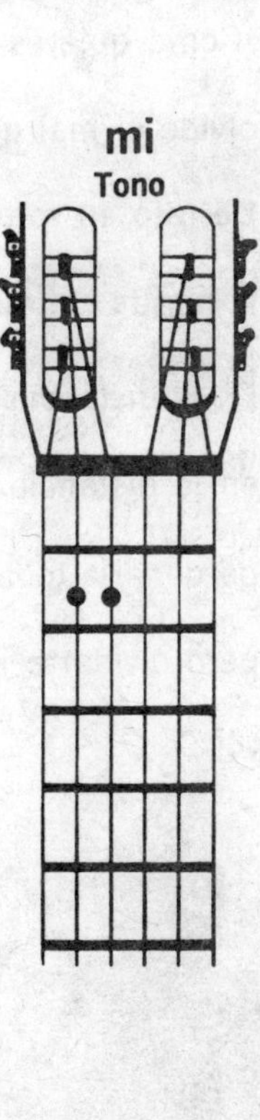

A LOS BOSQUES YO ME INTERNO

(Carnavalito) Anónimo

ARGENTINA

mi Sol
A los bosques yo me interno

Si 7
a consolarme llorando

mi
y los bosques me respondieron

Sol Si 7 mi
lo que has hecho estás pagando.

Do Re 7 Sol
En la distancia no te olvido

Do Re 7 Sol
en la distancia te quiero más

Si 7 mi
perdonaría toda la ofensa

Do Sol Si 7 mi
pero olvidarte jamás, jamás.

mi Sol
¿Cómo quieres que tan pronto

Si 7
olvide el mal que me has hecho?

mi
De rato en rato me toco el pecho

Sol Si 7 mi
la herida me duele más y más.

Do Re 7 Sol
En la distancia no te olvido

Do Re 7 Sol
en la distancia te quiero más

Si 7 mi
perdonaría toda la ofensa

Do Sol Si 7 mi
pero olvidarte jamás, jamás.

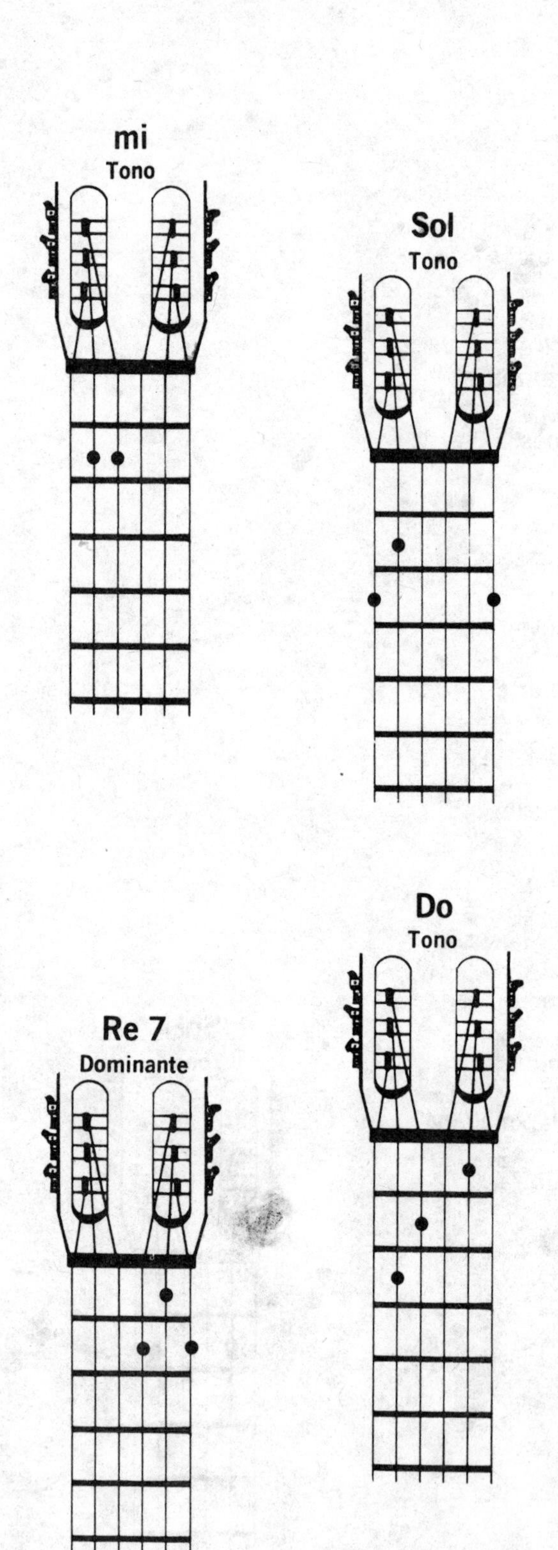

VOLVER A LOS 17 (Sirilla-canción)
Violeta Parra
CHILE

re Fa
Volver a los 17 después de vivir un siglo
re Fa
es como descifrar signos sin ser sabio competente
sol Do 7
volver a ser de repente tan frágil como un segundo
sol Do 7
volver a sentir profundo como un niño frente a Dios
sol Do 7 re
eso es lo que siento yo en este instante fecundo.

re Fa
Mi paso ha retrocedido cuando el de ustedes avanza
re Fa
el arca de las alianzas ha penetrado en mi nido
sol Do 7
con todo su colorido se ha paseado por mis venas
sol Do 7
y hasta la dura cadena con que nos ata el destino
sol Do 7 La 7 re
es como un diamante fino que alumbra mi alma serena.

re Fa
Lo que puede el sentimiento no lo ha podido el saber
re Fa
ni el más claro proceder ni el más ancho pensamiento
sol Do 7
todo lo cambia el momento cual mago condescendiente
sol Re 7
nos aleja dulcemente de rencores y violencias
sol Do 7 La 7 re
sólo el amor con su ciencia nos vuelve tan inocentes.

re Fa
El amor es torbellino de pureza original
re Fa
hasta el feroz animal susurra su dulce trino
sol Do 7
detiene a los peregrinos libera a los prisioneros
sol Do 7
el amor con sus esmeros al viejo lo vuelve niño
sol Do 7 La 7 re
y al malo sólo el cariño lo vuelve puro y sincero.

re Fa
De par en par la ventana se abrió como por encanto
re Fa
entró el amor con su canto como una tibia mañana
sol Do 7
al son de su bella diana hizo brotar el jazmín
sol Do 7
volando cual serafín al cielo le puso aretes
sol Do 7 La 7 re
y mis años en 17 los convirtió el querubín.

Estribillo:

sol Do 7 Fa
Se va enredando, enredando
sol Do 7 Fa
como en el muro la hiedra
sol Do 7 Fa
y va brotando, brotando
sol La 7 re
como el musguito en la piedra, ay sí, sí, sí.

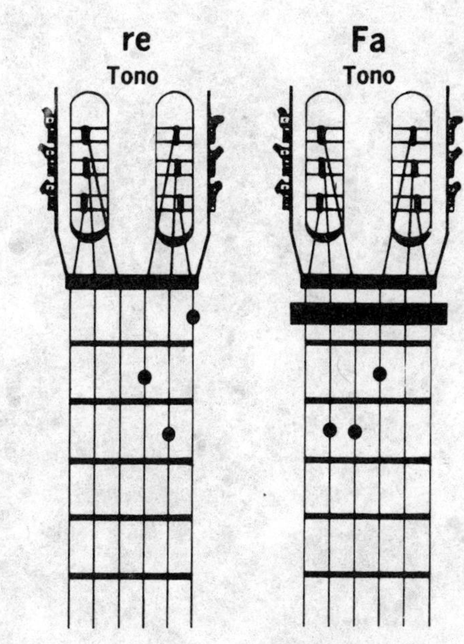

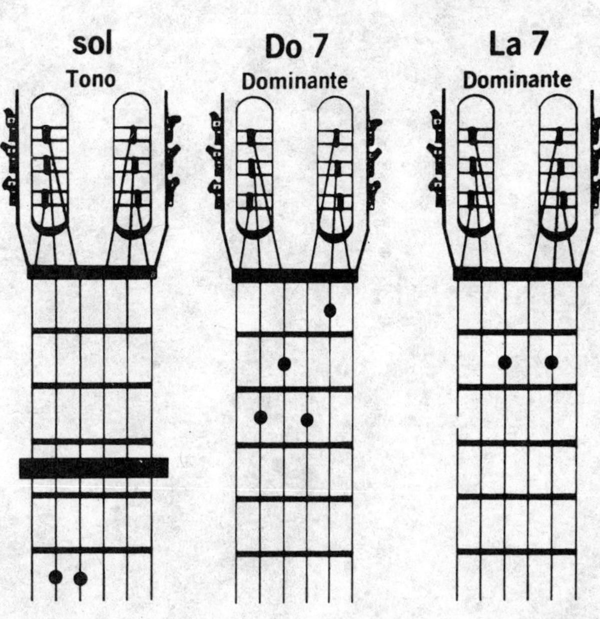

Atahualpa Yupanqui (Argentina)

LOS EJES DE MI CARRETA (Milonga)
Romildo Risso-Atahualpa Yupanqui
URUGUAY-ARGENTINA

mi Si 7
Porque no engraso los ejes
mi
me llaman abandona'o.
mi Si 7
Porque no engraso los ejes
mi
me llaman abandona'o.
mi Si 7
Si a mí me gusta que suenen
mi
pa'qué los quiero engrasa'os.
mi Si 7
Si a mí me gusta que suenen
mi
pa'qué los quiero engrasa'os.
mi Si 7
Es demasiado aburrido
mi
seguir y seguir la huella
mi Si 7
Es demasiado aburrido
mi
seguir y seguir la huella
mi Si 7
andar y andar los caminos
mi
sin nada que lo entretenga.
mi Si 7
Andar y andar los caminos
mi
sin nada que lo entretenga.
mi Si 7
No necesito silencio
mi
yo no tengo en quién pensar.
mi Si 7
No necesito silencio
mi
yo no tengo en quién pensar.
mi Si 7
Tenía, pero hace tiempo,
mi
aura ya no tengo más.
mi Si 7
Tenía, pero hace tiempo,
mi
aura ya no tengo más.
mi Mi 7 la
Los ejes de mi carreta
Sol Si 7 mi
nunca los voy a engrasar . . .

mi
Tono
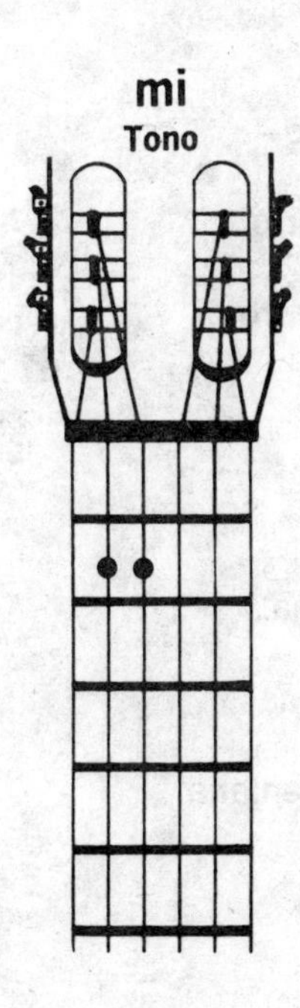

Si 7
Dominante
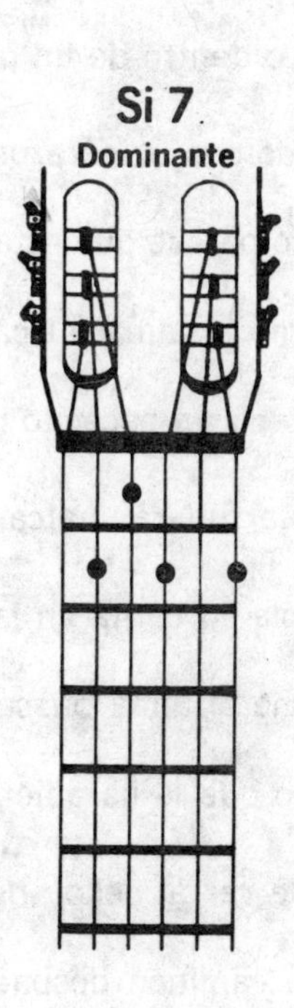

la
Tono
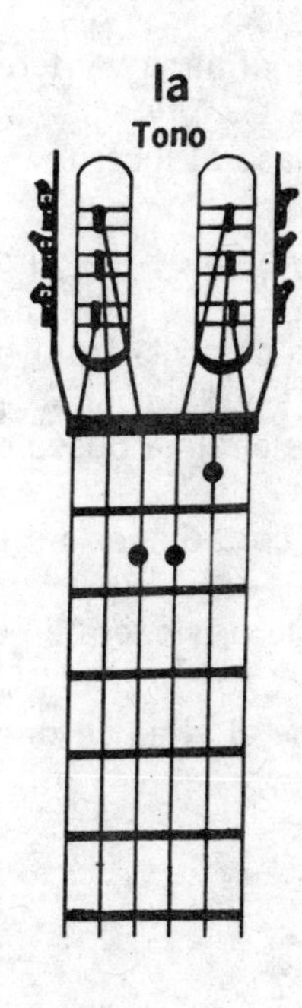

Sol
Tono
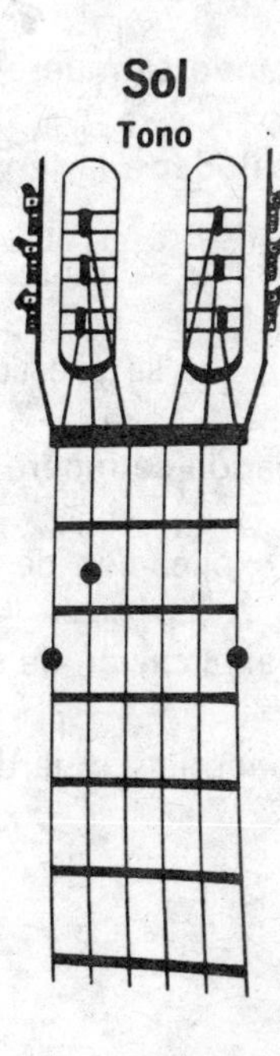

RIN DEL ANGELITO (Rin-danza)
Violeta Parra
CHILE

la Mi 7 la
Ya se va para los cielos ese querido angelito

la Mi 7 la
a rogar por sus abuelos por sus padres y hermanitos

Sol 7 Do Mi 7 la
cuando se muere la carne el alma busca su sitio

Sol 7 Do Mi 7 la
adentro de una amapola o dentro de un pajarito.

la Mi 7 la
La tierra lo está esperando con su corazón abierto

Mi 7 la
por eso es que el angelito parece que está despierto.

Sol 7 Do Mi 7 la
Cuando se muere la carne el alma busca su centro

Sol 7 Do Mi 7 la
en el brillo de una rosa o de un pececito nuevo.

la Mi 7 la
En su cunita de tierra lo arrullará una campana

Mi 7 la
mientras la lluvia le limpia su carita en la mañana.

Sol 7 Do Mi 7 la
Cuando se muere la carne el alma busca su diana

Sol 7 Do Mi 7 la
en el misterio del mundo que le ha abierto su ventana.

la Mi 7 la
Las mariposas alegres de ver al bello angelito

Mi 7 la
alrededor de su cuna le caminan despacito.

Sol 7 Do Mi 7 la
Cuando se muere la carne el alma va derechito

Sol 7 Do Mi 7 la
a saludar a la luna y de paso al lucerito.

la Mi 7 la
Adónde se fue su gracia y adónde fue su dulzura

Mi 7 la
por qué se cae su cuerpo como la fruta madura.

Sol 7 Do Mi 7 la
Cuando se muere la carne el alma busca en la altura

Sol 7 Do Mi 7 la
la explicación de su vida cortada con tal premura,

Sol 7 Do Mi 7 la
la explicación de su muerte prisionera en una tumba.

Sol 7 Do Mi 7 la
Cuando se muere la carne el alma se queda oscura.

la
Tono

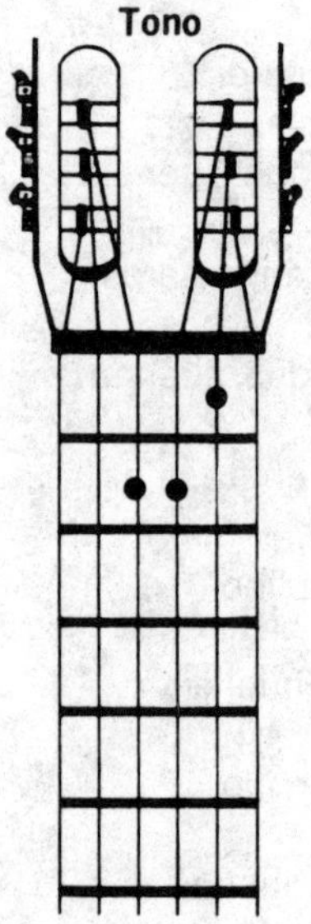

Mi 7
Dominante

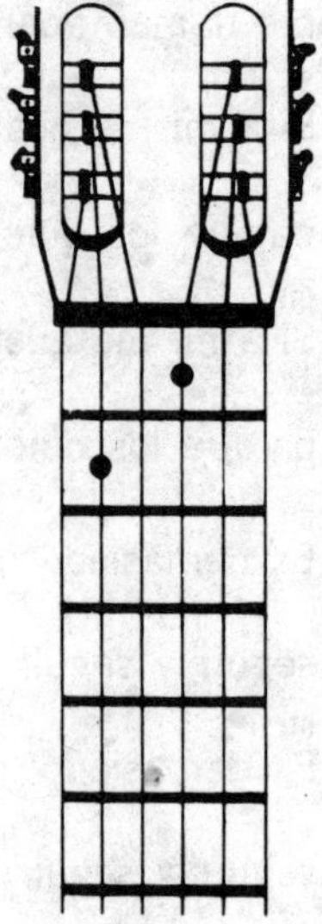

Si 7
Dominante

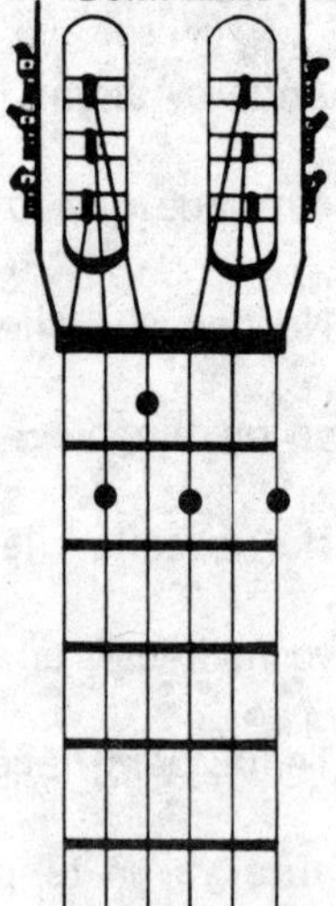

Sol 7
Dominante

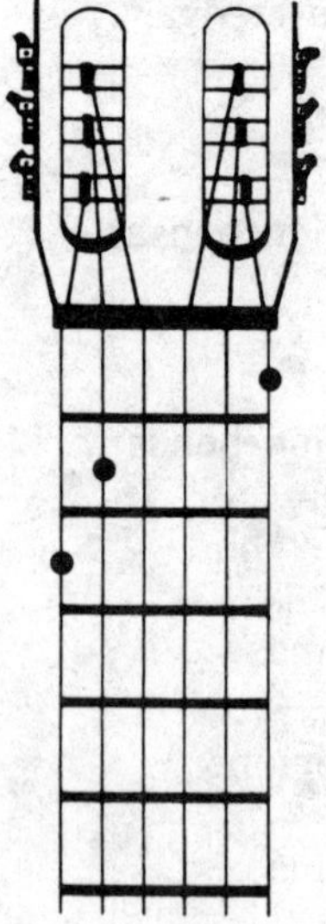

Do
Tono

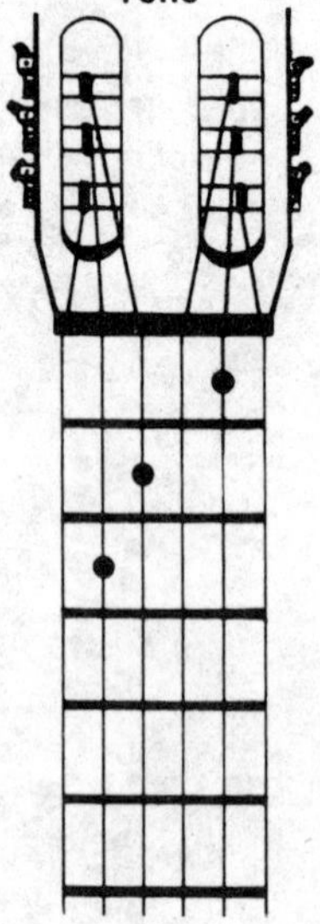

DOMINGO DE AGUA (Milonga)
Osiris Rodríguez Castillo
URUGUAY

re
Vamos a arrimarle al fueguito
La 7
dos o tres astillas más

mientras no escampe la lluvia
re
pa'qué me vo'a incomodar.

re
Oiganle al domingo de agua
Re 7 Sol
buen domingo pa'un mensual
re
sin caballo pa'la senda
La 7 re
ni prienda que visitar.

re
Diga que soy más o menos
La 7
buenón pa'cimarronear

y que ande ensille el amargo
re
la tarde al tranco se va.

re
La gente anda domingueando
Re 7 Sol
peón, casero y capataz
re
y yo me quedé con los perros
La 7 re
chiflando pa'no pensar.

re
Si escampa y abre la tarde
La 7
capaz que dentro a zoncear

capaz que ensillo y me largo
re
medio sin rumbo por'ai.

re
Total si vaya onde vaya
Re 7 Sol
el pobre nunca halla paz
re
conque más vale que llueva
La 7 re
me gusta oír garugar.

re
Vamos a arrimarle al fueguito
La 7
dos o tres astillas más

mientras no escampe la lluvia
re
pa'qué me vo'a incomodar.

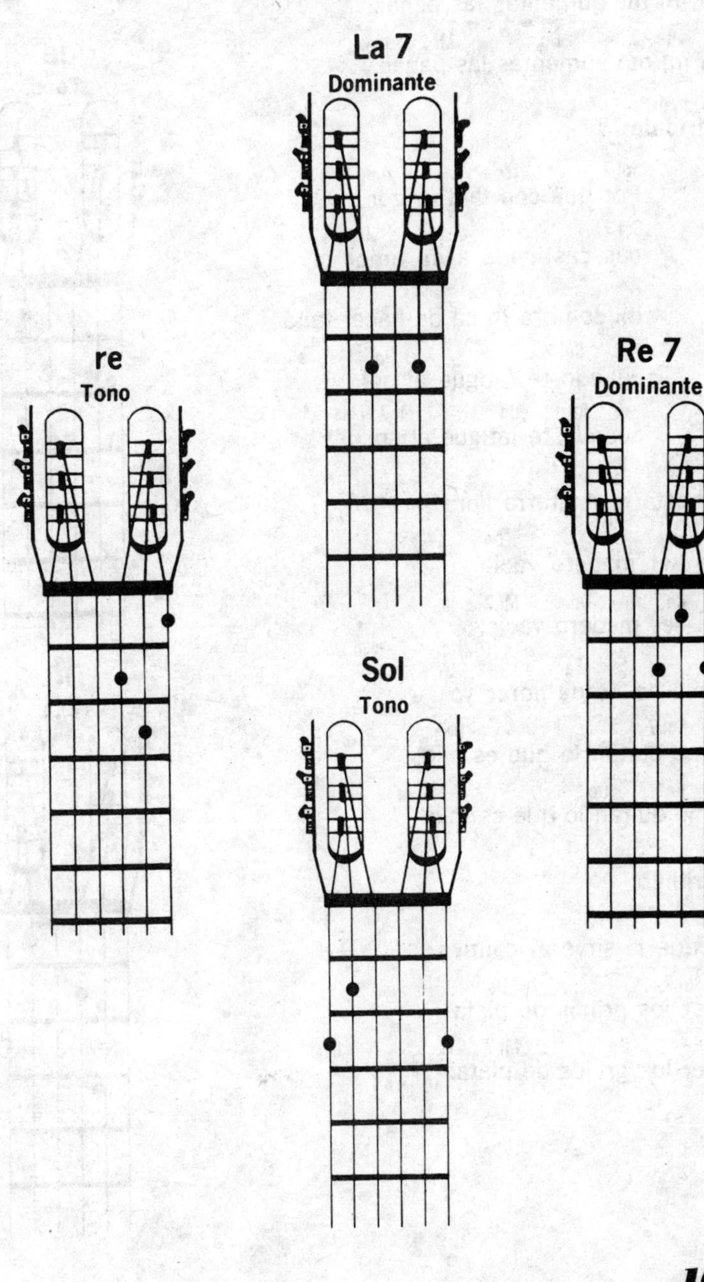

EL PAJARILLO (Yaraví) Anónimo
PERU

la   Fa
Oh pajarillo que cantas
    Sol 7   Do
por las mañanas serenas
     Re   Do   Mi 7   la
por las mañanas serenas.

                    Fa
Por qué a unos les das la vida
     Sol 7   Do
y a mí me aumentas las penas
     Re   Do   Mi 7   la
y a mí me aumentas las penas.

Estribillo:

Sol 7   Do
Por qué con tanto rigor
Sol 7   Do
has castigado a mi amor
                    Fa
mi sombra te ha de hacer falta
         Sol 7   Do
cuando te fatigue el sol
          Re   Do   Mi 7   la
cuando te fatigue el sol.

la   Fa
Si hasta mi guitarra llora
    Sol 7   Do
con ser madero vacío
    Re   Do   Mi 7   la
con ser madero vacío.

                 Fa
Cómo no he de llorar yo
    Sol 7   Do
si me quitan lo que es mío
    Re   Do   Mi 7   ia
si me quitan lo que es mío.

Estribillo.

La   Fa
De qué le sirve al cautivo
     Sol 7   Do
tener los grillos de plata
     Re   Do   Mi 7   la
tener los grillos de plata.

                         Fa
El enrejado de oro
            Sol 7   Do
si la libertad le falta
      Re   Do   Mi 7   la
si la libertad le falta.

Estribillo.

la
Tono

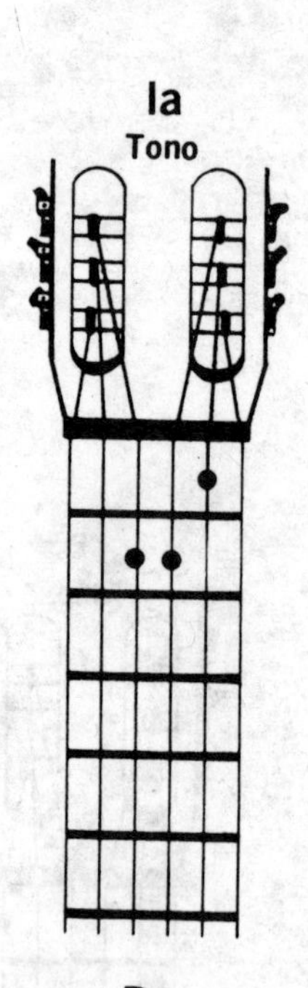

Fa
Tono

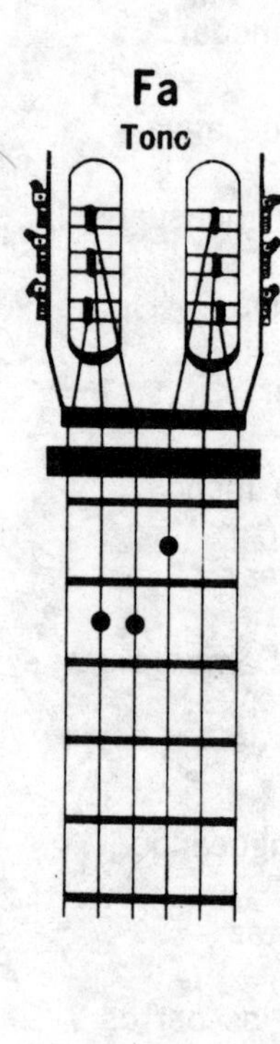

Sol 7
Dominante

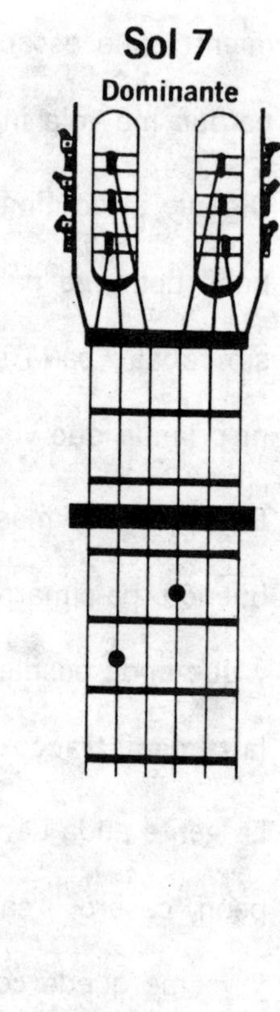

Do
Tono

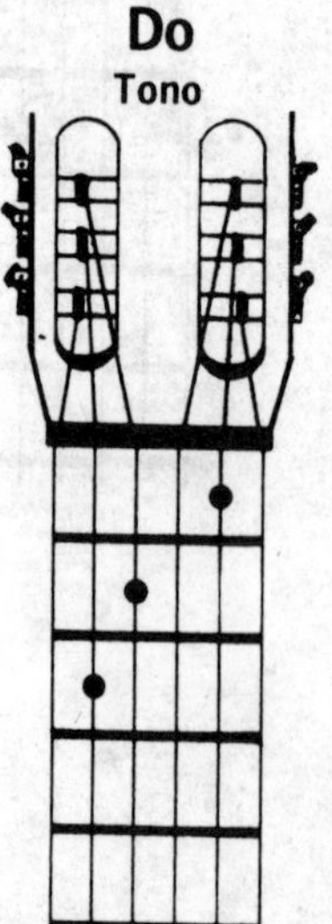

Re
Tono

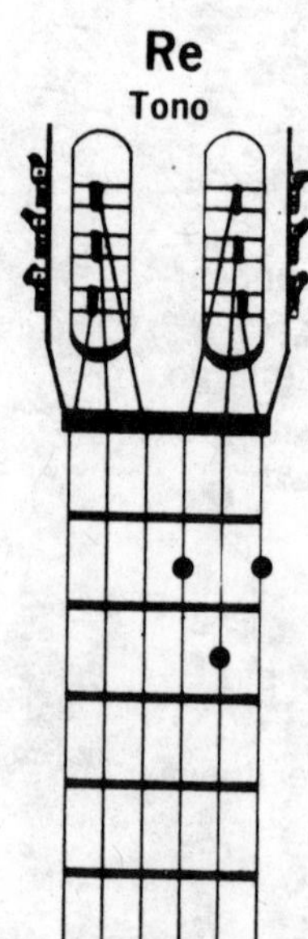

Mi 7
Dominante

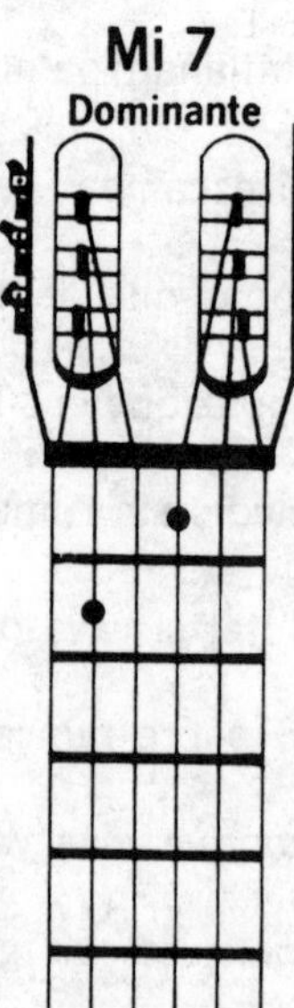

MONTONERO AREQUIPEÑO
(Marinera) Anónimo
PERU

Mi Do
Montonero arequipeño
Re 7 Sol
ahora que acabo la guerra
Si 7 Mi
ahora que acabó la guerra.

Do
Guarda tu viejo uniforme
Re 7 Sol
galonado con heridas
Re 7 Mi
galonado con heridas.

Re 7 Sol
Has luchado en bandolero
Re 7 Sol
por tu divisa y caudillo
Mi Re 7
pero es preciso que ahora
Do Si 7
retornes a tu morena.

Mi Si 7
¡Ay! así me gustas moreno
Mi
pololo y picantero
Mi Si 7
y que dale y dale un besito
Mi
a tu encantadora prenda
Mi Re 7
y brinda con arrogancia
Do Si 7
por tu preciosa morena
Mi Re 7
y brinda con arrogancia
Mi Si 7
por tu preciosa morena.

Mi Do
Recio cholo arequipeño
Re 7 Sol
orgulloso como el misti
Si 7 Mi
orgulloso como el misti.

Do
Bonachón cual tu campiña
Re 7 Sol
querendón como ninguno
Si 7 Mi
querendón como ninguno.

Re 7 Sol
Montonero arequipeño
Re 7 Sol
has luchado en cien combates
Mi Re 7
pero es preciso que ahora
Do Si 7
regreses a tu morena
Mi Re 7
pero es preciso que ahora
Do Si 7
regreses a tu morena.

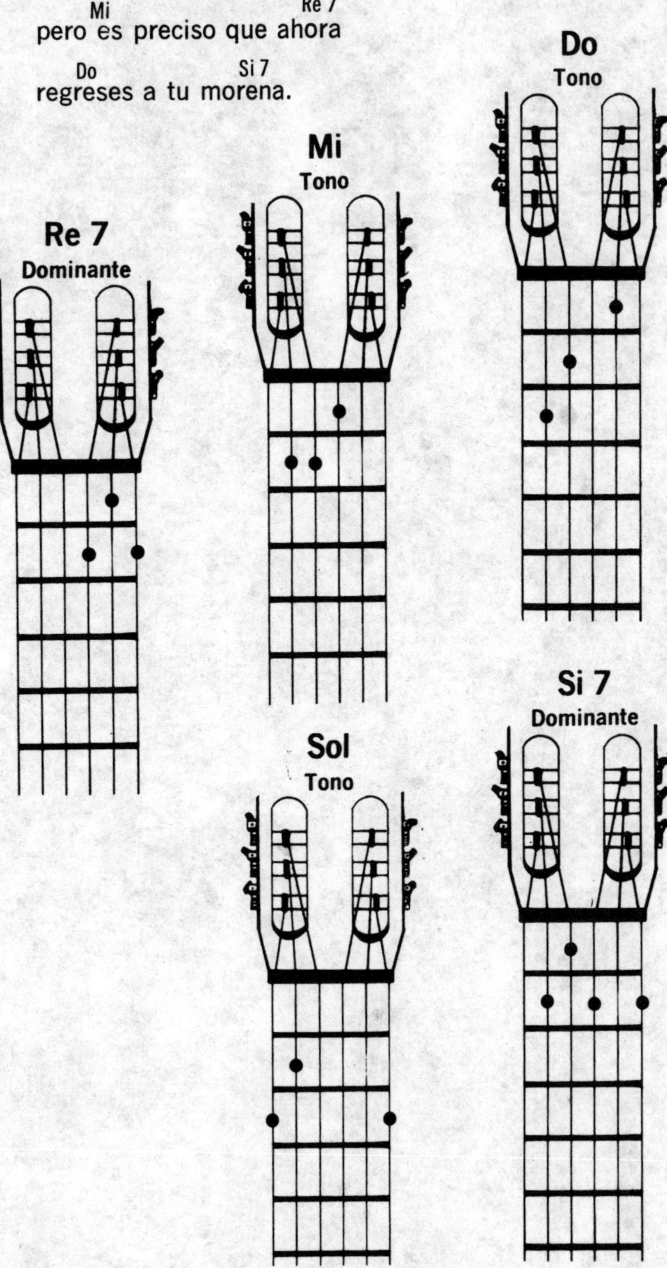

Oscar Chávez (México)

LA LLORONA (Canción istmeña)
Anónimo
MEXICO

mi   la
Todos me dicen el negro llorona
mi   Si 7
negro pero cariñoso.

mi   Re
Yo soy como el chile verde, llorona
Do   Si 7
picante pero sabroso.

mi   la
¡Ay de mí! llorona, llorona
mi   Si 7
llorona de azul celeste
mi   Re
y aunque la vida me cueste llorona
Do   Si 7
no dejaré de quererte.

mi   la
Ayer pasaste a mi lado llorona
mi   Si 7
y no me quisiste hablar
mi   Re
aunque digas que no me quieras llorona
Do   Si 7
no puedes disimular.

mi   la
¡Ay de mí! llorona, llorona
mi   Si 7
llorona de ayer y de hoy
mi   Re
ayer maravilla fui, llorona
Do   mi
y ahora ni sombra soy.

mi   la
Ya supe tu bajadero llorona
mi   Si 7
donde te vas a bañar
mi   Re
allí mandaré un jilguero, llorona
Do   mi
que te vaya a acompañar.

mi   la
¡Ay de mí! llorona
mi   Si 7
que te vaya a acompañar
mi   Re
pa'que sepas que te quiero llorona
Do   mi
que me empiezo a enamorar.

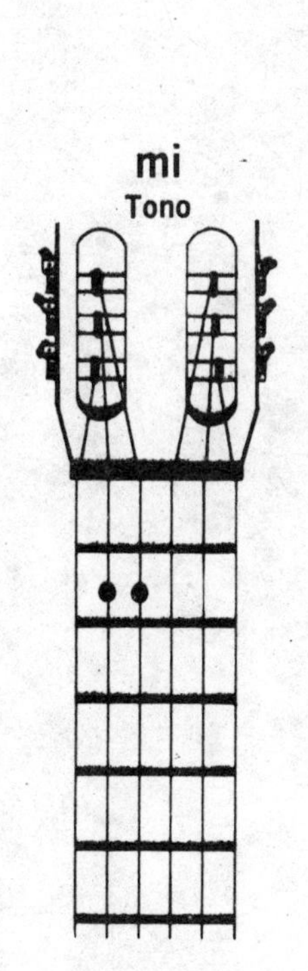

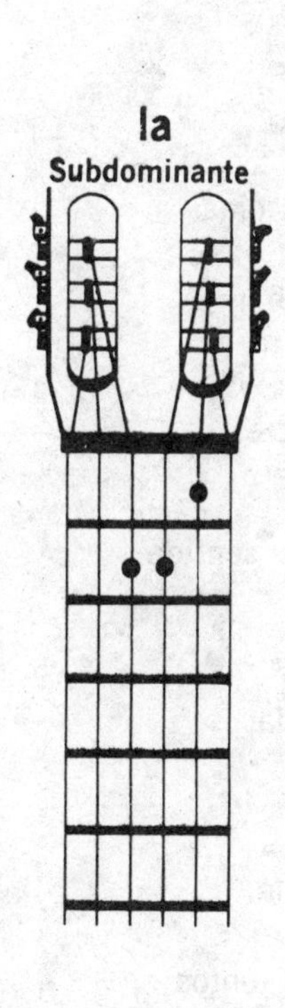

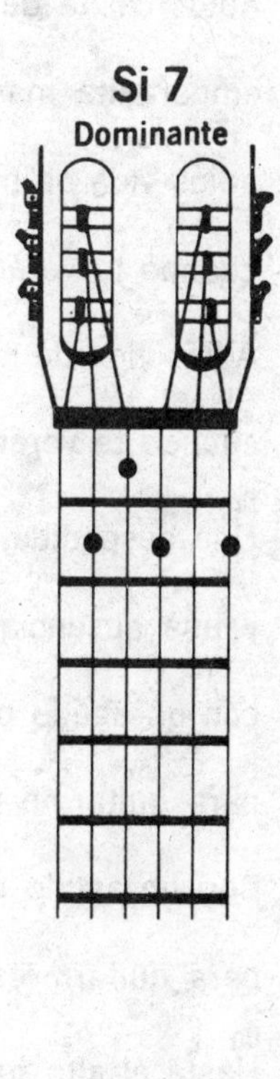

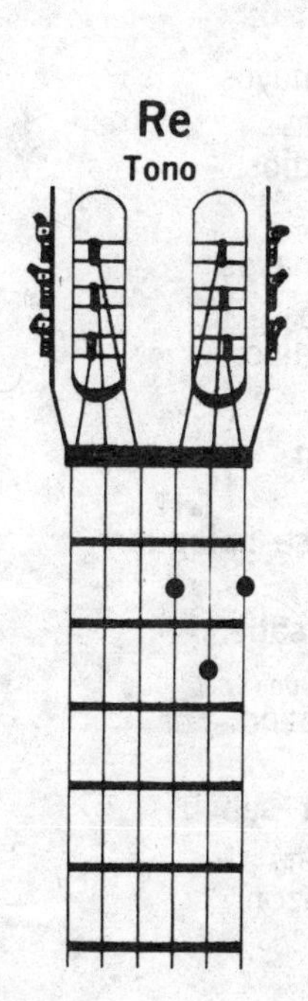

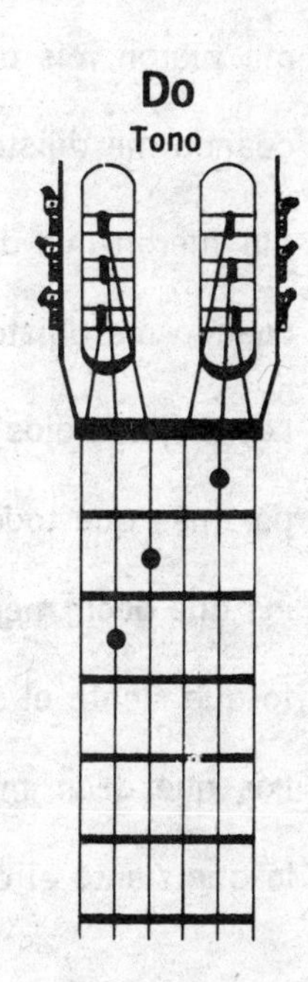

COPLAS DE ANTIOQUIA Anónimo
COLOMBIA

Do
Adiós casita de paja
Sol 7
emparadita manojo
adiós vida de mi vida
Do
cuándo te verán mis ojos.
Adiós vida de mi vida
Do
cuándo te verán mis ojos.

Do
Una despedida triste
Sol 7
y una ausencia bien sentida
con un agudo puñal
Do
para quitarme la vida.
Con un agudo puñal
Do
para quitarme la vida.

Do
Hasta el alto fuimos juntos
Sol 7
comunicando los dos
allí fueron mis desmayos
Do
cuando me dijiste adiós.
Allí fueron mis desmayos
Do
cuando me dijiste adiós.

Do
Los mejores ojos son
Sol 7
por más que todos se halaguen
los que decir mejor saben
Do
lo que siente el corazón.
Los que decir mejor saben
Do
lo que siente el corazón.

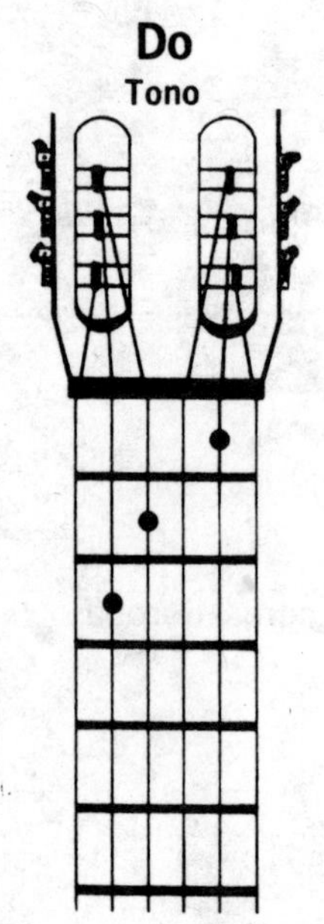

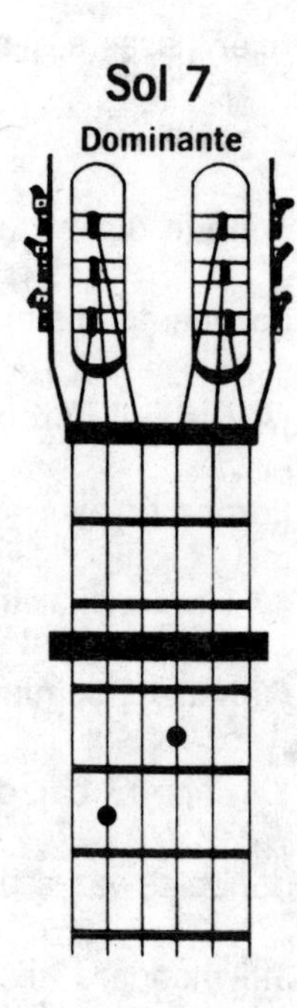

EL HUMAHUAQUEÑO (Carnavalito)
Edmundo Zaldívar
ARGENTINA

la Fa
Llegando está el carnaval

Sol 7 Do
quebradeño, mi cholitay . . .

Do Sol 7 Do
Fiesta de la quebrada

Sol 7 Do Mi 7 la
humahuaqueña para cantar;

Do Sol 7 Do
erke, charango y bombo

Sol 7 Do Mi 7 la
carnavalito para bailar . . .

Fa
Quebradeño . . .

Sol 7 Do
Humahuaqueñito. . .

Do Sol 7 Do
Fiesta de la quebrada

Sol Do Mi 7 la
humahuaqueña para cantar;

Do Sol 7 Do
erke, charango y bombo

Sol Do Mi 7 la
carnavalito para bailar . . .

la Fa
La, la, la, la, la, la, la,

Sol 7 Do
la, la, la, la, la . . .

Do Sol 7 Do
Fiesta de la quebrada

Sol 7 Do Mi 7 la
humahuaqueña para cantar

Do Sol 7 Do
erke, charango y bombo

Sol 7 Do Mi 7 la
carnavalito para bailar . . .

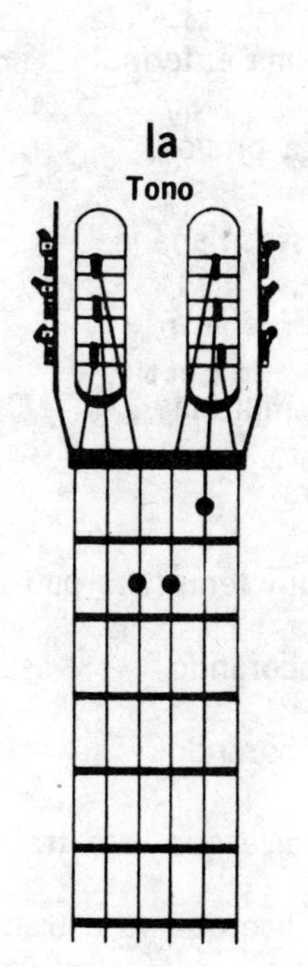

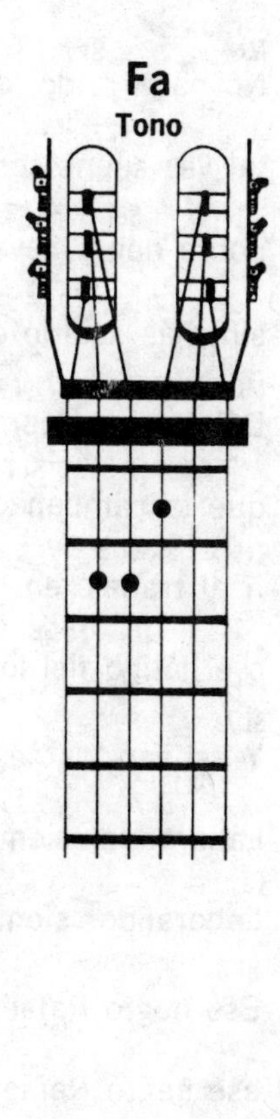

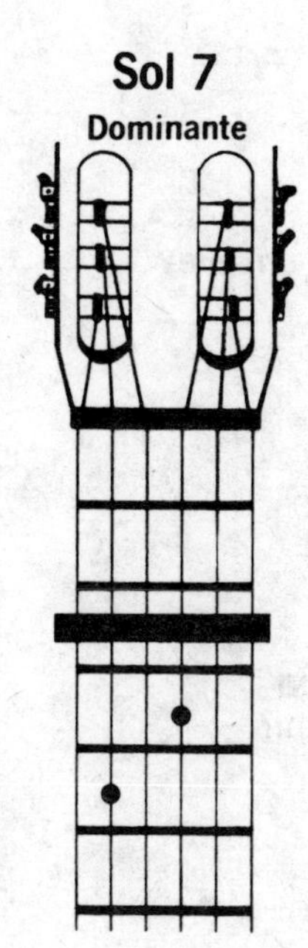

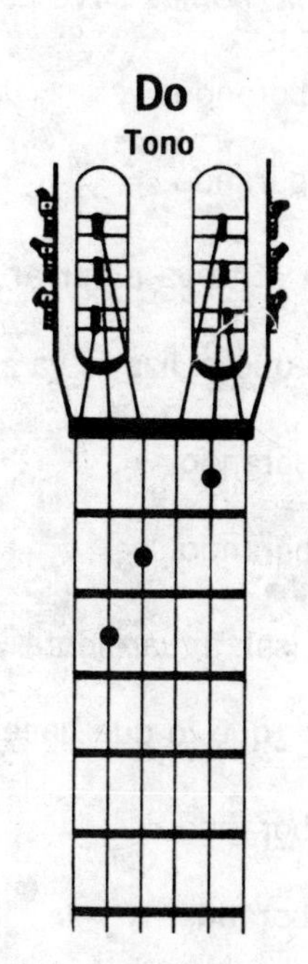

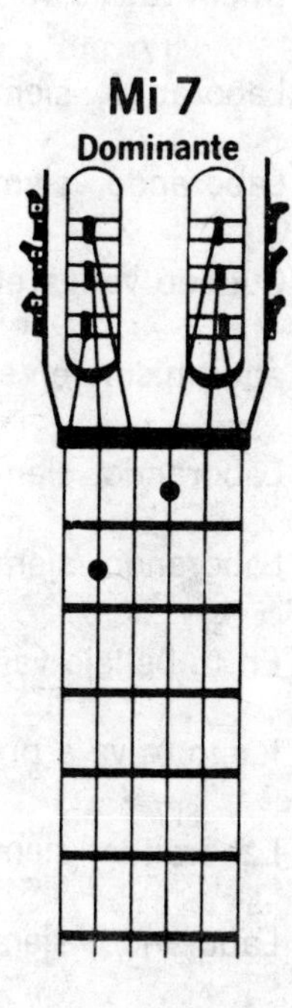

EN EL INGENIO (Son Montuno)
Matamoros
CUBA

Mi Si 7 Mi
No haga ruido, déjalo que duerma
Si 7 Mi
tal vez sueñe con un mundo de ilusión
Sol # do # (re b)
pobre negro lleva su alma enferma
Fa # Si 7
sin más salario que esa prisión.
Mi Si 7 Mi
Déjalo que duerma hasta mañana
Si 7 Mi
que la campanada le ordenará
Sol # do # (re b)
ir al trabajo en hora temprana
Fa # Si 7
o el látigo fiel lo llevará.
Si 7 Mi
Y así van los negros muy temprano pa'l batey
Si 7
Laborando, siempre laborando.

Laborando, siempre laborando.
Si 7
Ese negro Rafael que dice que va a trabajar

ese negro Rafael que dice que va a trabajar
Mi
¡mentira! no va hacer ná' nomás sirve pa' comer.
Si 7
Laborando, siempre laborando.

Laborando, siempre laborando.
Si 7
Cuando venga el mayor al te va amarrar como a un buey
Mi
aquí mismo en el batey qué paliza te va a dar.
Si 7
Laborando, siempre laborando.

Laborando, siempre laborando.
Si 7
En tu pellejo va a untá, sal, aguardiente y ají
Mi
luego te va a preguntá: ¿qué lo que hace negro ahí?
Si 7
Laborando, siempre laborando.

Laborando, siempre laborando.

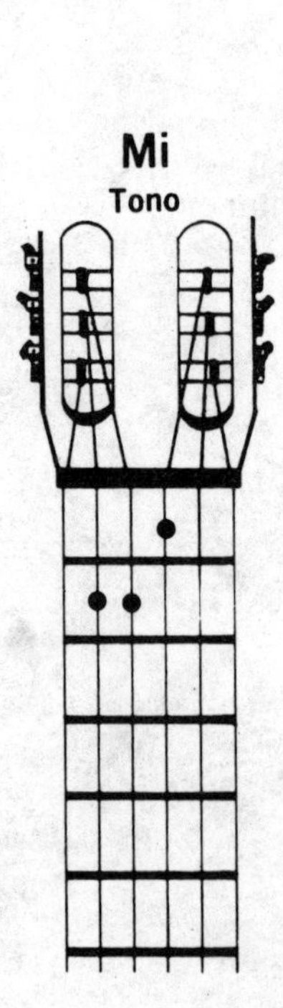

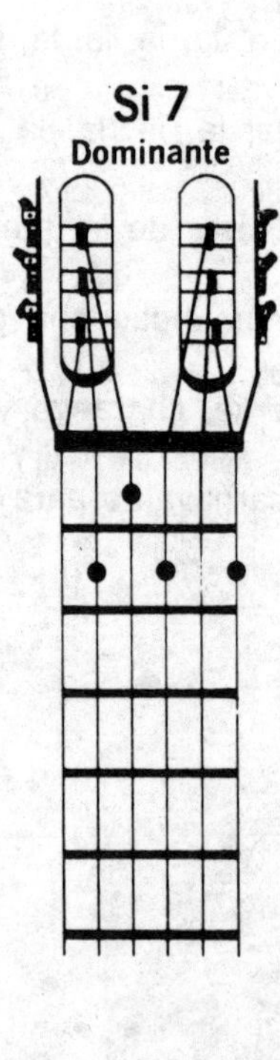

Mi Si 7 Mi Si 7
Y así alegraba su parrandear el mundo entero que

Mi
se embriagó

Sol # do # (re b) fa #
con trago dulce sin apurar, si era un suplicio lo que

Si 7
le dio.

Si 7 Mi
laborando siempre pobre negro sucumbió

Si 7
Laborando, siempre laborando.

Laborando, siempre laborando.

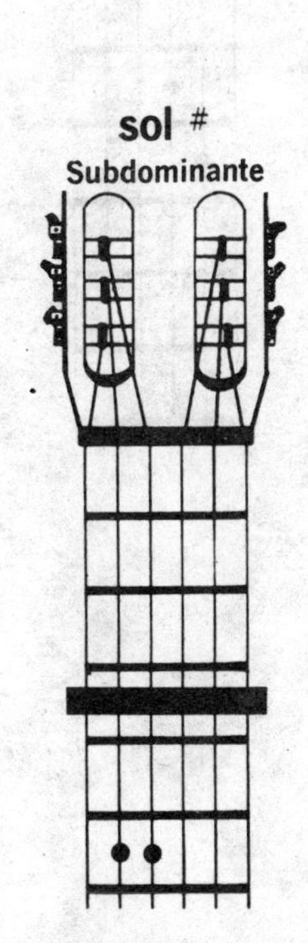

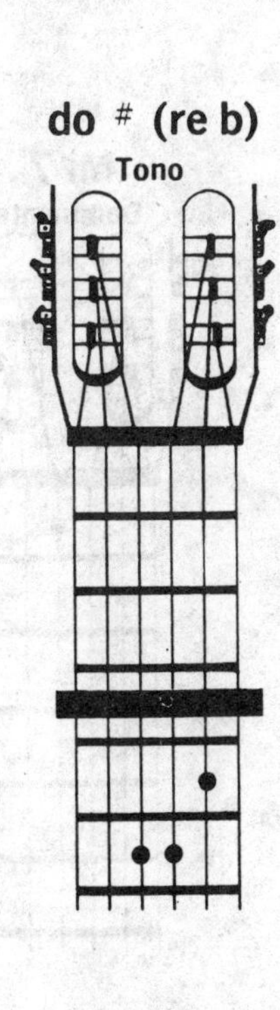

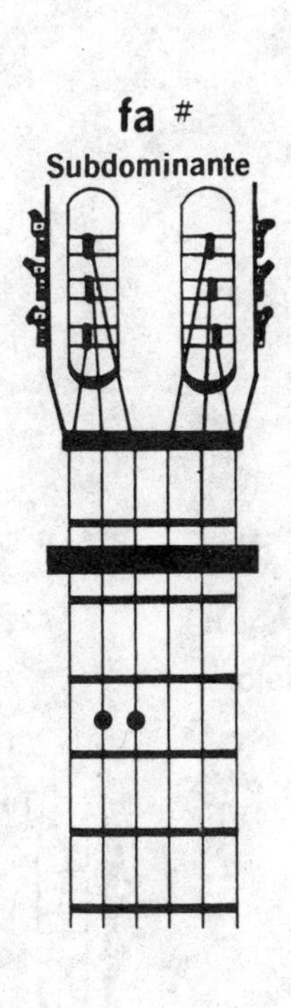

ADAGIO EN MI PAIS (Canción)
Alfredo Zitarrosa
URUGUAY

la   Mi 7   la
En mi país qué tristeza

Do   Sol 7
la pobreza y el rencor.

Do   Fa   Do
Dice mi padre que ya llegará

Sol 7   Do
desde el fondo del tiempo otro tiempo

Fa   Do
y me dice que el sol brillará

Sol 7
sobre un pueblo que él sueña

Do   Sol 7
labrando su verde solar.

la   Mi 7   la
En mi país qué tristeza

Do   Sol 7
la pobreza y el rencor.

la   Mi 7   la
Tú no pediste la guerra

Do   Sol 7
madre tierra, yo lo sé.

Do   Fa   Do
Dice mi padre que un solo traidor

Sol 7
puede con mil valientes;

Do   Fa   Do
él siente que el pueblo en su inmenso dolor

Sol 7   Do
hoy se niega a beber en la fuente

Sol 7
clara del honor.

la   Mi 7   la
Tú no pediste la guerra

Do   Sol 7
madre tierra, yo lo sé.

la   Mi 7   la
En mi país somos duros:

Do   Sol 7
el futuro lo dirá.

Do   Fa   Do
Canta mi pueblo una canción de paz.

Sol 7
Detrás de cada puerta

Do   Fa
está alerta mi pueblo;

Do
ya nadie podrá

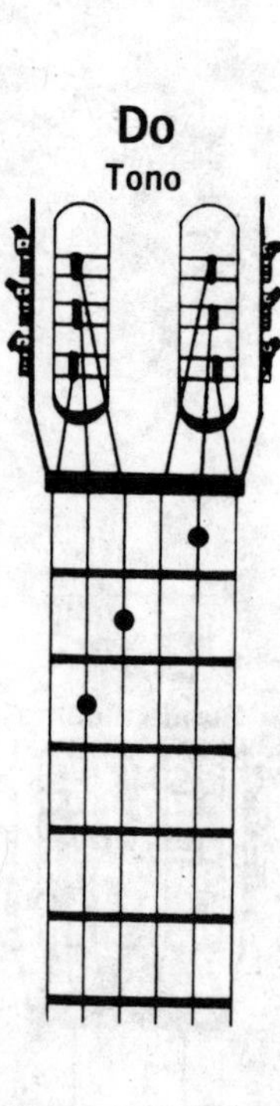

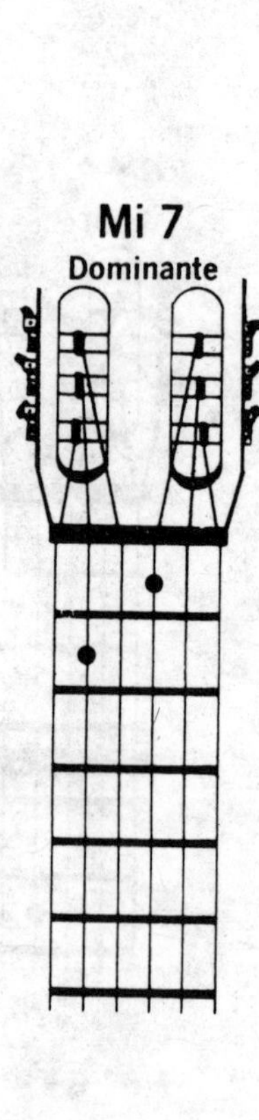

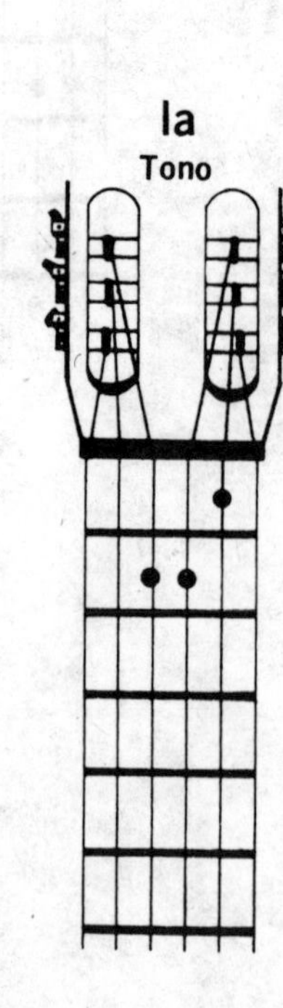

Sol 7
silenciar su canción

Do Sol 7
y mañana también cantará.

la Mi 7 la
En mi país somos duros:

Do Sol 7
el futuro lo dirá.

la Mi 7 la
En mi país qué tibieza

Do Sol 7
cuando empieza a amanecer.

Do Fa Do
Dice mi pueblo que puede leer

Sol 7 Do
en su mano de obrero el destino

Fa Do
y que no hay ni adivino ni rey

Sol 7 Do
que le puedan marcar el camino

Sol 7
que va a recorrer.

En mi país qué tibieza

cuando empieza a amanecer.

Coro:

Do Fa Do
En mi país somos miles y miles

Sol 7 Do
de lágrimas y de fusiles,

Fa Do
un puño y un canto vibrante,

Sol 7 Do
una llama encendida, un gigante

Fa Do Sol 7 Do
que grita: ¡Adelante. . . ! ¡Adelante. . . !

Solo:

En mi país brillará,

yo lo sé

el sol del pueblo arderá

nuevamente, alumbrando mi tierra.

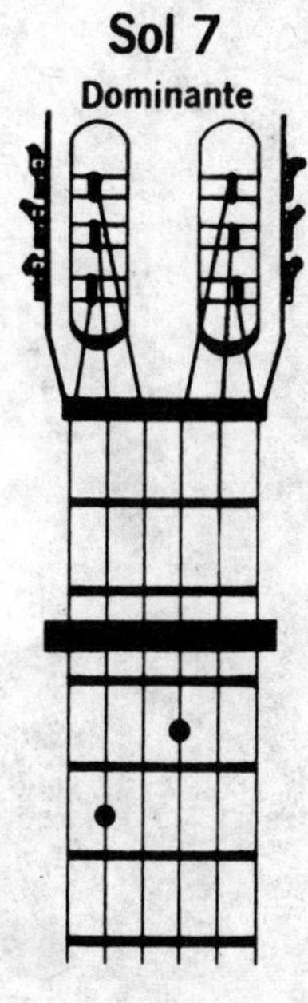

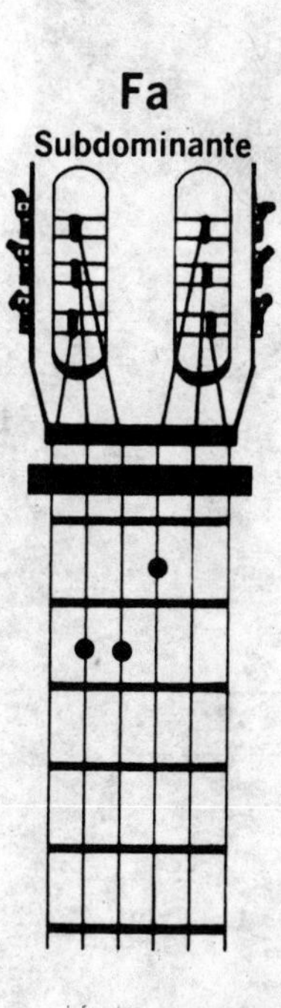

Amparo Ochoa (México)

LA MALAGUEÑA (Malagueña)
Anónimo
VENEZUELA

Do
Una noche de encanto y poesía
Do 7 Fa
una noche de encanto y poesía
Do Sol 7 Do
tu alma amor juraba con pasión
Re 7 Sol 7
se hincaba madre mía de rodillas
Do
a rezarle a la virgen del valle una oración
Fa Mi 7
una noche de encanto y poesía.

Triste paloma con su pluma blanca
Do 7 Fa
triste paloma con su pluma blanca
Do Sol 7 Do
que vienes a dormir a mi ribera
Re 7 Sol 7
y yo le pongo para que descanse
Do
una hermosa y dulcísima palmera
Fa Mi 7
triste paloma con su pluma blanca.

Do
Serena está la mancha azul del cielo
Do 7 Fa
serena está la mancha azul del cielo
Do Sol 7 Do
luego buscará mi corazón sin eco
Re 7 Sol 7
no puede ir pues se encuentra enfermo
Do
pues lo han herido con la flecha voladora
Fa Mi 7
serena está la mancha azul del cielo.

Do
Ave que cruzas el espacio libre
Do 7 Fa
ave que cruzas el espacio libre
Do Sol 7 Do
batiendo sin cesar tus alas de oro
Re 7 Sol 7
si llegas a cantar donde ella vive
Do
dile cantando que por ella lloro
Fa Mi 7
ave que cruzas el espacio libre.

Do
No me obliguen que cante que no puedo
Do 7 Fa
no me obliguen que cante que no puedo
Do Sol 7 Do
me duele el alma me duele el corazón
Re 7 Sol 7
se me acabó la voz y el resuello
Do
y el canto me priva la respiración
Fa Mi 7
¡ay! no me obliguen que cante que no puedo.

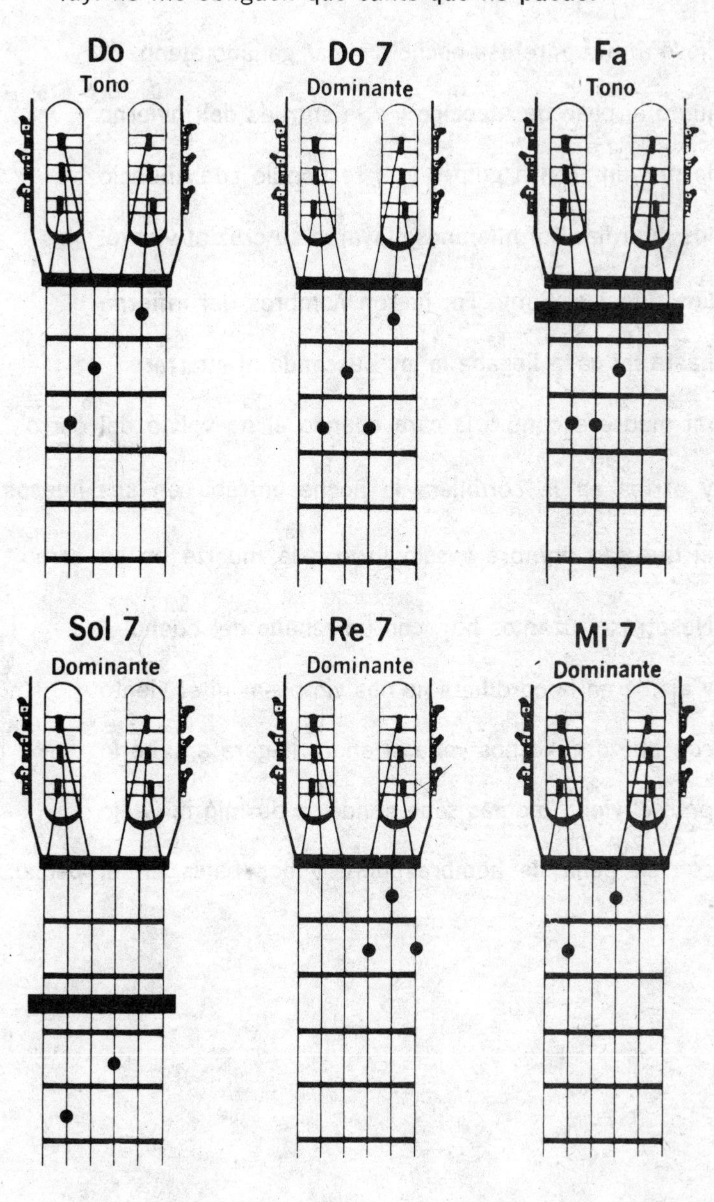

ARRIBA EN LA CORDILLERA
(Canción) Patricio Mans
CHILE

la Fa Sol 7
Qué sabes de cordillera si tú naciste tan lejos

Fa Sol 7
hay que conocer la piedra que corona el ventisquero

Do la Do La # (si b) La
hay que recorrer callando los atajos del silencio

Sol 7 Fa
y cruzar por las orillas de los lagos cumbrereños

mi Fa la
mi padre anduvo su vida por entre piedras y cerros.

la Fa Sol 7
La viuda blanca en su grupo, la maldición del arriero

Fa Sol 7
llevó a mi padre esa noche a robar ganado ajeno

Do la Fa Do La # (si b) la
junto al paso de Atacalpo y a la entrada del invierno

Sol 7 Fa
le preguntaron a golpes y él respondió con silencio

mi Fa la
los guardias cordilleranos clavaron su cruz al viento.

la Fa Sol 7
Los Angeles, Santa Fe, fueron nombres del infierno

Fa Sol 7
hasta mi casa llegaba la ley buscando al cuatrero

Do la Fa Do La # (si b) la
mi madre escondió la cara cuando él no volvió del cerro

Sol 7 Fa
y arriba en la cordillera la noche entraba en sus huesos

mi Fa la
él que tan hombre y sólo llevó a la muerte en su arreo.

la Fa Sol 7
Nosotros cruzamos hoy, con un rebaño del bueno

Fa Sol 7
y arriba en la cordillera no nos vio pasar ni el viento

Do la Fa Do La # (si b) la
con qué orgullo nos vería si ahora llegara a saberlo

Sol 7 Fa
preo el viento nomás sabe dónde se durmió mi viejo

mi Fa la
con su pena de hombre pobre y dos balas en el pecho.

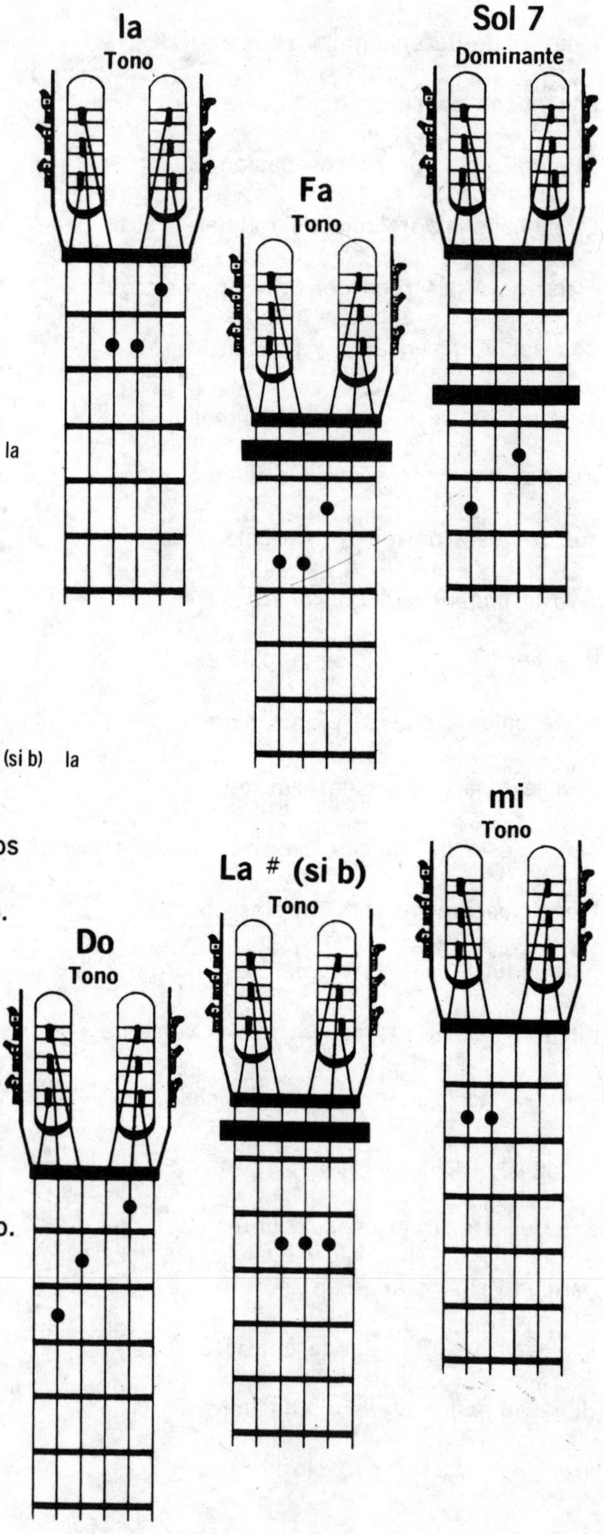

la Tono

Sol 7 Dominante

Fa Tono

mi Tono

La # (si b) Tono

Do Tono

LA POMEÑA (Zamba)
Castillo-Leguizamón
ARGENTINA

I

Do La 7 re
Eulogia Tapia en la poma
Sol 7 Do
al aire da su ternura
Do 7 Fa
si pasa sobre la arena
Sol 7 Do
y va pisando la luna.
Do La 7 re
El trigo que va cortando
Sol 7 Do
madura por su cintura
Do 7 Fa
mirando flores de alfalfa
Sol 7 Do
sus ojos negros se azulan

Estribillo:

Do 7
El sauce de tu casa
La # (si b) re
te está llorando
Fa Do
porque te roban Eulogia
Sol 7 Do
carnavaleando.

I I

Do La 7 re
La cara se le enharina
Sol 7 Do
la sombra se le enarena
Do 7 Fa 7
cantando y desencantando
Sol 7 Do
se le entreveran las penas.
Do La 7 re
Viene en un caballo blanco
Sol 7 Do
la caja en sus manos tiembla
Do 7 Fa
y cuando se hunde en la noche
Sol 7 Do
es una dalia morena.

Estribillo:

Do 7
El sauce de tu casa
La # (si b) re
te está llorando
Fa Do
porque te roban Eulogia
Sol 7 Do
carnavaleando.

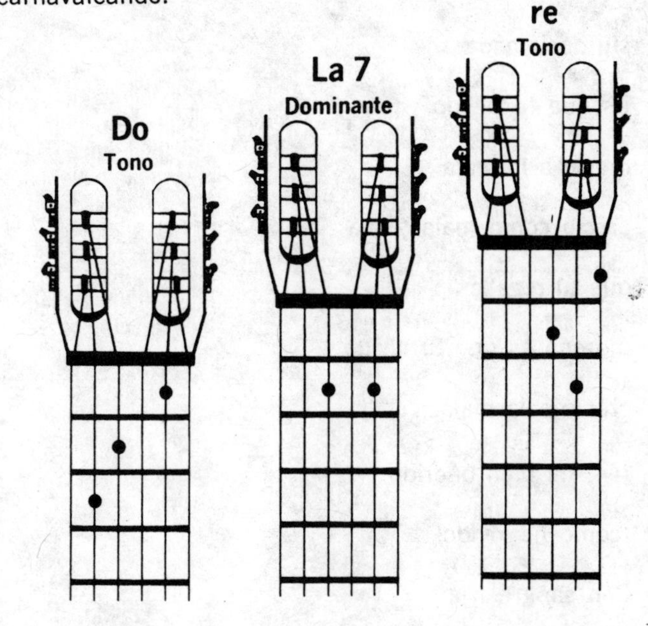

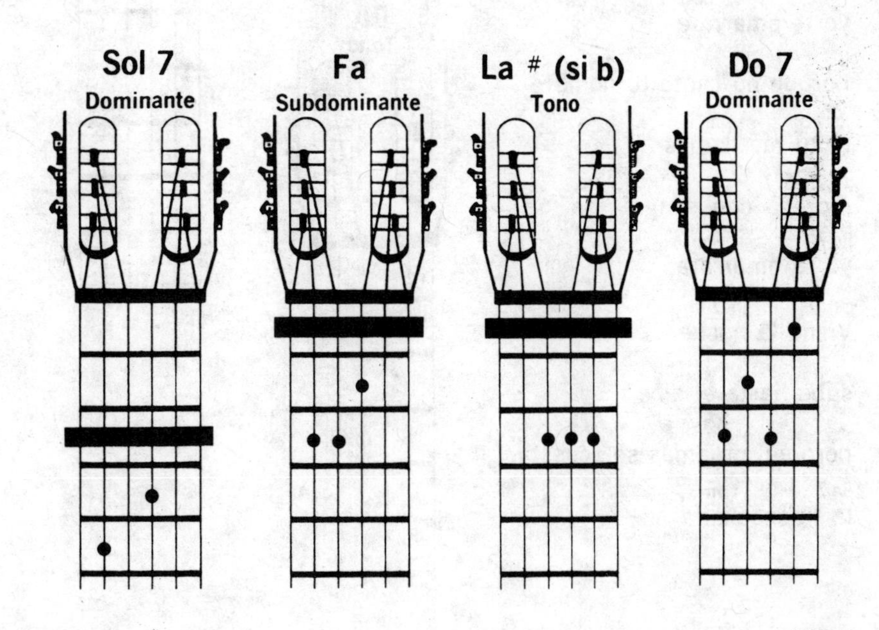

YO NO CANTO TU NOMBRE (Canción)
Patricio Mans
CHILE

mi Re 7
Mucho me paso

Sol
sin decir nada

Si 7 mi
morena que me dejaste

Re 7 mi
tanta palabra

Si 7 mi
morena mucho me paso

Re 7 mi
sin decir nada.

mi Re 7
Es que tu olvido

Sol
creció a la mala

Si 7 mi
creció como mala yerba

Re 7 mi
que tú regabas

Si 7 mi
morena es que tu olvido

Re 7 mi
creció a la mala.

mi Re 7
¡Ay! mi bien querido

Si 7 mi
¡cómo he vivido!

mi Re 7
Con sangre fría

Sol
yo te amarrara

Si 7 mi
porque no canto tu nombre

Re 7 mi
ni tú me llamas

Si 7 mi
morena con sangre fría

Re 7 mi
yo te amarrara.

mi Re 7
Viene la noche

Sol
sube hasta el alba

Si 7 mi
pero en mí jamás se acuesta

Re 7 mi
la trasnochada

Si 7 mi
morena la noche queda

Re 7 mi
no llega el alba.

mi Re 7
¡Ay! mi bien querido

Si 7 mi
¡cómo he vivido!

Sol
Tono

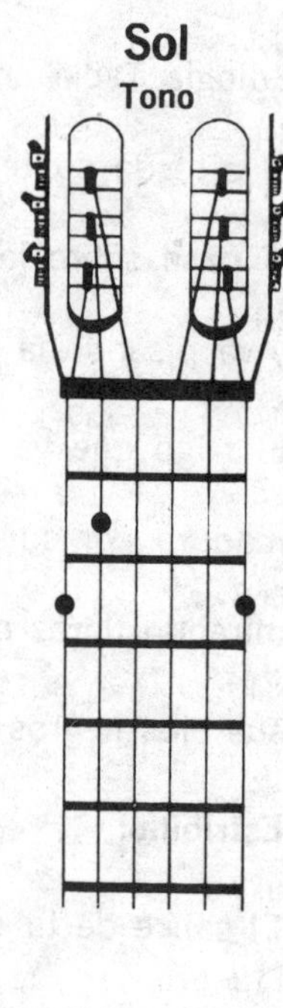

Si 7
Dominante

Re 7
Dominante

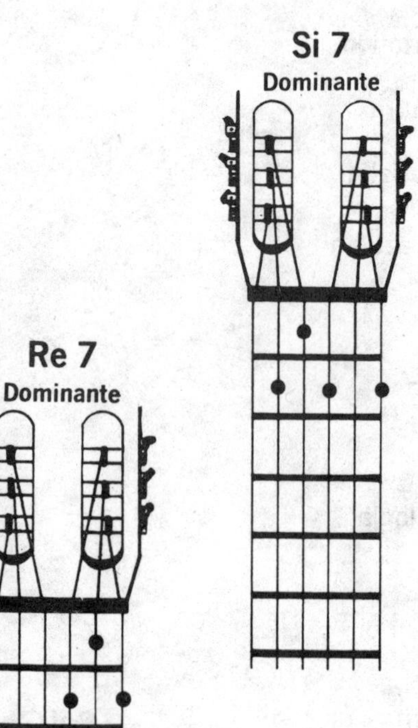

mi
Tono

CIELITO DE LOS TUPAMAROS
(Cielito) Osiris Rodríguez Castillo
URUGUAY

Re La 7
¡Ay cielo! Cielo, mi cielito lindo

Re
lanza de viento y juncal

Re 7 Sol
prenda de los Tupamaros

Fa 7 Re
flor de la Banda Oriental.

Re La 7
El cielo de los matreros

Re
miren qué oscuro está

Re 7 Sol
bien haigan las medialunas

La 7 Re
que lo andan por alumbrar.

Re La 7
Pa'mí que los chapetones

Re
ya nos cuentan derrota'os

Re 7 Sol
es que no han caído en que somos

La 7 Re
pocos pero bien monta'os.

Re La 7
Con Venancio Benavidez

Re
y Perico el bailarín

Re 7 Sol
saldremos a chuza y bola

La 7 Re
a gatas suene el clarín.

Re La 7
Yo vide un aguila mora

Re
volando sobre el chilcal

Re 7 Sol
era el alma cimarrona

La 7 Re
campeando la libertad.

Re
Tono

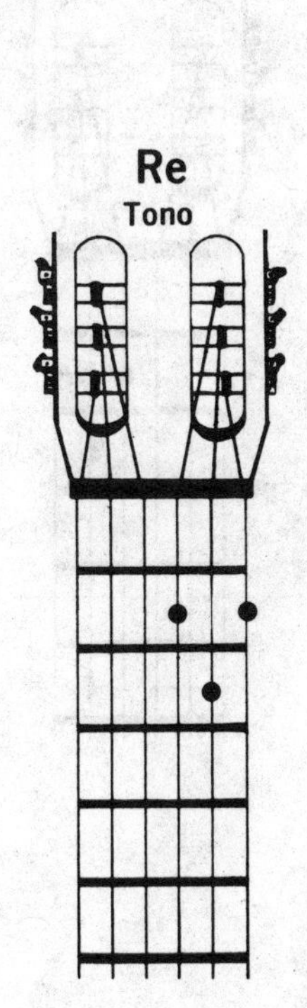

La 7
Dominante

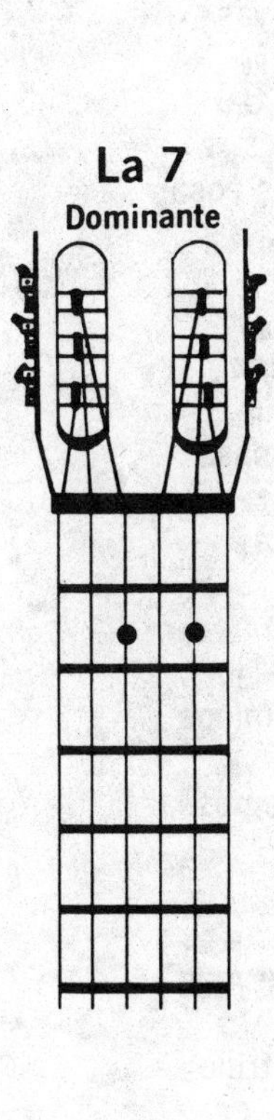

Re 7
Dominante

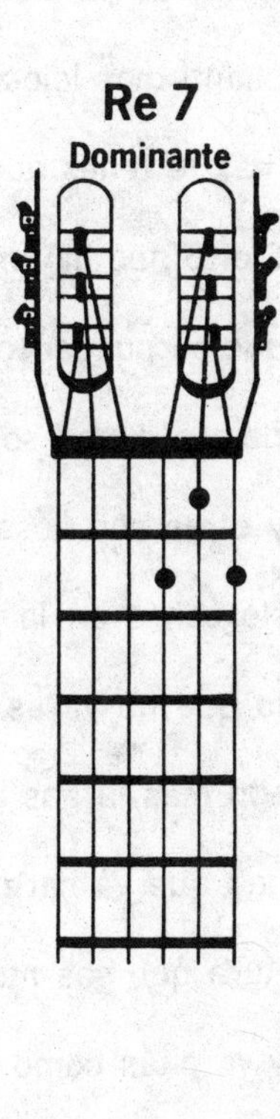

Sol
Subdominante

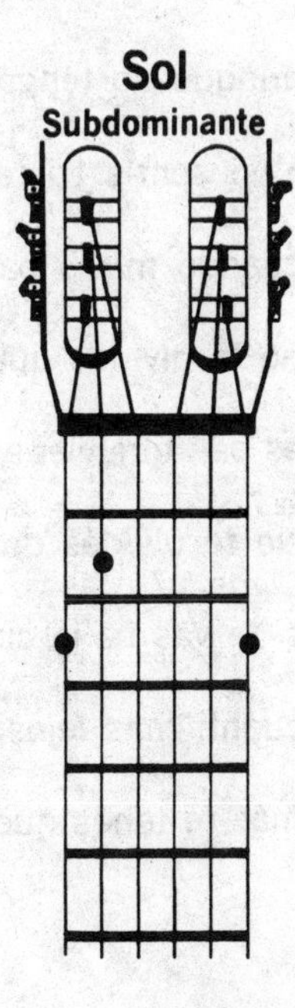

P'AL QUE SE VA (Chamarrita)
Alfredo Zitarrosa
URUGUAY

Re La 7
No te olvidés del pago
Re
si te vas pa'la ciudad
La 7
cuanti más lejos te vayas
Re
más te tenés que acordar.
Re 7 Sol
Cierto que hay muchas cosas
La 7 Re
que se pueden olvidar
La 7
pero algunas son olvido
Re
y otras son cosas nomás.
Re La 7
No echés en la maleta
Re
lo que no vayas a usar
La 7
son más largos los caminos
Re
pa'l que va carga'o demás.
Re 7 Sol
Aura que sos mocito
Re
y ya pitás como el que más
La 7
no cambiés nunca de trillo
Re
aunque no tengás pa'fumar.
Re La 7
Y si sentís tristeza
Re
cuando mirés para atrás
La 7
no te olvidés que el camino
Re
es pa'l que viene y pa'l que va.
Re 7 Sol
No te olvidés del pago
Re
si te vas pa'la ciudad
La 7
cuanti más lejos te vayas
Re
más te tenés que acordar.

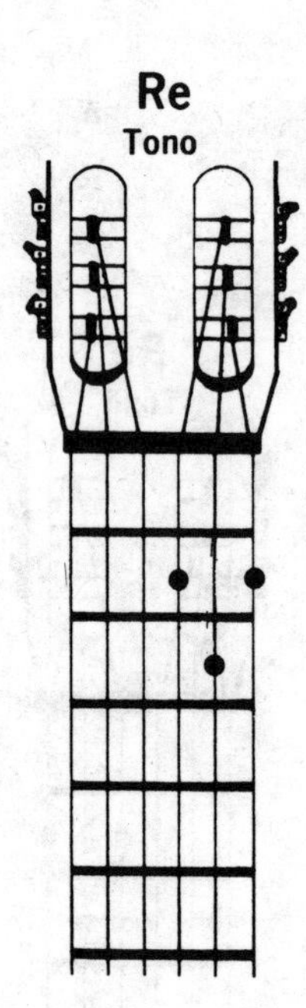

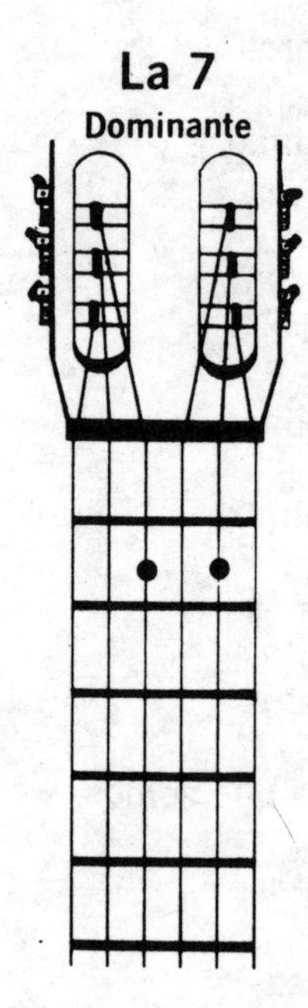

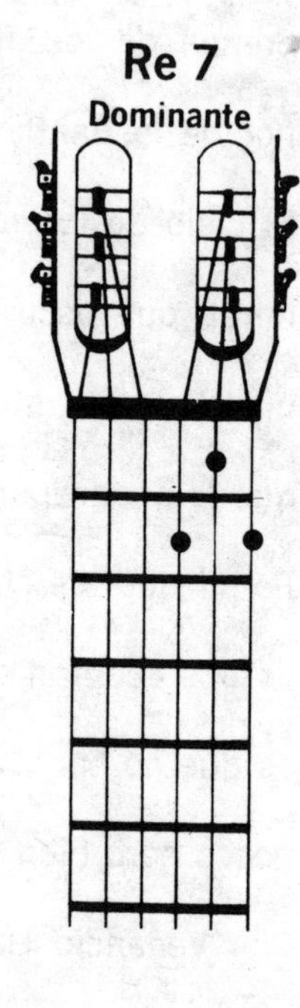

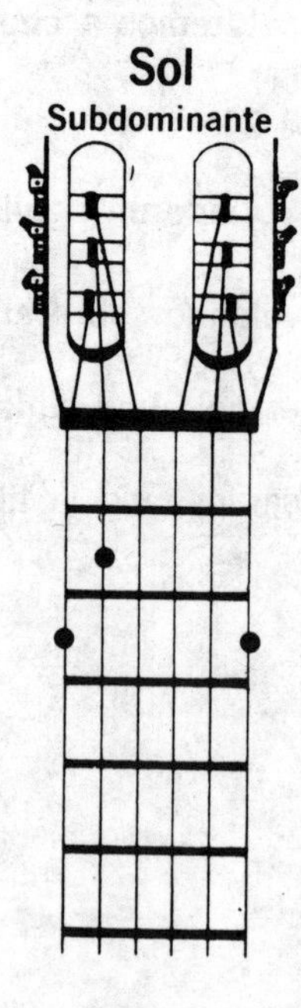

SIMON BOLIVAR (Pasaje)
Lena-Contreras
URUGUAY

Do Sol 7
Simón Bolívar Simón

Do
caraqueño americano

Do Sol 7
el suelo venezolano

Do
le dio la fuerza a tu voz.

Do 7 fa
Simón Bolívar Simón

Re 7 Sol 7
nació de tu Venezuela

Fa Do
y por todo el monte vuela

Sol 7 Do
como candela tu voz.

Do 7 Fa
Como candela que va

Re 7 Sol 7
señalando un rumbo cierto

Fa Do
en este suelo cubierto

Sol 7 Do
de muertos con dignidad.

Do Sol 7
Simón Bolívar Simón

Do
revivido en la memoria

Do Sol 7
que abrió otro tiempo la historia

Do
de esperar tiempo Simón.

Do 7 Fa
Simón Bolívar razón

Re 7 Sol 7
razón del pueblo profunda

Fa Do
antes que todo se hunda

Sol 7 Do
vamos de nuevo Simón.

Do 7 Fa
Simón Bolívar Simón

Re 7 Sol 7
en el sur la voz amiga

Fa Do
es la voz de José Artigas

Sol 7 Do
que también tenía razón.

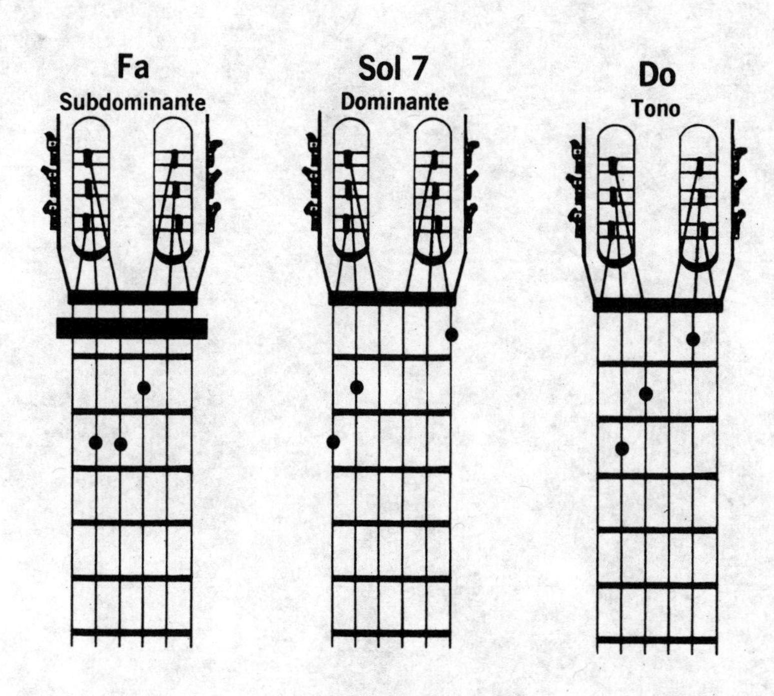

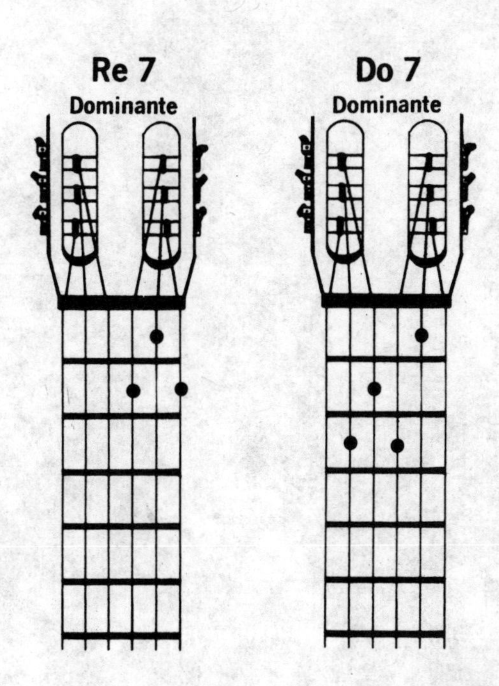

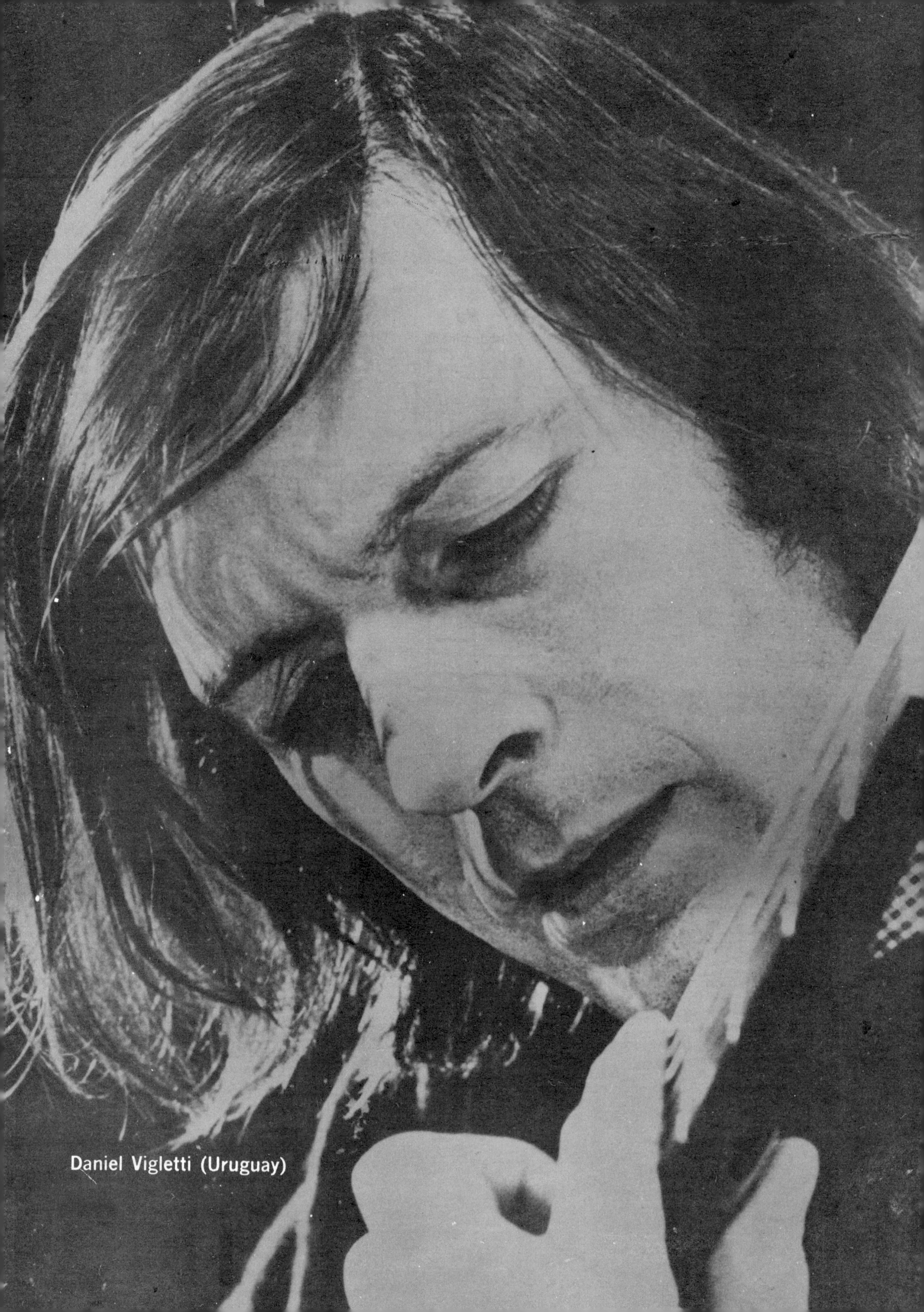

Daniel Vigletti (Uruguay)

A DESALAMBRAR (Canción)
Daniel Viglietti
URUGUAY

fa #
Yo pregunto a los presentes

si no se han puesto a pensar

La
que esta tierra es de nosotros

Mi fa # Do # 7
y no del que tenga más.

fa # Do # 7 fa #
A desalambrar, a desalambrar

Do # 7
que la tierra es nuestra,

Fa #
es tuya y de aquel

Mi La
de Pedro, María, de Juan y José

Do # 7 Fa #
de Pedro, María, de Juan y José.

Yo pregunto si en la tierra

nunca habrá pensado usted

La
que si las manos son nuestras

Mi Fa # Do # 7
es nuestro lo que nos den.

fa # Do # 7 Fa #
A desalambrar, a desalambrar . . . etc.

Si molesto con mi canto

a alguno que ande por ai

La
le aseguro que es un gringo

Mi fa #
o un dueño del Uruguay.

A desalambrar, a desalambrar . . . etc.

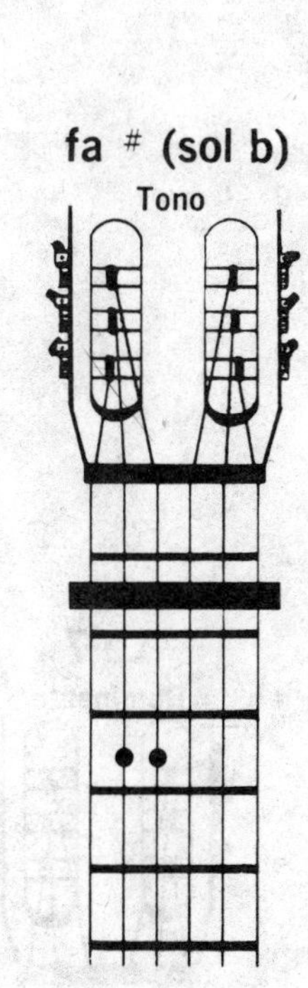

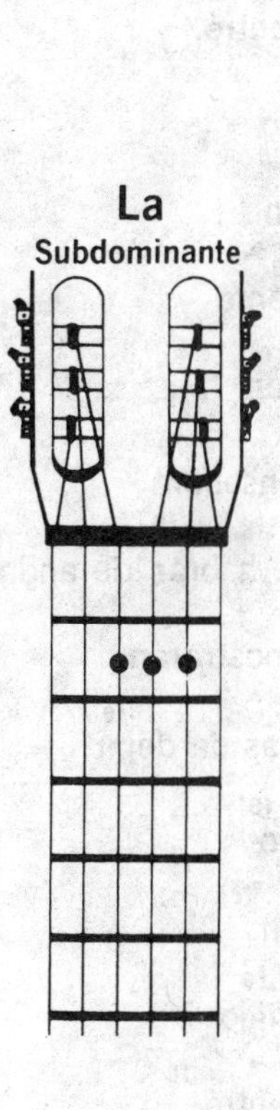

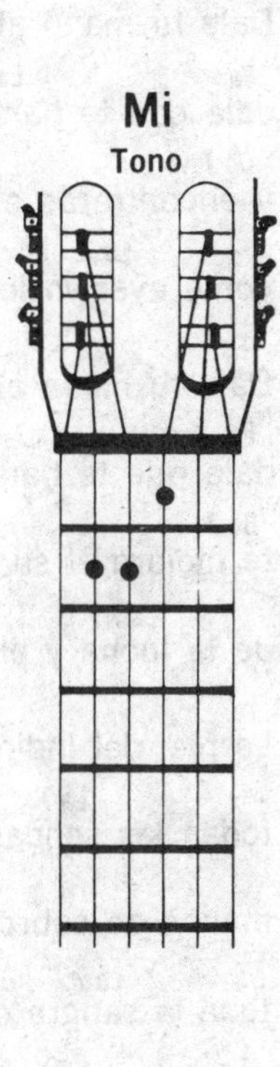

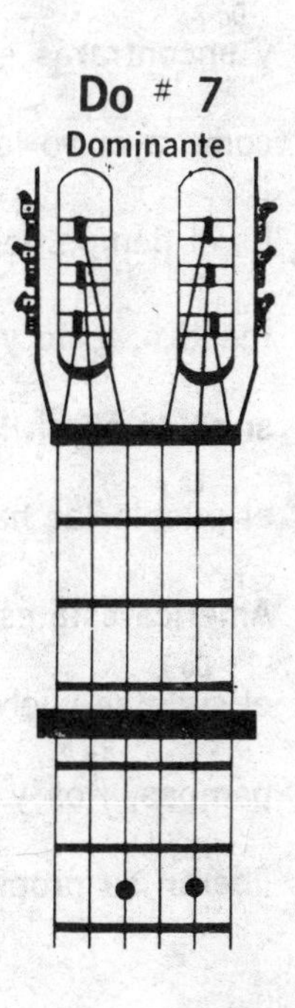

CANCION PARA MI AMERICA
Daniel Viglietti
URUGUAY

Fa La 7 re
Dale tu mano al indio
Fa La 7 re
dale que te hará bien
Do 7 Fa
y encontrarás el camino
La 7 re
como ayer yo lo encontré.
Fa La 7 re
Dale tu mano al indio
Fa La 7 re
dale que te hará bien
Do 7 Fa
te mojará el sudor santo
La 7 re
de la lucha y el deber.
re Fa
La piel del indio te enseñará
La 7 re
todas las sendas que habrás de andar
Fa
manos de cobre te mostrarán
La 7 re
toda la sangre que has de dejar.
Fa La 7 re
Dale tu mano al indio
Fa La 7 re
dale que te hará bien
Do 7 Fa
y encontrarás el camino
La 7 re
como ayer yo lo encontré.
Fa La 7 re
Es el tiempo del cobre
Fa La 7 re
mestizo, grito y fusil
Do 7 Fa
si no se abren las puertas
La 7 re
el pueblo las ha de abrir.
re Fa
América está esperando
Do 7 Fa
el siglo se vuelve azul
La 7 re
pampas, ríos y montañas
La 7
liberan su propia luz.

Fa La 7 re
La copla no tiene dueño
Fa La 7 re
patrones no más mandar
Do Fa
la guitarra americana
La 7 re
peleando aprendió a cantar.
Fa La 7 re
Dale tu mano al indio . . . etc.

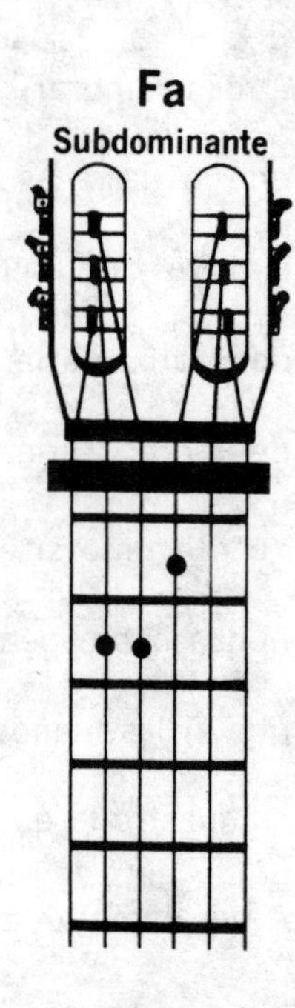

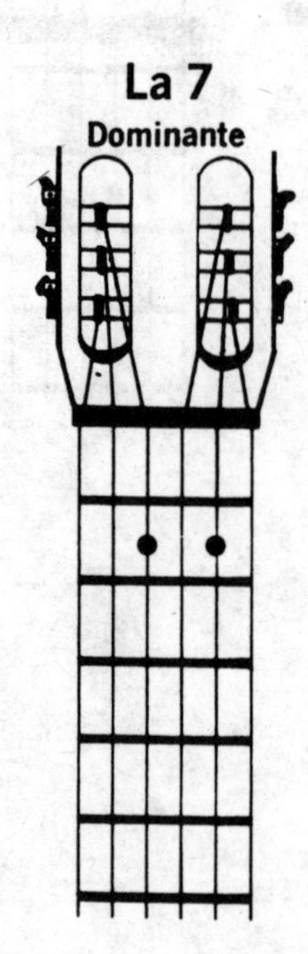

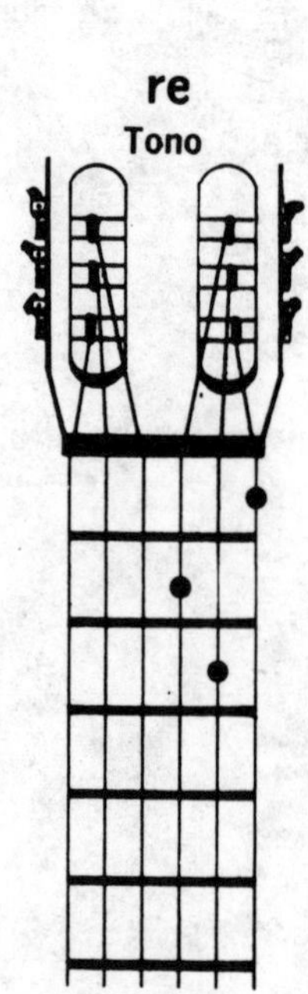

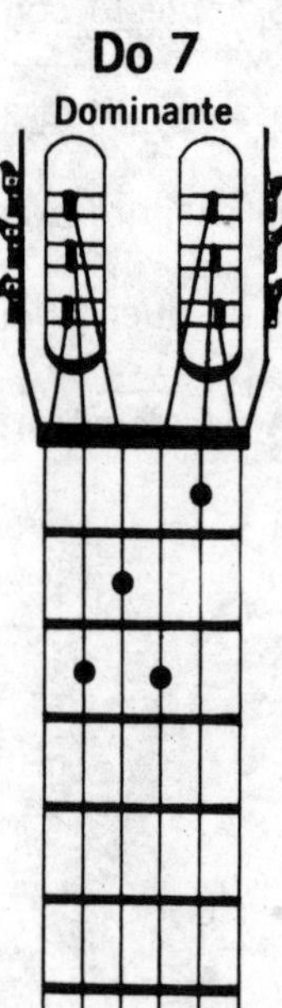

LOS PUEBLOS AMERICANOS
Violeta Parra
CHILE

Sol 7 Do Fa Sol 7
Mi vida los pueblos americanos

Do Fa Mi 7
mi vida se sienten acongojados.

Sol 7 Do Fa Sol 7
Mi vida los pueblos americanos

Do Fa Mi 7
mi vida se sienten acongojados.

Sol 7 Do Fa Sol 7
Mi vida porque los gobernadores

Do Fa Mi 7
mi vida los tienen tan separados

Sol 7 Do Fa Mi 7
mi vida los pueblos americanos.

Sol 7 Do
Cuándo será ese cuándo

Fa Sol 7
señor fiscal

Do Fa Mi 7
que la América sea sólo un pilar

Sol 7 Do
cuándo será ese cuándo

Fa Mi 7
señor fiscal

Sol 7 Do
sólo un pilar en sí

Fa Sol 7
y una bandera

Sol 7 Do
que terminen los gritos

Fa Mi 7
en la frontera

Sol 7 Do
por un puña'o de tierra

Fa Sol 7
no quiero guerra.

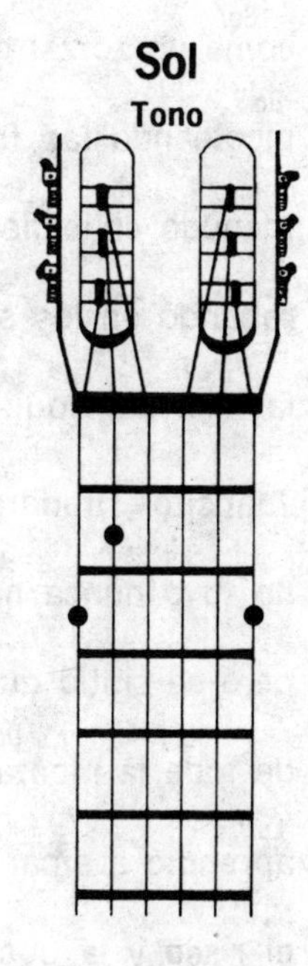

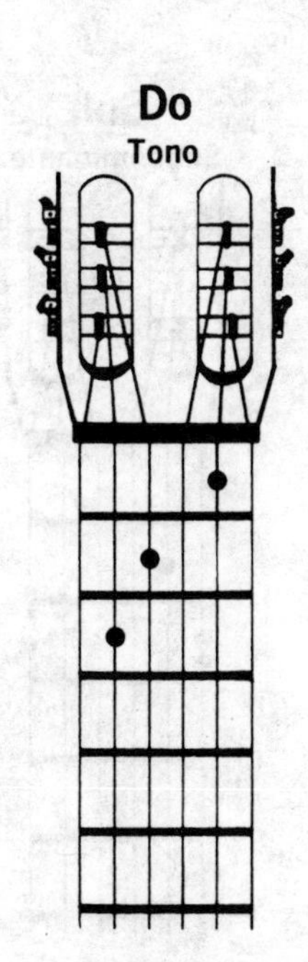

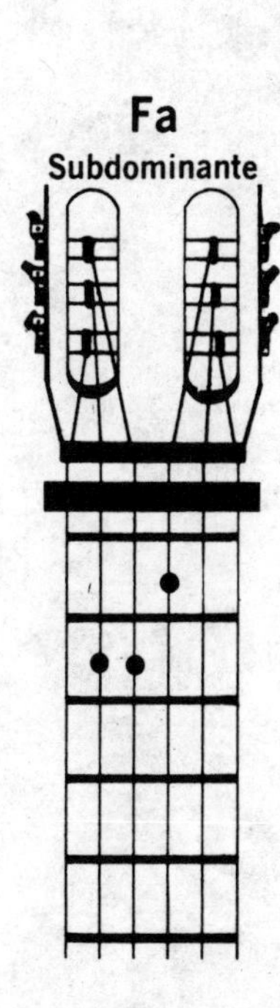

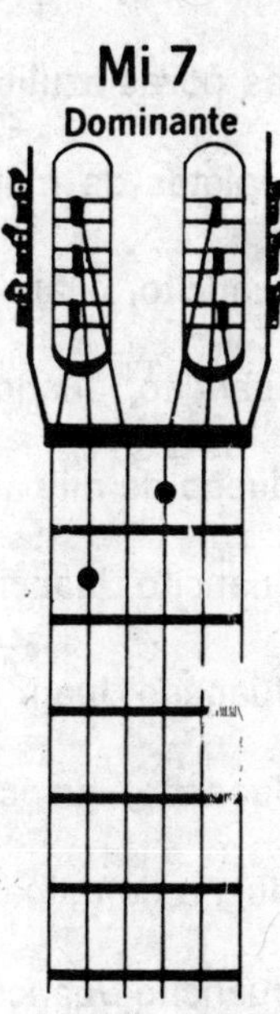

JUANCITO TIRADORA (Valsecito)
Carlos Mejía Godoy
NICARAGUA

la
Juancito Tiradora

Sol la
nació montaña adentro

colgado en los bejucos

Sol Do
como un zorzal de cerro

Do 7 re
picoteando las frutas

Mi 7 la
menudo chilchilote

Fa Si 7
robando en los solares

Mi 7 la
la miel del tiquilote.

la
Juancito Tiradora

Sol la
no tuvo nunca nada

pero se sintió dueño

Sol Do
de toda la montaña

La 7 re
aprendió a amar el surco

Mi 7 la
el risco y la quebrada

Fa Si 7
las pozas azulitas

Mi 7 la
repletas de mojarras.

Fa # (sol b) si
Juancito, Juan Tiradora

Mi 7 la
Juancito, Juancito Juan

Fa # (sol b) si
dueño de milpas y auroras

Mi 7 la
Juancito Juancito Juan.

Fa # (sol b) si
Juancito Juan Tiradora

Mi 7 la
Juancito, Juancito Juan

Fa # (sol b) si
dueño de milpas y auroras

Si 7 Mi 7
Juancito Juancito Juan.

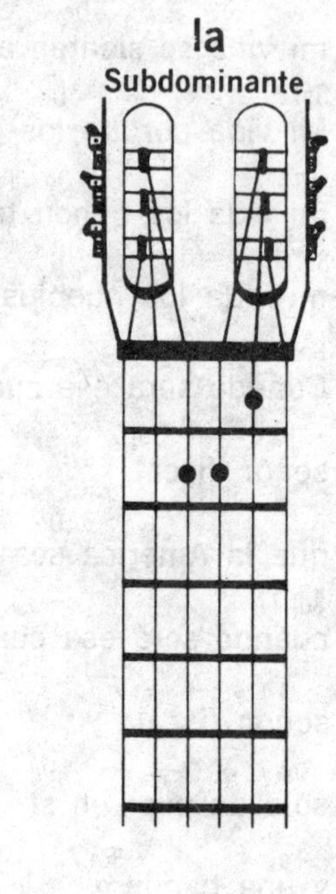

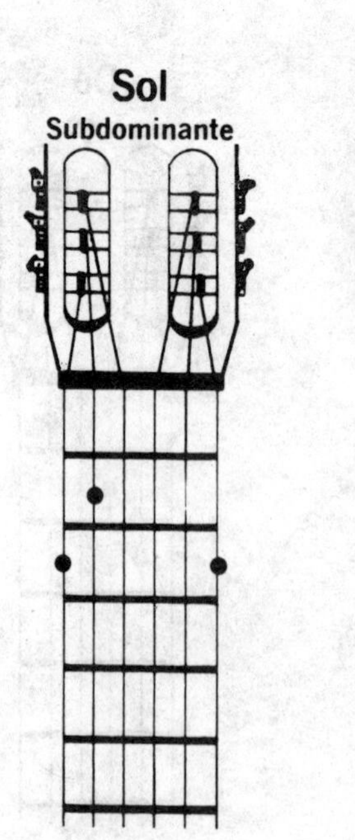

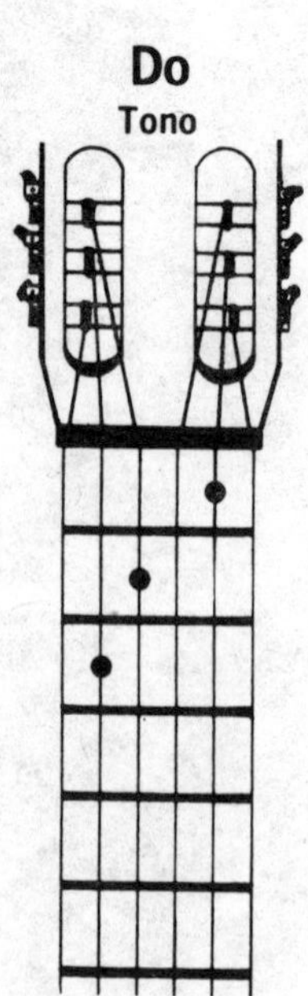

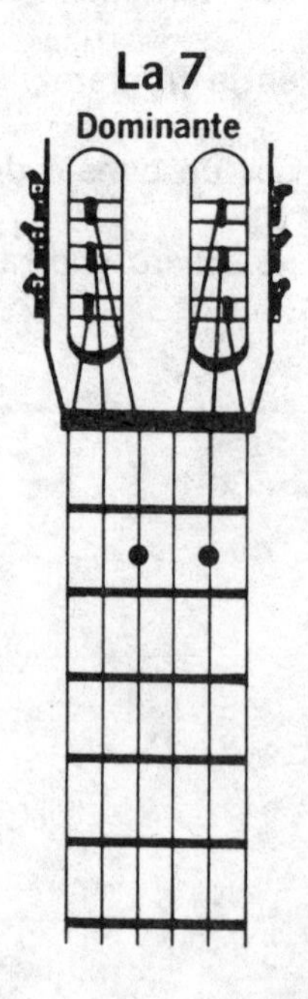

la
Tu corazón de pájaro
Sol la
no conoció fronteras
la
pero olvidé decirte
Sol Do
que de otros es la tierra
La 7 Re
mordió tu sangre dulce
Mi 7 la
la bala de un cobarde
Fa Si 7
lloraron los pocoyos
Mi 7 la
cuando cayó la tarde.

Ahora que ya nadie
tu libertad limita
practicas en las noches
tu enorme puntería
vas derribando estrellas
que caen en el río
y luego de enjuagarlas
las metes al bolsillo.
Juancito, Juan Tiradora . . . etc.

re
Tono

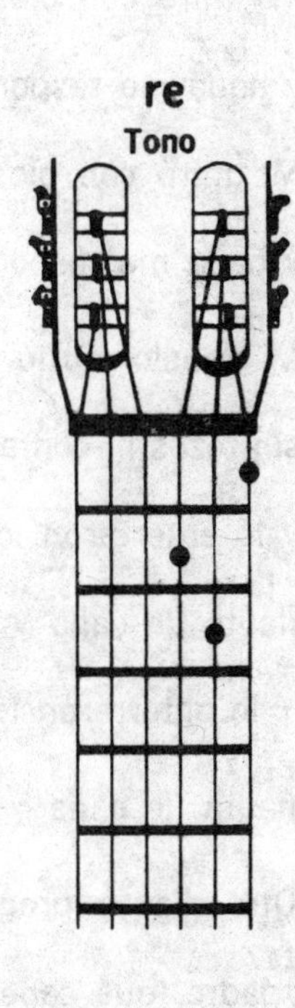

Mi 7
Dominante

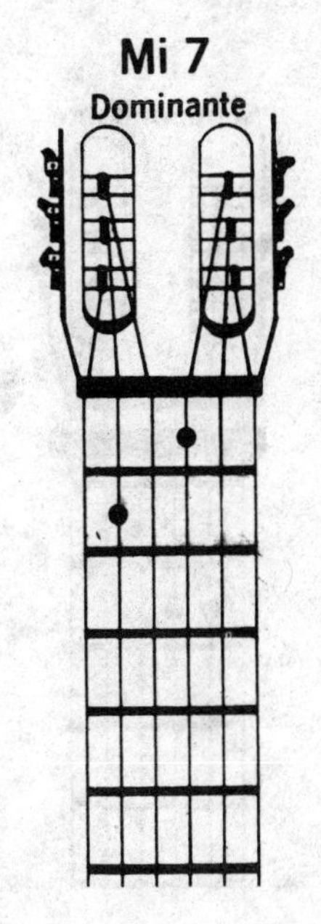

Fa
Tono

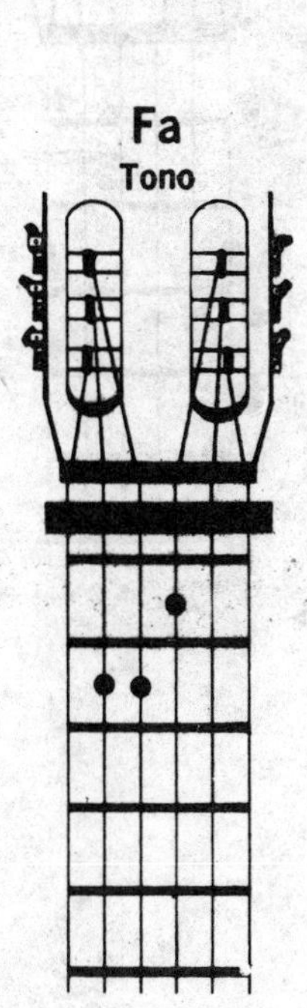

si
Tono

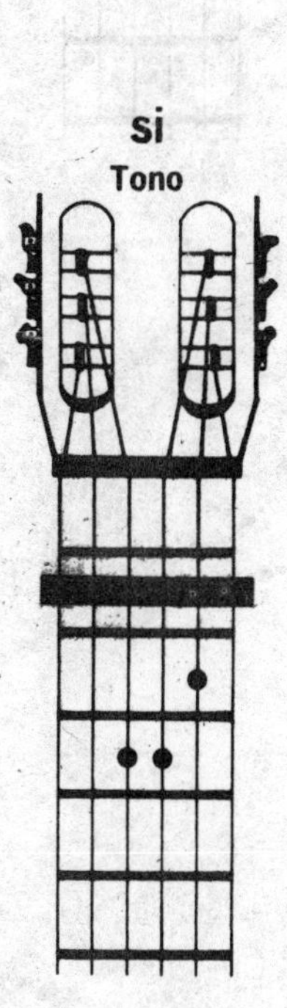

Fa # (sol b)
Tono

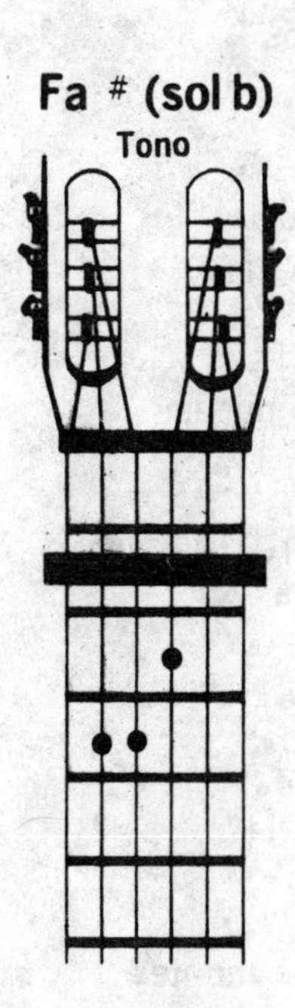

Si 7
Dominante

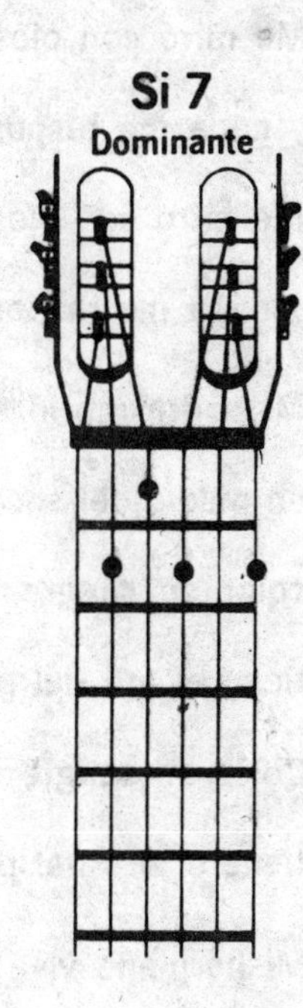

PREGUNTITAS
Atahualpa Yupanqui
ARGENTINA

Re Sol
Un día yo pregunté:
La 7 Re
¿abuelo dónde está Dios?

mi
Me miró con ojos tristes
La 7 re La 7
y nada me respondió.

mi
Me miró con ojos tristes
La 7 re La 7
y nada me respondió.

re
Mi abuelo murió en los montes
La 7 re
sin rezos ni confesión

sol Fa
y lo enterraron los indios
La 7 Re La 7
flauta de caña y tambor.

sol Fa
Y lo enterraron los indios
La 7 Re La 7
flauta de caña y tambor.

Re Sol
Otro día yo pregunté:
La 7 Re
¿padre, qué sabes de Dios?

mi
Me miró con ojos serios
La 7 Re La 7
y nada me respondió.

mi
Me miró con ojos serios
La 7 Re La 7
y nada me respondió.

re
Mi padre murió en las minas
La 7 re
en medio del socavón

sol Fa
color de sangre minera
La 7 Re La 7
tiene el oro del patrón.

sol Fa
Color de sangre minera
La 7 Re La 7
tiene el oro del patrón.

Re Sol
Mi hermano vive en los montes

Re
Tono

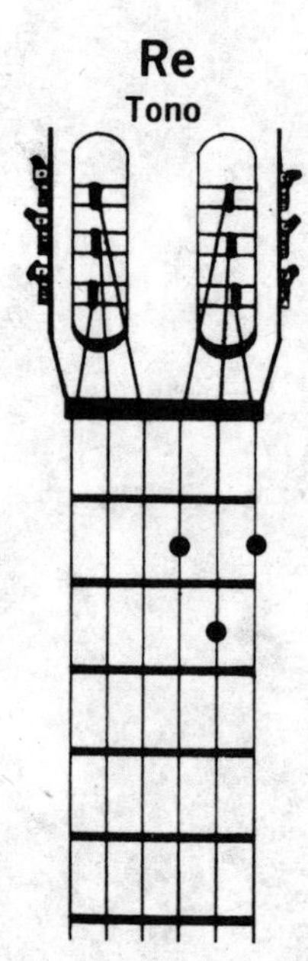

Sol
Subdominante

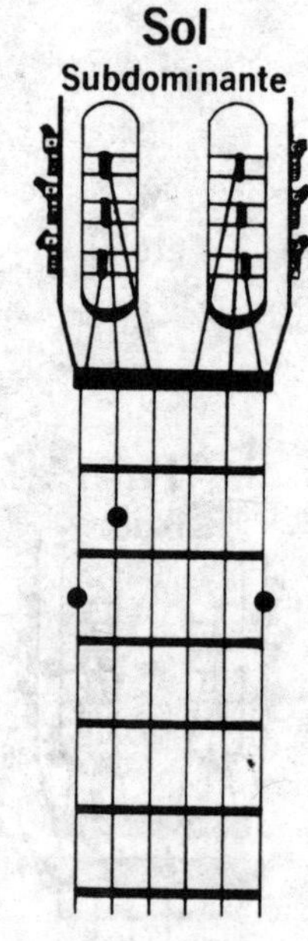

Fa
Subdominante

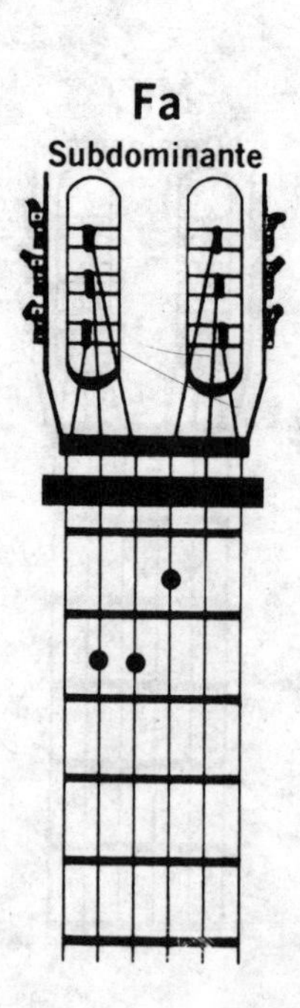

La 7 Re
y no conoce la flor

Re Sol
mi hermano vive en los montes

La 7 Re
y no conoce la flor.

mi
Sudor, serpiente y malaria

La 7 Re La 7
la vida del leñador.

re
Y que naide le pregunte

La 7 re
si sabe dónde está Dios

sol Fa
por su casa no ha pasado

La 7 Re La 7
tan distinguido señor.

sol Fa
Por su casa no ha pasado

La 7 Re La 7
tan distinguido señor.

Yo canto por los caminos

Re 7 sol
y cuando estoy en prisión

yo canto por los caminos

Re 7 sol
y cuando estoy en prisión

Fa
oiga las voces del pueblo

La 7 Re La 7 Re
que cantan mejor que yo.

re
Hay una cosa en la vida

La 7 re
más importante que Dios

sol Fa
y es que naide escupa sangre

La 7 Re La 7
pa'que otro viva mejor.

sol Fa
Y es que naide escupa sangre

La 7 Re La 7
pa'que otro viva mejor.

re
Que Dios ayuda a los pobres

La 7 re
tal vez sí o tal vez no

sol Fa
pero es seguro que almuerza

La 7 Re La 7
a la mesa del patrón.

sol Fa
Pero es seguro que almuerza

La 7 Re La 7
a la mesa del patrón.

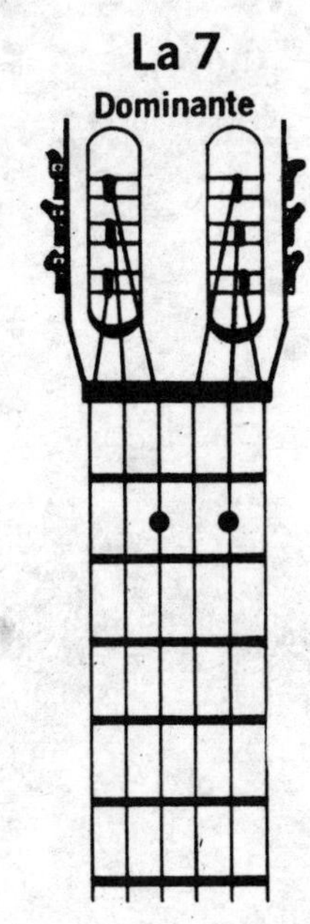

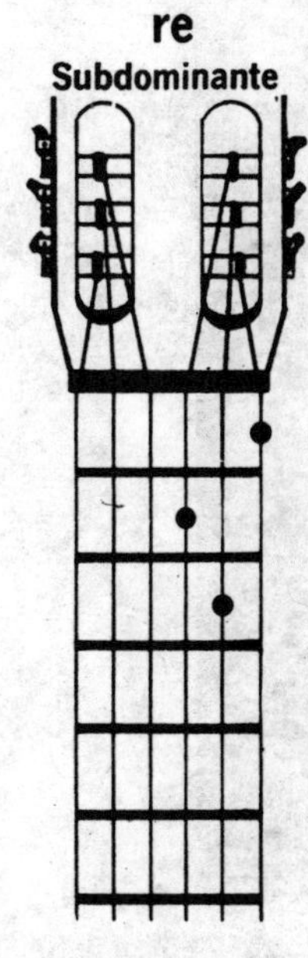

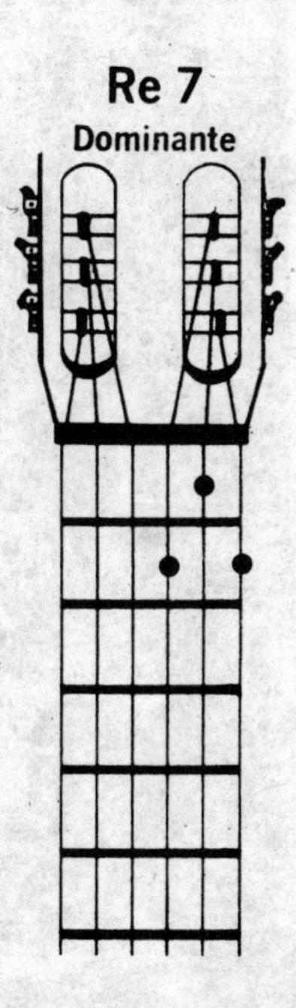

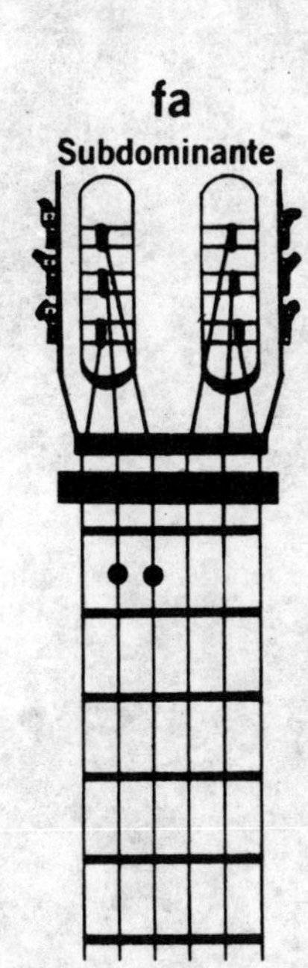

Carlos Puebla (Cuba)

Carlos Puebla y su conjunto

Los Palacagüina (Nicaragua)

Amparo Ochoa (México)

PLEGARIA DE UN LABRADOR
(Canción) Víctor Jara
CHILE

```
Mi          la          Si 7          Mi
Levántate y mira la montaña
                la          Si 7
de donde viene el viento
                Mi
el sol y el agua
mi          Re          Do 7 M          Mi
tú que manejas el curso de los ríos
mi              Re          la              Mi
tú que sembraste el vuelo de tu alma.
        La      Si 7            Mi
Levántate y mírate las manos
        la          Si 7            Mi
para crecer estréchala a tu hermano
mi          Re      Do 7 M      Mi
juntos iremos unidos en la sangre
mi          Re              la          Mi
hoy es el tiempo que puede ser mañana.
la
Líbranos de aquel
                        Mi
que nos domina en la miseria
  la
tráenos tu reino
                        Mi
de justicia e igualdad.
  Sol               Re
Sopla como el viento
      la            Mi
la flor de la quebrada
  Sol               Re
limpia como el fuego
      la          Mi
el cañón de tu fusil.
  la
Hágase por fin tu voluntad
                  Mi
aquí en la tierra
  la
danos tu fuerza y tu valor
          Mi
al combatir.
Sol               Re
Sopla como el viento
    la          Mi
la flor de la quebrada
  Sol             Re
limpia como el fuego
    la              Mi    Sol
el cañón de tu fusil.
```

Do 7 M

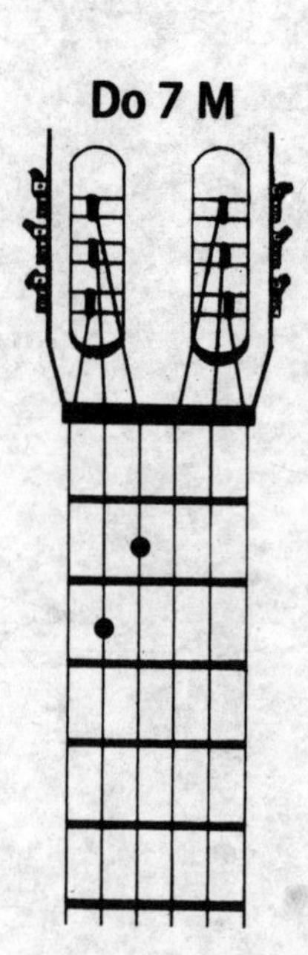

Do
Tono

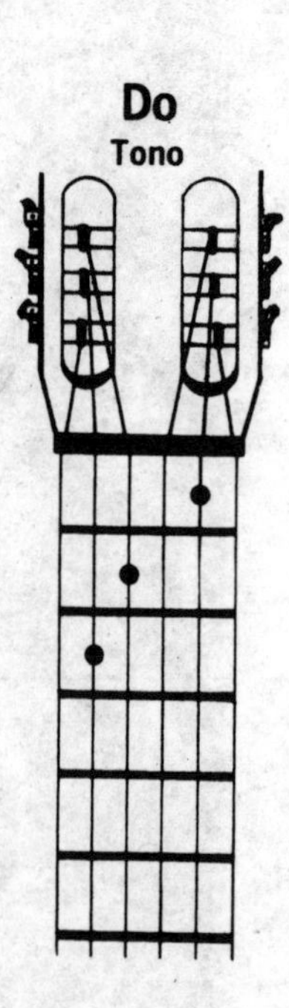

mi la Si 7 mi
Levántate y mírate las manos . . . etc.

mi Re la mi
Juntos iremos unidos en la sangre

Re
ahora y en la hora

Do Mi
de nuestra muerte, amén.

Re Mi Re Mi
A-a-mén . . . a-a-mén.

Re
Tono

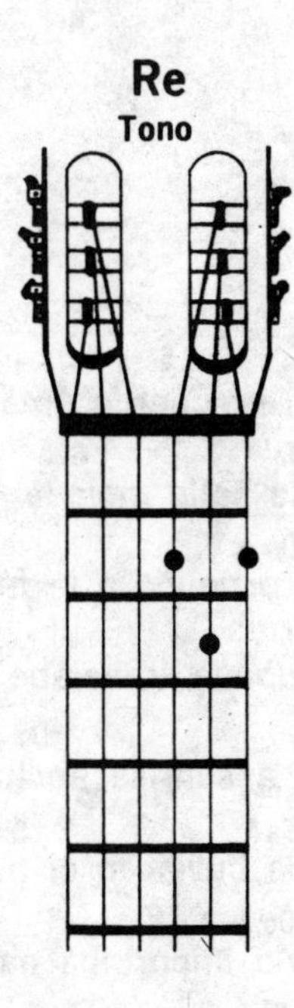

Sol
Tono

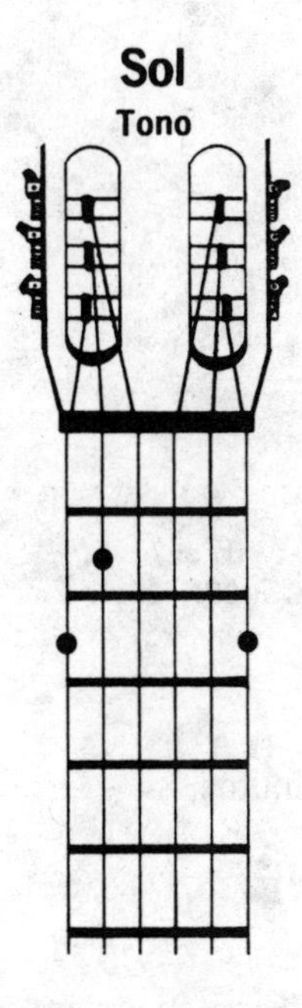

mi
Tono

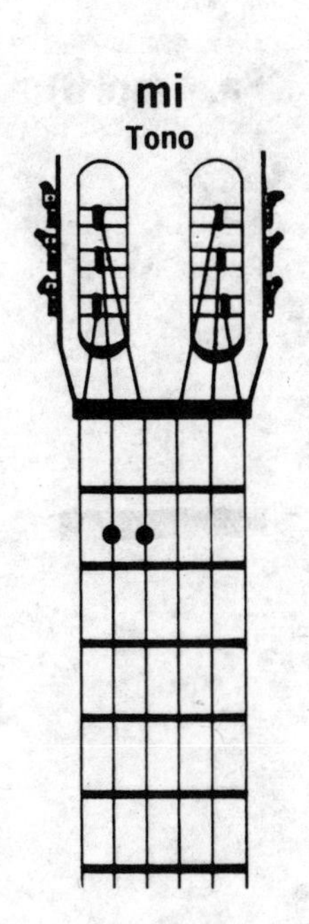

la
Subdominante

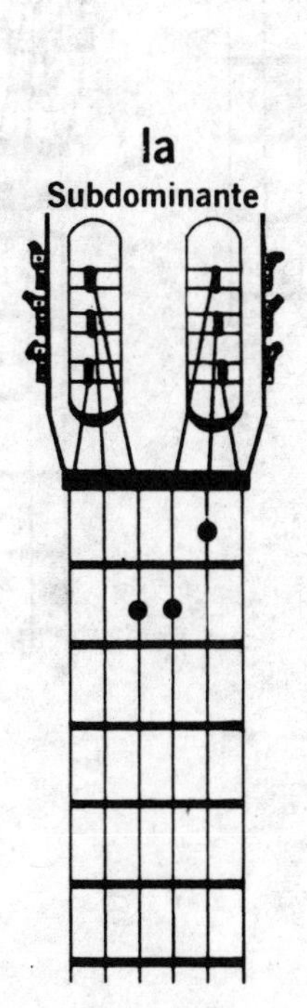

Si 7
Dominante

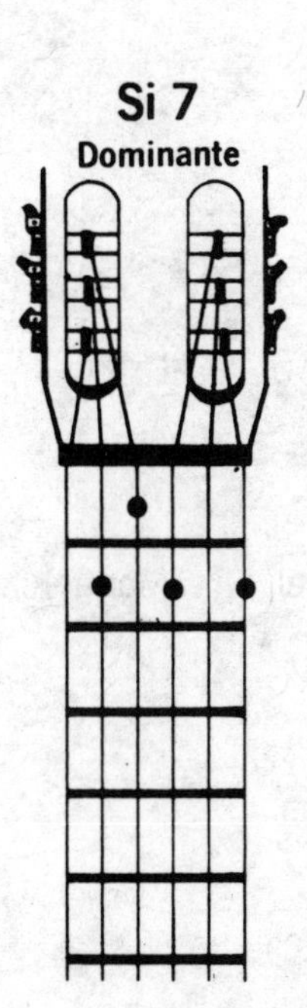

Mi
Tono

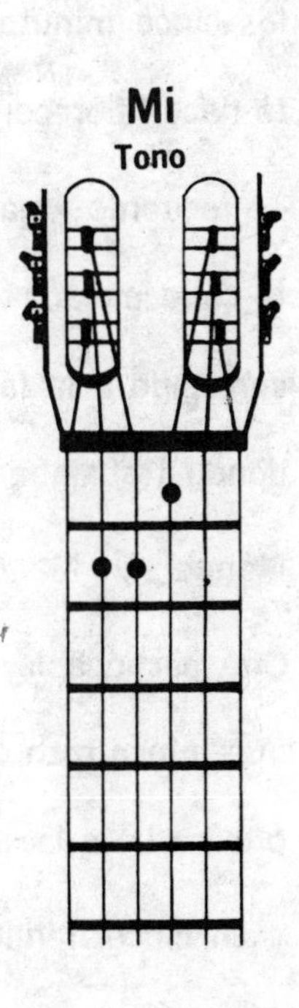

TE RECUERDO AMANDA (Canción)
Víctor Jara
CHILE

Do # 7
Te recuerdo Amanda
fa Si b
la calle mojada
Do # 7 Fa #
corriendo a la fábrica
Si 7 Mi Do # 7
donde trabajaba Manuel.

Do # 7
La sonrisa ancha
Fa Si b
la lluvia en el pelo
Do # 7 Fa #
no importaba nada
Si 7 Mi Do # 7
ibas a encontrarme con él...
fa Si b Sol # Do # 7 Fa #
con él ... con él ... con él ... con él ...

Re # (Mi b) Sol #
Son cinco minutos
Re # (Mi b) Fa #
la vida es eterna en cinco minutos,
Re # (Mi b)
suena la sirena
Fa #
de vuelta al trabajo
fa Re # (Mi b)
y tú caminando lo iluminas todo
Re # (Mi b)
los cinco minutos
Sol #
te hacen florecer.

Te recuerdo Amanda

la calle mojada

corriendo a la fábrica

donde trabajaba Manuel.

Manuel ... Manuel ... Manuel ... Manuel ...

Que partió a la sierra

que nunca hizo daño

que partió a la sierra

y en cinco minutos

fa
Tono

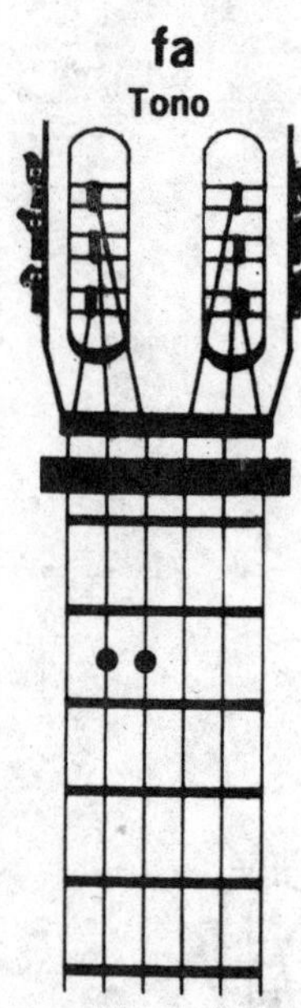

la # (si b)
Tono

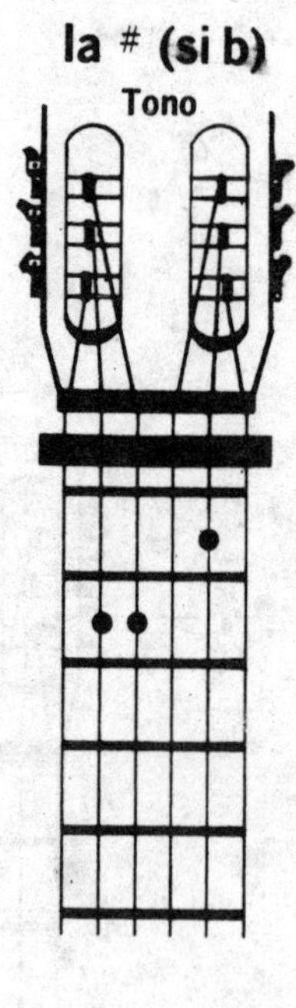

Fa # (sol b)
Tono

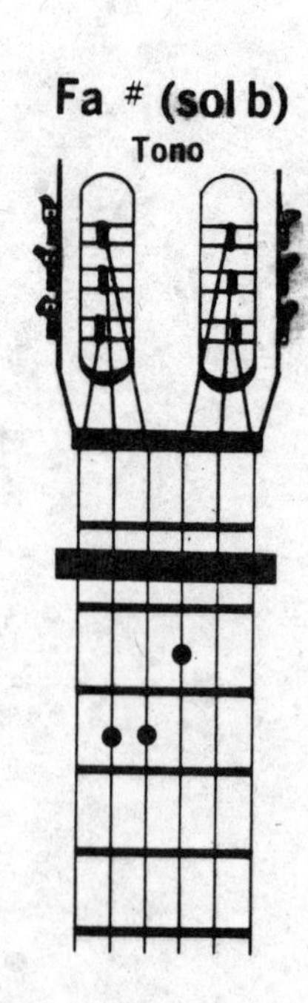

quedó destrozado

suena la sirena

de vuelta al trabajo

muchos no volvieron

tampoco Manuel . . .

Te recuerdo Amanda . . . etc.

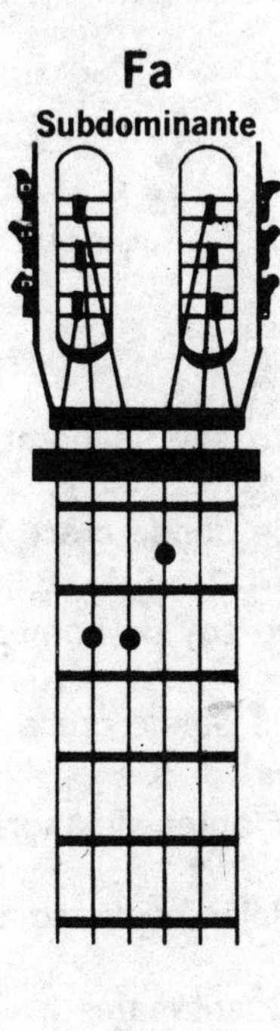

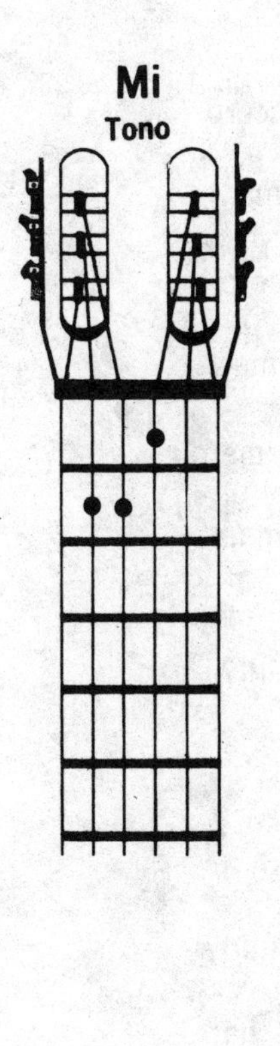

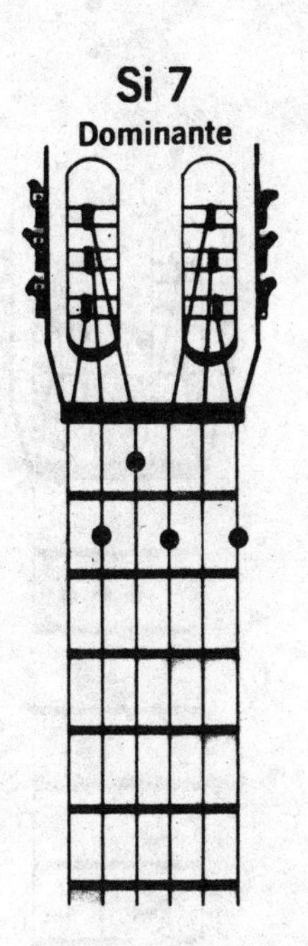

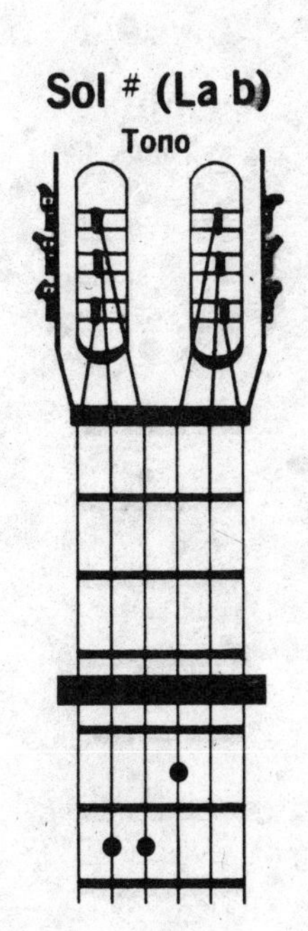

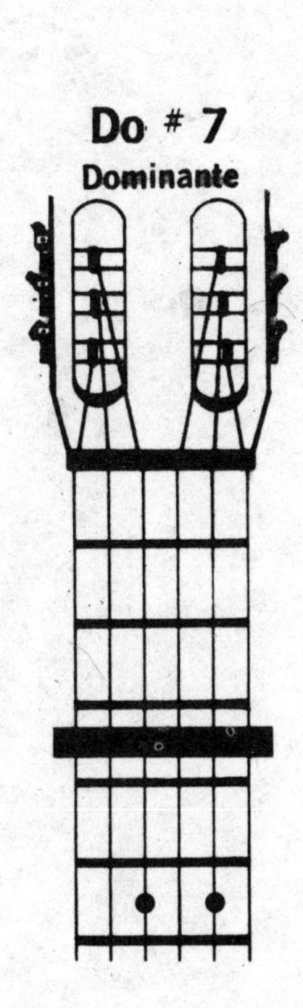

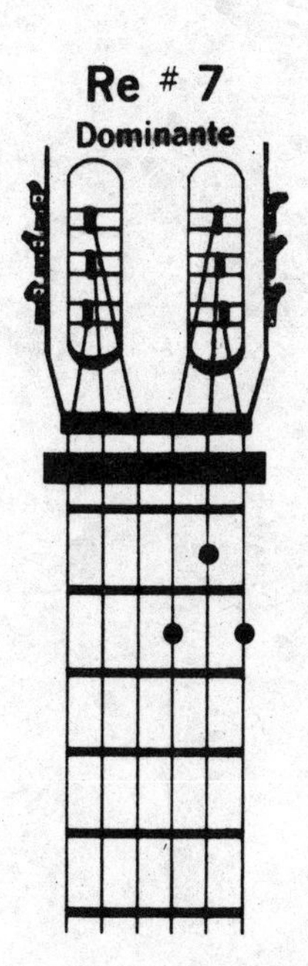

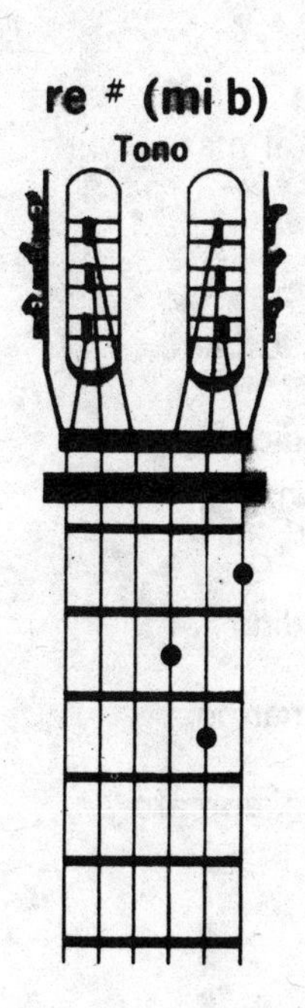

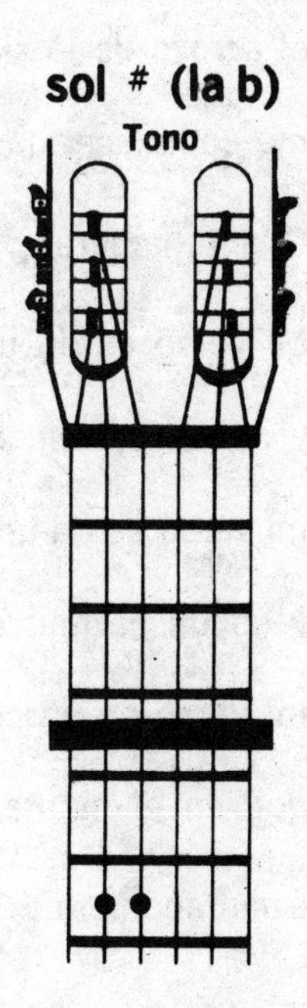

GUANTANAMERA (Guajira)
José Martí-Espiguel
CUBA

La Re Mi Mi 7
Yo soy un hombre sincero
La Re Mi Mi 7
de donde crece la palma
La Re Mi Mi 7
yo soy un hombre sincero
La Re Mi Mi 7
de donde crece la palma.
La Re Mi Mi 7
Y antes de morirme quiero
La Re Mi Mi 7
dejar mi verso del alma.
Re Mi Mi 7
Guantanamera
La Re Mi Mi 7
guajira guantanamera
Re Mi Mi 7
guantanamera
La Re Mi Mi 7
guajira guantanamera.

Con los pobres de la tierra
quiero yo mi suerte echar
con los pobres de la tierra
quiero yo mi suerte echar
el arroyo de la sierra
me complace más que el mar.
Guantanamera . . . etc.

Mi verso es de un verde claro
y de un carmín encendido
mi verso es de un verde claro
y de un carmín encendido
mi verso es un ciervo herido
que en el monte busca amparo.
Guantanamera . . . etc.

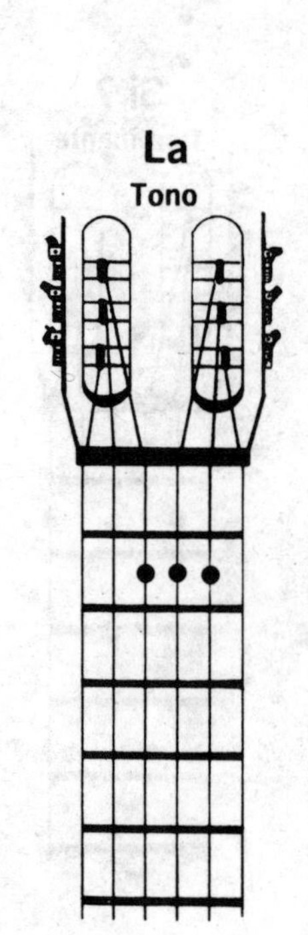

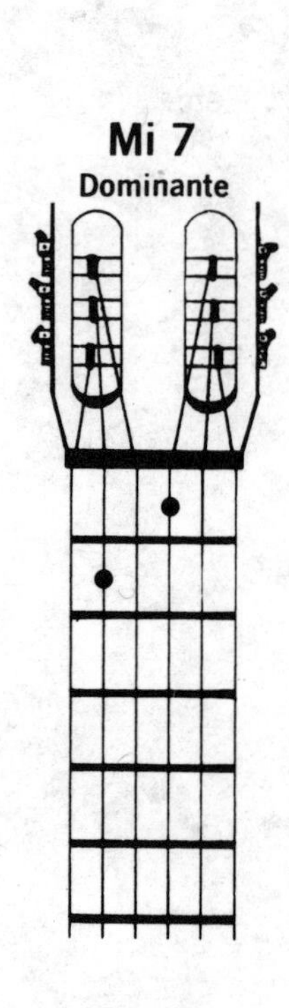

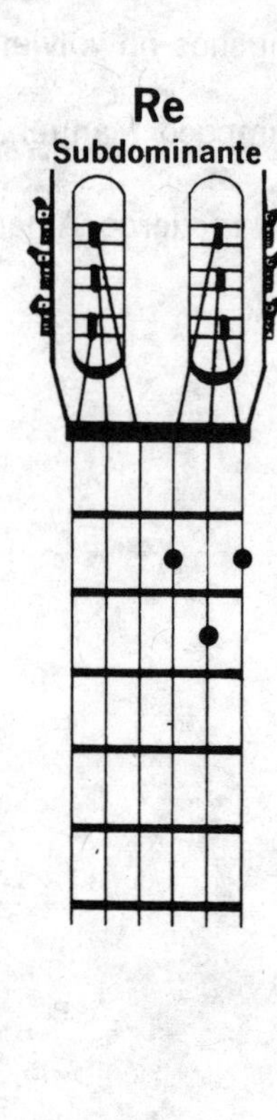

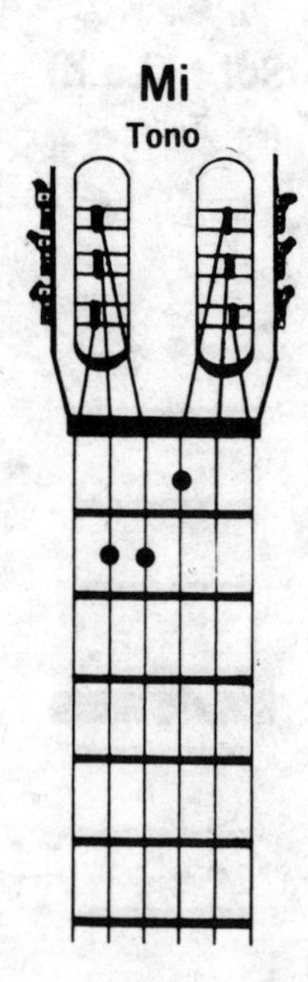

MIS NOCHES SIN TI (Guarania)
M. T. Márquez-D. Ortiz
PARAGUAY

Re fa #
Sufro al pensar que el destino

mi
logró separarnos

La 7
guardo tan bellos recuerdos

Re
que no olvidaré

Re 7
sueños que juntos forjaron

Sol 7 Sol
tu alma y la mí-a

Re Mi
en las horas de dicha infinita

La 7
que añoro en mi canto

Re
y no han de volver.

si Fa # 7
Mi corazón en tinieblas

si
te busca con ansias

Re La 7
rezo tu nombre pidiendo

Re Re 7
que vuelvas a mí

Sol sol
porque sin ti ya ni el sol

Re
ilumina mis días

La 7
y al llegar la aurora

me encuentro llorando

Re
mis noches sin ti.

Hoy que en mi vida tan sólo

quedó tu recuerdo

siento en mis labios tus besos

dulce ibapurú

tu cabellera sedosa acaricio en mis sueños

y me estrechan tus brazos amantes

al arrullo suave

del amor de ayer.

Mi corazón en tinieblas. . . etc.

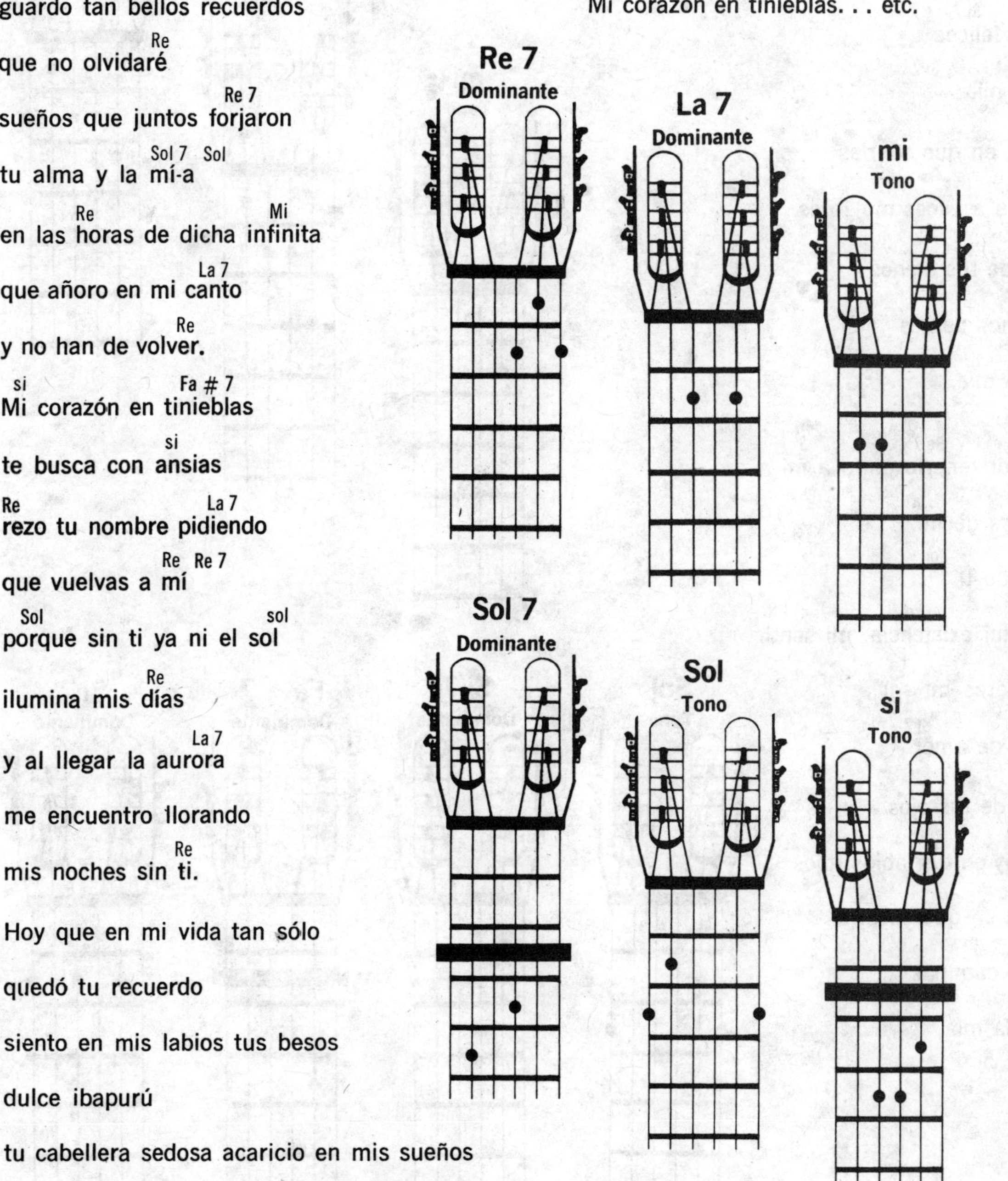

ADORO (Bolero) Armando Manzanero
MEXICO

Mi La 7
Adoro la calle en que nos vimos
Re 7 Sol Si 7
la noche cuando nos conocimos
Mi La
adoro las cosas que me dices
Si 7
nuestros ratos felices
Mi Si 7
los adoro vida mía.

Adoro la forma en que sonríes
el modo en que a veces me riñes
adoro la seda de tus manos
los besos que nos damos
los adoro vida mía.

La 7 Re 7 Si
Y me muero por tenerte junto a mí
Mi la
cerca muy cerca de mí
Re 7 Sol
no separarme de ti
La 7 Re 7 Si
y es que eres mi existencia, mi sentir
Mi La
eres mi luna, eres mi sol
Fa # 7 Si 7
eres mi noche de amor.

Adoro el brillo de tus ojos
lo dulce que hay en tus labios rojos
adoro la forma en que suspiras
y hasta cuando caminas
yo te adoro vida mía.

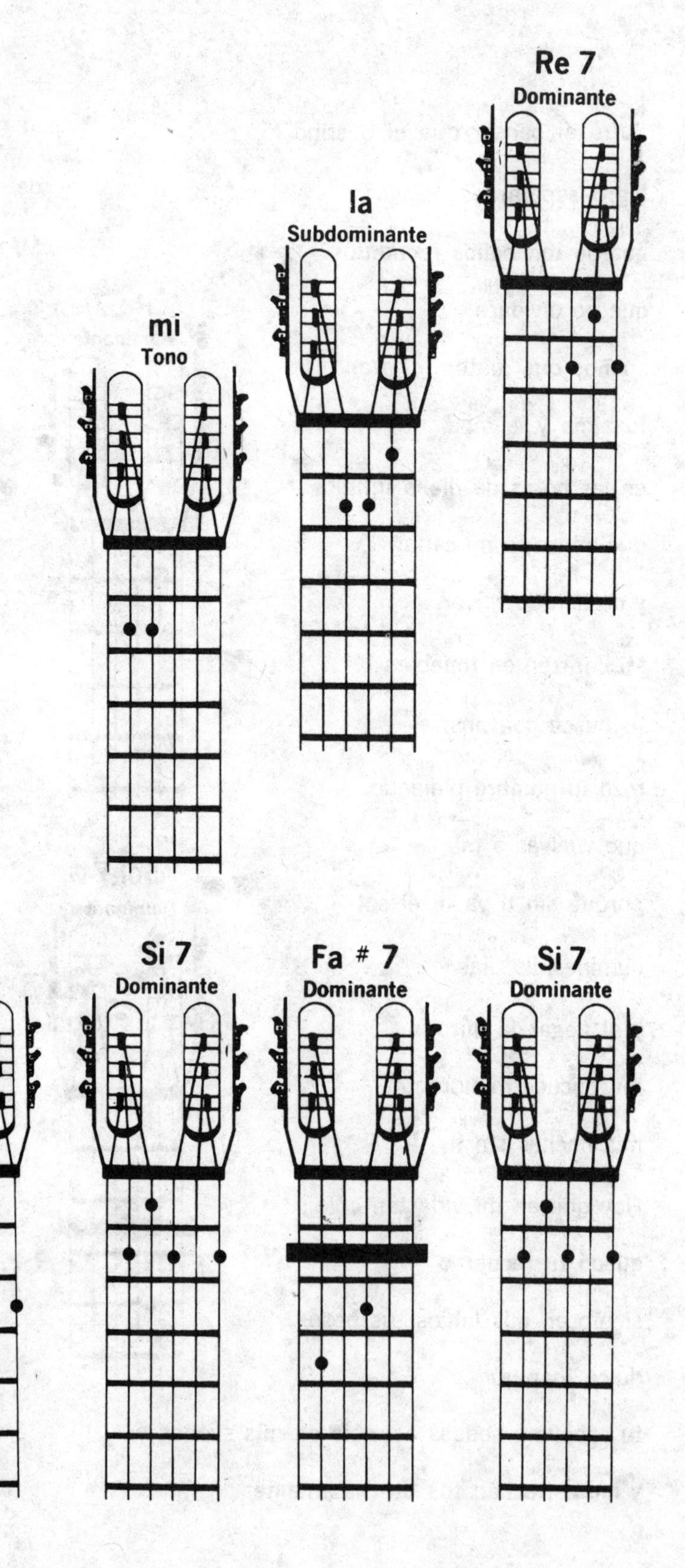

índice

Este libro se termino de imprimir
en Editorial Pegaso el mes de
Diciembre consta de 2,000 Ejemplares